Manfred Lahnstein

Die Feuerwehr als
Brandstifter

Manfred Lahnstein

Die Feuerwehr als
Brandstifter

Die unheimliche Macht der Experten
in Politik und Wirtschaft

Droemer

Die Folie des Schutzumschlags sowie die Einschweißfolie sind PE-Folien und biologisch abbaubar. Dieses Buch wurde auf chlor- und säurefreiem Papier gedruckt.

Besuchen Sie uns im Internet:
www.droemer-weltbild.de.

Copyright © 2000 bei Droemersche Verlagsanstalt
Th. Knaur Nachf., München
Alle Rechte vorbehalten. Das Werk darf – auch teilweise –
nur mit Genehmigung des Verlages wiedergegeben werden.
Umschlaggestaltung: ZERO Werbeagentur, München
Satz: Ventura Publisher im Verlag
Druck und Bindung: Franz Spiegel Buch GmbH, Ulm
Printed in Germany
ISBN 3-426-27212-1

5 4 3 2 1

Inhalt

Die Feuerwehr als Brandstifter.
Eine Einleitung

Anfang der Sechzigerjahre brannten in meinem rheinischen Heimatort kurz hintereinander zwei Scheunen und die Lagerhalle einer Fabrik ab. Das Getuschel war groß – wie bei allen Anlässen dieser Art. War ein unheimlicher Feuerteufel am Werk? Oder handelte es sich nur um den Versuch, den längst fälligen Neubau bequem über die Brandversicherung zu finanzieren? Letzteres wurde schließlich zum allgemeinen Konsens an den Stamm- und Biertischen. Und doch lag die Wahrheit ganz woanders.

Die Frau von A.K., dem stellvertretenden Hauptmann unserer Freiwilligen Feuerwehr, kam an einem schönen Sommerabend vom Einkaufen in Düsseldorf nach Hause. Als sie das Schlafzimmer betrat, traute sie ihren Augen nicht. A.K. saß in voller Uniform auf dem Bett. Schutzhelm und Brandaxt hatte er neben sich gelegt.

»Was machst du denn da?«, fragte sie leicht verdattert. »Das siehst du doch«, antwortete A.K. bedeutungsvoll, »ich muss gleich zum Löschen ausrücken.« – »Aber es brennt doch gar nicht«, meinte sie. Darauf kam eine Replik, die mir in ihrer lapidaren Kürze bis heute im Gedächtnis geblieben ist: »Noch nicht, mein Schatz!«

Und richtig – eine Minute später heulten die Sirenen.

Es kam zum Strafprozess, da die entsetzte Frau K. zur Polizei gegangen war. Dabei stellte sich heraus, dass A.K. alle Brände der letzten Zeit selber gelegt hatte. Tatmotiv: Er wollte jeweils als Erster bei den Einsatzfahrzeugen sein, um seine Beförderungschancen zu verbessern (der Hauptmann der Feuerwehr stand kurz vor seiner altersbedingten Verabschiedung).

Eine unglaubliche Geschichte? So selten ist das wohl gar nicht. Zumindest in Hamburg, wo ich heute lebe, muss sich einmal Ähnliches zugetragen haben. Damals aber haben wir über den »Feuerwehrmann als Brandstifter« und seine bodenlose Dummheit herzlich gelacht und den durchaus ernsten Hintergrund verdrängt.

Erst viel später ist mir das Symptomatische dieses Vorgangs aufgegangen. Sind wir in unserer hochspezialisierten, überprofessionalisierten Welt nicht an allen Ecken und Kanten von der »Feuerwehr als Brandstifter« umgeben? Viele Ereignisse und Entwicklungen haben mich stutzen lassen und mich dazu gebracht, einmal genauer hinzusehen.

Mittlerweile bin ich zu dem Schluss gelangt, dass wir in einer Zeit leben, in der es vor brandstiftenden Feuerwehrleuten nur so wimmelt. Nur – die meisten stellen sich nicht so dämlich an wie A.K., und sie haben mit unserer tüchtigen Feuerwehr auch nicht das Geringste zu tun. Dafür sind die Folgen ihres Handelns möglicherweise viel, viel schlimmer.

Wir haben die Welt und damit uns selbst den Spezialisten, den Profis ausgeliefert. Sie bieten sich als Problemlöser an, und wir vertrauen ihnen. Sollen wir etwa von der Wirtschaft, vom Weltgeschehen, von der Politik, von Rechtsfragen, von der Gesundheit, von der Umwelt, von unserer Psyche mehr verstehen als diejenigen, die dafür bezahlt werden?

Doch Vorsicht! All diese Profis werden nicht nur »dafür bezahlt«, uns bei speziellen Problemen zu helfen. Sie leben davon, finanziell und in Bezug auf ihre gesellschaftliche Position.

Das legt eine Erkenntnis nahe, die beinahe schon unheimlich ist: Es ist nicht immer nur die Problemlösung, die den Spezialisten und ihren Organisationen Einkommen und Ansehen verschafft. Oft lohnt es sich mehr, die Probleme, die man an sich lösen sollte, zu verschleppen und zu verschärfen! Und so haben die Spezialisten die Welt mit einem engmaschigen Netz von Machtkartellen überzogen. Sie sichern damit ihre Privilegien auch dann, wenn wir ihnen diese wegen unzureichender Gegenleistung längst entziehen müssten. Sie verquicken sich miteinander. Am Ende ersticken sie unter den Regeln, die sie selber geschaffen haben, verkrusten und werden zu Dinosauriern – überdimensionierten, unbeweglichen Wesen aus einer anderen Zeit. Wenn dann noch Futterneid hinzukommt, pervertiert die ganze Angelegenheit. Dann wird betrogen und belogen, bestochen und kassiert. Dann werden Scheunen angesteckt und nicht gelöscht.

Die Spendenaffäre in der CDU führt uns vor Augen, in welche Sackgassen der Machtanspruch der großen Parteien führen kann. Die sinnlosen Rituale rund um den letzten Tarifabschluss im Öffentlichen Dienst belegen die Realitätsferne gesellschaftlicher Großorganisationen. Der Zusammenschluss von Rechtsanwälten in Mammutkanzleien schafft neue Machtkartelle. Eine Reihe von Prozessen gegen Mediziner nährt den Verdacht, dass der Eid des Hippokrates nicht immer ernst genommen wird. Und das »Bündnis für Arbeit« wird am Leben erhalten, obwohl es sich doch längst totgelaufen hat. Dies sind nur einige Hinweise darauf, was Machtkartelle sind – und was sie anzurichten vermögen.

Von diesen merkwürdigen Phänomenen, ihren gefährlichen Konsequenzen und dem, was man dagegen tun kann, soll dieses Buch handeln.

Über Jahrzehnte hinweg habe ich in und mit Machtkartellen und Bürokratien gearbeitet. Ich bin seit 1959 Mitglied einer politischen Partei, der SPD. Ich habe in den Sechzigerjahren die Gewerkschaften und die Brüsseler Bürokratie kennen gelernt. In den Siebziger und frühen Achtzigerjahren waren die Bonner Ministerien meine berufliche Heimat. Es hat sich dann eine lange Phase bei einem der führenden Medienkonzerne der Welt angeschlossen.

Die Erfahrungen, die ich in dieser Zeit gemacht habe, haben mich geprägt. Ich will in Beispielen über sie berichten. Selbstkritisch muss ich allerdings eines anmerken: Es hat lange gedauert, bis mir der Charakter von Machtkartellen und deren Verquickung so richtig bewusst geworden sind. Erst in den letzten Jahren, seit ich weitestgehend selbstständig tätig bin, ist mein Blick dafür offen geworden.

Einiges sehe ich heute anders und kritischer als noch vor einem Jahrzehnt, etwa die Rolle der Medien, die Position der politischen Parteien oder die Machtfülle der großen Standesorganisationen. Aber ich nehme einen Satz von Konrad Adenauer für mich in Anspruch, der einmal gesagt hat: »Nichts hindert mich daran, jeden Tag klüger zu werden.«

Ich werde viele Beispiele anführen, um meine Beobachtungen zu unterstützen. Sie sind nicht willkürlich ausgewählt, erheben allerdings auch keinen Anspruch auf Vollständigkeit. Und wenn die SPD, Hamburg oder Bertelsmann häufiger auftauchen als andere bedeutet das keinesfalls, dass es dort schlimmer zuginge als anderswo. Es ist nur so, dass ich mich dort am besten auskenne.

Eines aber ist wichtig zu erkennen: Es handelt sich bei all diesen Beispielen nicht um individuelles Fehlverhalten, obwohl es das selbstverständlich auch gibt. Wer, wie dies insbesondere in den Medien geschieht, »Skandal!«, ruft, wenn irgendwo etwas schief läuft, vergreift sich im Thema.

In Wirklichkeit steckt hinter vielen Fehlentwicklungen System. Und das ist schlimmer. Ich hoffe sehr, dass es mir gelungen ist, diesen Zusammenhang deutlich zu machen.

Manfred Lahnstein,
im Sommer 2000

Kapitel 1

Ohne Spezialisten geht es nicht

Bei den Neandertalern hat es keine Profis gegeben

Ich bin 1937 zur Welt gekommen, gleich am Eingang zum Neandertal. Dort haben wir uns in unserer Jugend viel herumgetrieben. Und immer haben wir gehofft, einen prähistorischen Fund zu machen und ebenso berühmt zu werden wie der alte Professor Fuhlrott aus Elberfeld, der 1856 den Neandertaler entdeckt hatte. Deshalb haben wir uns auch immer gefragt, wie die Menschen, die wir damals für unsere Urahnen gehalten haben, eigentlich gelebt haben mögen. Räuber und Gendarmen, Ärzte und Kutscher, Soldaten und Musiker, die musste es doch auch damals schon gegeben haben! So stellten wir uns das in unserer Fantasie jedenfalls vor.

Heute weiß ich natürlich, dass es ganz anders war: Über eine ungemein lange Wegstrecke ist die Menschheit ohne Spezialisten ausgekommen. Ob sie nun als Familie, Sippe oder Horde zusammenlebten – unsere Urahnen erledigten alle Aufgaben gemeinsam. Nicht überall haben die Männer gejagt und die Frauen gesammelt. Mal hat der Mann die Herde gehütet und die Frau den Acker bestellt, mal waren die Rollen vertauscht. Und um mit dem Chaos der unheimlichen, als bedrohlich empfundenen Natur fertig zu werden, wurden einfache Tabus aufgestellt, an die man sich gemeinsam hielt.

Natürlich hat es von Anfang an auch eine Arbeitsteilung gegeben, insbesondere aus alters- oder geschlechtsspezifischen Gründen. Nicht jedes Gruppenmitglied konnte zur gleichen Zeit alles tun. Aber die Aufgabenstellung wechselte nach den jeweiligen Gegebenheiten, sie war in keiner Weise festgelegt, niemand hatte exklusiv eine bestimmte Funktion. In der Bibel können wir das gut nachlesen. Es wird zwar berichtet, dass Abel ein Schafhirt und Kain ein Ackerbauer war. Das aber ist ganz gewiss nicht im Sinn einer beruflichen Spezialisierung zu verstehen. Und als sie beide ihr Opfer darbrachten, da war auch kein Priester oder Schamane eingeschaltet.

Was in der Bibel aufgezeichnet ist, wird durch alle archäologischen Quellen bestätigt. Die Neandertaler kannten keine Funktionsträger; der frühe Cro-Magnon-Mensch kam ebenso ohne Spezialisten aus wie die Vorläufer der Inka oder der Sumerer. Und einige »primitive« Kulturen lebten bis in die Neuzeit hinein so.

Ich erinnere mich gut an einen Kontakt, den ich vor einigen Jahren mit einer »halbzivilisierten« Gruppe von Buschmannfamilien im nordöstlichen Namibia gehabt habe. Natürlich gab es dort eine Funktionsteilung; aber es gab selbst ansatzweise keine Profis. Die Alten fertigten Haushaltsgeräte, aber nur deshalb, weil sie nach Auskunft der Jüngeren für die Jagd nicht mehr geeignet waren. Die Kinder passten auf die Haustiere auf, aber eben deshalb, weil sie für andere Tätigkeiten noch zu klein waren.

Von Eskimos, brasilianischen Urwaldindianern oder einigen Stämmen aus Papua-Neuguinea würde sich Ähnliches berichten lassen. Und die erste technische Großleistung, von der die Bibel berichtet, nämlich die Arche, ist von Noah und seinen Söhnen gebaut worden, Menschen also, die alles waren, aber gewiss keine »gelernten« Zimmerleute.

Ein altes Bauernhaus, wie man es beispielsweise in Freilichtmuseen noch heute besuchen kann, zeugt übrigens genauso davon. Es ist ungemein sinnreich konstruiert, und zwar auf ein einziges Ziel hin: der bäuerlichen Großfamilie die gemeinsame Erfüllung aller wichtigen Aufgaben »unter einem Dach« zu ermöglichen.

Das Wissen um solche »prä-spezialisierte« Kulturen hat immer wieder Nostalgie ausgelöst. Es gab und gibt unzählige Versuche, sich über »Kommunen«, Kibbuzim, »Kolonien« oder ähnliche Gemeinschaften aus der Welt des Spezialistentums zu lösen und zu archaischen Organisationsformen zurückzufinden. Fast alle Versuche funktionieren nur eine gewisse Zeit. Je weniger isoliert sie waren, je stärker sie eingebunden waren in die Prozesse der sie umgebenden Welt, umso eher sahen sie sich veranlasst, ihre eigenen Strukturen dieser Welt anzupassen.

Was die historische Entwicklung menschlicher Gesellschaft angeht, so wissen wir nicht genau, wie lange die Phase einer »Menschheit ohne Spezialisten« gedauert hat. Darauf kommt es für unsere Zwecke auch gar nicht an. Es reicht die Erkenntnis, dass sie irgendwann zu Ende gegangen ist.

Der Spezialist tritt in die Welt

Irgendwann also hat die menschliche Gesellschaft, wo auch immer sie gelebt hat und wie auch immer sie organisiert gewesen ist, den »Spezialisten« herausgebildet. Für diese Entwicklung werden zu Recht immer wieder zwei Hauptgründe angeführt:

1. Der Bereich des Übersinnlichen musste geordnet werden. Hannes Stein schreibt dazu in seinem Buch *Moses und die Offenbarung der Demokratie:* »Die höchsten Wesen waren tückisch. Da half manchmal alle Vorsicht nichts. Dann wur-

de ein Spezialist zu Rate gezogen: der Schamane, der Medizinmann. Er kannte die Götter von Angesicht und beherrschte ihre Sprache. Ungehindert verkehrte er zwischen Himmel, Erde und Unterwelt.«

2. Der Bereich des Sinnlichen musste geordnet werden. Lehrreich ist auch hier wieder die Bibel. Dort ist die Rede von Jabal, dem »Vater der Besitzer von Zelt und Herde«, von Jubal, dem »Vater aller Spieler auf Harfe und Flöte«, und insbesondere von Tubalkain, dem »Vater der Schmiede«. In der Tat nehmen heute viele Wissenschaftler an, die Metallverarbeitung habe als erste den Spezialisten notwendig gemacht, da sie eine ganz besondere Kunstfertigkeit erforderte.

Diese Beobachtungen sind sicherlich zutreffend. Dennoch: Die Dinge verhalten sich komplizierter.

So ist nicht ganz geklärt, welcher der beiden Bereiche zuerst über Spezialisten geordnet wurde, die sinnliche oder die übersinnliche Welt. Es ist auch unklar, ob die Aufgabe den Spezialisten geboren hat oder ob es sich umgekehrt verhalten hat. Auf diesem getrübten Nährboden sind viele spekulative und ideologisch geprägte Gedankengebäude aufgebaut worden. Das gilt für die Theorien vom »schöpferischen Genie« ebenso wie für die »Gesetze« des »Historischen Materialismus« oder die Lehren vom »Primat des Priestertums«. Doch das soll uns hier nicht weiter interessieren.

Eine andere Beobachtung ist viel wichtiger. Für fast alle ursprünglichen Kulturen gilt nämlich: Die Bereiche des Sinnlichen und des Übersinnlichen sind nicht sauber getrennt. Daher mussten sich viele der ersten Spezialisten in beiden Bereichen auskennen. Der Medizinmann musste die Wirkung bestimmter Heilkräuter ebenso kennen und entfalten können wie die einer Beschwörungsformel. Häufig genug sind deshalb die Funktionen des Arztes und die des Priesters in einer Person zusammengeflossen, wie etwa beim Schamanen.

Im Laufe der Entwicklung gewinnt dann die Ordnung des Sinnlichen allmählich die Oberhand; die Notwendigkeit einer Ordnung des Übersinnlichen aber besteht weiter. So »aufgeklärt« sind wir nämlich gar nicht, wenn wir Spezialisten nutzen. Einem begabten Heerführer haben wir bis in die Gegenwart hinein magische Kräfte unterstellt. Und gibt es etwa keine Teufelsaustreiber und Hexenbeschwörer mehr? Wer sich für die Praktiken der katholischen Kirche interessiert oder ein Gespräch mit der Leiterin des »Hexenarchivs« beim Hamburger Museum für Völkerkunde führt, wird eines Besseren belehrt. In anderen Kulturen greifen Sinnliches und Übersinnliches noch stärker ineinander. Schamaninnen spielen in Korea auch für Manager, Abgeordnete oder Computerfreaks immer noch eine große Rolle. Und Gurus jedweder Färbung sind auch im Alltag gefragt – nicht nur, wenn eine Sonnenfinsternis oder ein Jahrtausendwechsel ins Haus steht.

Spezialistentum macht sich breit

Über die Jahrtausende haben sich technische Auffächerungen älterer Fertigkeiten ergeben. Aus dem Schmied hat sich der Werkzeugschlosser oder der Feinmechaniker entwickelt, aus dem Kräuterweiblein die Molekularbiologin, aus dem Märchenerzähler der Literaturpreisträger.

Aber bis in die jüngste Gegenwart hinein haben sich für die Gesellschaft immer wieder auch grundlegend neue Notwendigkeiten ergeben, die über Spezialisten geordnet werden mussten. Denken wir nur an den Computerspezialisten. Ohne ihn wäre unser Leben nicht mehr denkbar. Dabei hat er noch vor zwanzig Jahren höchstens eine kleine Nebenrolle gespielt. Wie

19

solche neuen Spezialisten aufkommen und sich einen Platz in der Gesellschaft erobern, soll an drei etwas älteren Beispielen erläutert werden: den Juristen, den Journalisten und den Steuerberatern.

Der Jurist oder die Herrschaft über das Gewollte

Wenn sich eine Gesellschaft stärker gliedert, werden die Verhältnisse zwischen ihren Mitgliedern ebenso komplizierter wie die Entscheidungen, die diese zu treffen haben. Solche Entscheidungen müssen aufgezeichnet und festgehalten werden, damit man sich auch später noch darauf berufen kann. Die Funktion des Juristen hat sich im Mittelalter deshalb über den Notar herausgebildet. Diese Tätigkeit wurde zunächst durch schreibkundige Kleriker monopolisiert, waren sie doch die Einzigen, die überhaupt Urkunden ausstellen (»notare«) konnten. Im mittelalterlichen England waren die Notare in den »Royal Courts« zusammengefasst. Und in der Tat, am »Hofe« haben sie ja auch gesessen. Bezeichnend ist, dass sich später die Laienanwälte, die mehr und mehr den kaufmännischen Geschäftsverkehr beurkundeten, in London zu den vier Zünften der »Inns of Court« zusammenschlossen. Sie haben vielleicht in Kneipen (»Inns«) in der Nähe des königlichen Hofes ihr Gewerbe ausgeübt.

Das erinnert mich an eine Gastwirtschaft in der Nähe der Bonner Gerichte mit dem schönen Namen »Zur letzten Instanz«, wo die Juristen gerne einkehren. Ganz ähnlich war es in meiner Kindheit. Damals gab es in unserem Dorf keinen Rechtsanwalt. Und so kam einmal in der Woche ein Jurist aus dem nahen Düsseldorf in die renommierteste Kneipe, um dort in einem Hinterstübchen Sprechstunde abzuhalten. Im Italien der frühen Renaissance gehörten die Rechtsanwälte in den Bürgerstädten rasch zum »popolo grasso«, zum »fetten (reichen) Volk«. Sie waren Honorationen in einer Wirtschaftsstruktur, die für alle möglichen Transaktionen der notariellen Beurkundung bedurfte. Der Stempel des Notars sollte garantieren, dass Vereinbarungen galten und eingehalten wurden. Das war vielleicht auch eine Art Zauber, allerdings ein nachvollziehbarer.

Der Advokat, also das, was für uns heute der Rechtsanwalt ist, drang erst mit der Französischen Revolution ins europäische Bewusstsein. »Advocat« war jemand, den man gegen das uralte Machtkartell der Richter anrufen konnte. Der Anwalt war die Antwort auf eine gesellschaftliche Entwicklung, die nach Schutz vor der Willkür staatlicher Handlungen verlangte. Außerdem waren die Gesetze mittlerweile so kompliziert geworden, dass man sich als normaler Bürger sein Recht ohne fremde Hilfe nicht mehr erstreiten konnte. So steht der Anwalt an den Anfängen des modernen Rechtsstaats.

Der Journalist oder die Verkürzung der Wirklichkeit

Vielleicht hat es den Journalisten bereits im alten Rom gegeben. Dort existierte eine Art Wochenzeitung mit dem Titel »Acta Populi Romani Diurno«. Sie wurde in einer kleinen Auflage nach dem damaligen Produktionsverfahren – also per Griffel auf Wachsaufzug über einer Holzplatte – gefertigt. Vermutlich hat es sich aber eher um eine Art amtliches Mitteilungsblatt gehandelt, in das so gut wie keine redaktionelle Bearbeitung oder journalistische Tätigkeit einfloss.

Für einige Historiker gilt deshalb Pietro Aretino als der erste Journalist moderner Prägung. Damals, im 16. Jahrhundert, sind einige wichtige Dinge gleichzeitig passiert:

Die mittelalterliche Überzeugung, nach der die Welt des

Sinnlichen nur ein Abbild des Übersinnlichen sei, wurde zunehmend ad acta gelegt. Die Welt des Realen wurde als solche interessant, was eine ungeheure Erweiterung des geistigen Horizonts zur Folge hatte.

Zur gleichen Zeit explodierte der geografische Horizont der Menschen mit der Entdeckung Amerikas und der Öffnung des Seewegs nach Indien und Ostasien. Und wiederum zur gleichen Zeit läutete Johannes Gutenberg mit der Erfindung des Buchdrucks die wohl bedeutendste medien- und kulturtechnische Revolution aller Zeiten ein.

Man wollte über das, was draußen in der »weiten Welt« vor sich ging, informiert sein, und zwar regelmäßig. Allein durch direkte Anschauung, wie sie noch für das mittelalterliche Lebensumfeld gegolten hatte, war das nicht mehr möglich. Auch die mündliche Überlieferung und deren Träger, die Geschichtenerzähler, die Barden oder andere fahrende Sänger, reichten nun nicht mehr aus.

Zwar gab es bereits die Funktion des Chronisten. Der hielt das Hofgeschehen für den Fürsten fest oder bemühte sich um eine für diesen vorteilhafte Darstellung historischer Ereignisse und Entwicklungen. Dem erstarkenden Bürgertum in den Städten reichte es aber nicht mehr aus, über das Weltgeschehen durch »die Stimme seines Herrn« unterrichtet zu werden. Man wollte wissen, was wirklich geschah. Und so entwickelte sich der professionelle Journalist, der Mittler der aktuellen Realität.

Was zunächst und für lange Zeit übersehen wurde, war, dass die Journalisten und das zunächst für sie typische Medium, nämlich die Zeitung, aus der Fülle des Berichtenswerten auswählen und das ihnen wichtig Erscheinende verkürzt darstellen mussten.

Wenn wir heute so viel über »virtual reality« sprechen, dürfen wir nicht vergessen, dass es diesen Prozess so lange gibt, wie es Journalisten gibt. Der Journalist schiebt einen Filter zwischen den Leser oder Betrachter und die Wirklichkeit. Er verkürzt die Realität. Damit verzerrt er sie. Dieser Vorgang ist ganz unvermeidlich und als solcher gar nicht zu kritisieren. Für die weitere Entwicklung meines Gedankengangs aber muss er festgehalten werden.

Der Steuerberater oder die professionalisierte Absurdität

In gewissem Sinne hat es Steuerberater auch schon früher gegeben. Ihre Aufgabe war allerdings eine ganz andere als die, die wir heute mit diesem Beruf assoziieren. Der »Steuerberater« ursprünglicher Prägung war Bestandteil der Bürokratie. Er hat den Souverän darin beraten, wie man aus den Beherrschten möglichst hohe Steuern herauspressen und sie verlässlich eintreiben konnte. Denken wir nur an den Baron Necker, der am Vorabend der Französischen Revolution die Aufgabe hatte, dem unseligen König Louis XVI. die Kassen zu füllen.

Der Steuerberater heutiger Prägung ist dagegen ein typisches Produkt des modernen Verwaltungsstaats. Die Berufsbezeichnung selbst gibt es bei uns überhaupt erst seit den Zeiten der Weimarer Republik. Seine wesentliche Aufgabe besteht darin, dem Steuerpflichtigen alle Möglichkeiten der legalen Steuervermeidung aufzuzeigen und ihm bei der Steuererklärung helfend zur Seite zu stehen.

An sich ist dieser Berufsstand das Produkt einer Absurdität. Die Gesellschaft hat hier einen Spezialisten zur Bewältigung von Problemen geschaffen, für die sie selbst verantwortlich ist. Bei einem einfachen und für jedermann klaren Besteuerungssystem wäre die Beratung, also das Hinzuziehen von Spezialisten entbehrlich. Aber unsere Steuersysteme, sie sind nicht so. Und wenn der frühere Bundeskanzler Schmidt einmal laut darüber geklagt hat, es sei ihm unmöglich, seine Wasserrechnung zu verstehen, dann gilt das für die Steuererklärung in erhöhtem Maße.

Und so brauchen wir denn die Steuerberater, von denen es heute allein in Hamburg mehr als 1500 gibt!

Unser deutsches Steuerrecht hat diese Absurdität mit erstaunlicher Logik auf die Spitze getrieben: Der Steuerpflichtige kann die ihm durch die steuerliche Beratung entstehenden Kosten beim Finanzamt geltend machen. Welche unausgesprochene Einsicht des Staates in die eigene Fehlleistung!

Spezialisten sichern das Überleben

Einen wichtigen Grund für die Herausbildung von Spezialisten habe ich noch nicht erwähnt.

Wenn menschliche Gruppen aufeinander stoßen, kommt es zu Reibungsflächen. Das kann zu Wettbewerb und Prahlerei oder zu Zusammenarbeit und Vermischung führen. Es können aber auch handgreifliche Konflikte bis hin zur gegenseitigen Vernichtung die Folge sein. Um hier zu bestehen, hat es sehr früh des Spezialisten bedurft: des überlegenen militärischen Anführers, des heilsverheißenden Priesters, des frühen Waffentechnologen.

Aber auch innerhalb einer Gruppe und insbesondere in entwickelteren Gesellschaftsformen wurden mit zunehmender Größe und einem höheren Technisierungsgrad die Dinge so kompliziert, dass man ohne den Spezialisten nicht mehr auskam. Diesem Umstand verdanken Professionen wie die des Advokaten, des Handwerkers oder des Arztes ihr Entstehen. Sie alle erfüllen eine bestimmte Aufgabe an einer bestimmten Stelle im Räderwerk der Gesellschaft. In einer arbeitsteiligen Gesellschaft werden durch die Spezialisierung neue Kapazitäten frei: Wenn jeder das tut, was er am besten kann, wird die Organisation als Ganzes effizienter und konkurrenzfähiger.

Insgesamt also gilt: Spezialisten sichern das Überleben. Oder vielmehr: sie *sollten* es tun.

Haben Sie schon einmal eine Nierenkolik im Flugzeug erlebt?

Vor einigen Jahren bin ich von Stuttgart nach Paris geflogen. Unmittelbar nach dem Start packte mich ein beißender, kaum zu ertragender Schmerz im Leib, der durch eine plötzliche Nierenkolik hervorgerufen wurde. Er war durch nichts zu lindern. Das Schlimmste aber: Es war kein Arzt an Bord! Dieser Flug wollte kein Ende nehmen. Wohl nie zuvor in meinem Leben bin ich so erleichtert gewesen wie in dem Augenblick, als sich auf dem Rollfeld in Paris die Türe öffnete und ein Notarzt die Treppe heraufgestürmt kam. Endlich war ich in der Hand eines Spezialisten – endlich!

Ein Tag ohne Profis: Undenkbar!

Nun bemerken wir nicht nur unter derart dramatischen Umständen, wie sehr wir für unser Überleben auf Profis angewiesen sind.

Wir brauchen uns nur einmal vorzustellen, wie ein ganz normaler Tagesablauf ohne die Hilfe der Spezialisten aussehen würde:

• Morgentoilette ohne Wasser?
• Frühstück ohne Strom?
• Zu Fuß ins Büro?

- Kommunikation über Boten?
- Verträge per Handschlag?
- Zahnarzt ohne moderne Behandlungsmethoden?
- Abende ohne Radio oder Fernseher?

Ich fürchte, wir würden bereits am ersten Tag eines »entspezialisierten Zeitalters« ganz erheblichen Schaden erleiden – und unsererseits anderen Menschen Schaden zufügen.

Der Prozess der Aus-Zeichnung

Wichtiger als die vielfältigen Gründe für das Herausbilden von Spezialisten ist der Prozess selbst. Der Einfachheit halber nenne ich ihn den »Prozess der Aus-Zeichnung«.

Wenn eine Gruppe eins ihrer Mitglieder mit einer besonderen Aufgabe betraut hat, die jenes Mitglied hinfort »hauptberuflich« oder »von Amts wegen« zu erfüllen hatte, dann ging das in der Regel nicht nach dem Motto: »Du kannst das, also mach's.«

Der Spezialist ist, und auch das gilt bis in die Gegenwart hinein, vielmehr so gut wie immer aus dem normalen Gruppenverbund herausgenommen und mittels Attributen und Privilegien »ausgezeichnet« worden. Er war zu einem »Besonderen« geworden – ein Wort, das etymologisch eng mit dem Wort »abgesondert« verwandt ist.

Aus-Zeichnung über Attribute

Wenn jemand etwas Besonderes geworden war, so musste das sichtbar und für Dritte nachvollziehbar gemacht werden. Die damit verbundenen Attribute kommen in vielfacher Ausprägung vor.

Besonders beliebt ist von Anfang an eine Auszeichnung mittels Farbe gewesen. Hier hat die Körperbemalung bei den Indianern oder bei vielen afrikanischen Stämmen genauso ihre Ursache wie das Gelb der Mandarine Chinas oder die Farbabstufungen, die wir aus der katholischen Hierarchie kennen. Das Bewusstsein für die Bedeutung dieser Farben hat sich verloren. Wenn wir heute von »Kardinalsrot« oder »Marineblau« sprechen, denken wir uns weiter nichts dabei. Eng verwandt mit der Farbe ist die Tätowierung.

Auch die Kleidung ist ein für den Prozess der »Aus-Zeichnung« wichtiges Attribut. Talare, Roben, Uniformen der verschiedensten Art, Federhauben, besondere Hüte und Kappen, Prunkgewänder – all das dient der sozialpsychologischen Funktion des Aus-Zeichnens und nicht etwa praktischen Notwendigkeiten. Es handelt sich dabei auch nicht um »Berufskleidung«, selbst wenn wir es heute nicht anders kennen. Warum läuft der Meisterkoch mit klein karierten Hosen herum, warum will ein selbstbewusster Zimmermann nicht auf seine »Kluft« verzichten? Praktische Gründe hat das kaum.

Auch Abzeichen und Titel gehören zu den bevorzugten Attributen. Wenn auch das »Kainsmal« das früheste uns bekannte Attribut überhaupt darstellt, so tauchen Abzeichen und Titel in der Regel erst dann auf, wenn sich Bürokratie und andere Machtkartelle bereits herausgebildet haben. Dann aber ist der Fantasie keine Grenze gesetzt, wie ein Blick auf die verschwenderische Titelvielfalt der österreichisch-ungarischen k.u.k. Monarchie zeigt.

Ursprünglich waren Abzeichen und Titel noch direkt mit einer bestimmten Funktion verknüpft und dienten deshalb einer durchaus sinnvollen Unterscheidung. Später dann haben sie sich häufig von dieser Funktion gelöst und verselbstständigt – nicht wahr, Herr Kommerzienrat?

Als weiteres Beispiel für Attribute der Aus-Zeichnung sei die

besondere (die ab-gesonderte) Wohnung genannt. Medizinmänner, Priester, Handwerker, Schreiber – sie alle haben in
allen Kulturen zu gewissen Zeiten ein besonderes Zelt, eine
besondere Hütte, ein besonderes Haus oder eine besondere
Wohnung bezogen.

Das hatte mit Mietfreiheit so wenig zu tun wie mit anderen
praktischen, zum Beispiel hygienischen Gründen. Der Spezialist sollte vielmehr eben nicht »unter dem Volke« leben.

Bis in die Gegenwart hinein sind wir übrigens sehr erfinde-
risch beim Aufspüren neuer Attribute. So wird in vielen Behörden und Unternehmen über nichts so heftig gestritten wie über
die Größe oder die Zahl der Fenster eines Büros oder den Hub-
raum des Dienstwagens.

Und es kann noch absurder kommen: In den Siebzigerjahren
bin ich Aufsichtratsmitglied des VW-Konzerns gewesen. Das
war die Zeit der RAF und anderer terroristischer Vereinigungen, sodass sich Unternehmer durch Sicherheitskräfte beschüt-
zen ließen. Einmal unterhielten sich zwei dieser wichtigen Zeitgenossen über ihre Bodyguards. Der eine seufzte wollüstig:
»Ich brauche vier!« Da sah ihn der andere mitleidig an und sagte: »Mir hat man fünf davon verordnet!« Merke: Zum Protzen
ist jedes Unterscheidungsmerkmal recht.

Aus-Zeichnung über Privilegien

Der Prozess, über den Spezialisten »aus-gezeichnet« wurden,
ist aber nicht bei den Attributen stehen geblieben. Ein Attribut
ist ja nichts anderes als eine »Beifügung«, ein »Kenntlichma-
chen«. Das reichte den »Aus-Gezeichneten« bald nicht mehr,
und die Allgemeinheit war auch bereit mehr für diejenigen zu
tun, die ihr Überleben sichern halfen.

Die Gruppe gewährte also den Spezialisten Privilegien. Dieses Wort setzt sich aus zwei Bestandteilen zusammen,»privus« und»lex« –»Eigen« und»Gesetz«. Das beschreibt es genau – die Spezialisten wurden eigengesetzlich behandelt, also mit Vorrechten ausgestattet.

Privilegien für Medizinmänner, Schamanen, Zauberer, Priester – das ist ohne weiteres einsichtig. Ihre Aufgabe war (und ist teilweise bis heute) klar: Sie hatten die Welt des Übersinnlichen zu ordnen, die als bedrohlich empfundenen Kräfte der Natur zu bannen, Übel abzuwehren und Heil zu gewährleisten. Sie traten als Mittler zwischen den Einzelnen und die Welt der Götter, Geister und Naturkräfte. Sie beherrschten die Opferzeremonie. Im Extremfall konnten sie über Leben oder Tod entscheiden.

Es ist also nicht weiter verwunderlich, dass ihre herausgehobene Stellung schon frühzeitig durch Privilegien unterfüttert worden ist.»Unterfüttert«, das darf man durchaus im Wortsinn verstehen, denn gefüttert worden sind sie in vielerlei Hinsicht. Ich habe mich schon immer gefragt, was eigentlich aus all den Opfergaben geworden ist, die die Gläubigen bei den Tempeln und Altären deponiert haben. Aber auch über das Leben der Tempeljungfrauen und Vestalinnen»nach Dienstschluss« wäre ich gerne besser informiert.

Als Privileg eignet sich jede denkbare Form der Auszeichnung, sei sie ideeller oder materieller Art. Garantierte Einkommen, Apanagen, eine attraktive Altersversorgung, die Befreiung vom Waffendienst, von Steuern und Abgaben, Subventionen, der Schutz vor Wettbewerbern oder vor polizeilicher Nachstellung, Dienstwohnungen, Freifahrscheine – leicht ließe sich eine sehr lange Liste anfertigen.

Wie meine kurze Aufzählung verrät, existieren die meisten dieser Privilegien bis zum heutigen Tag. Sie sind in der Form fortentwickelt worden, aber nicht dem Grunde nach. Manche Privigien wirken nur auf den ersten Blick unverständlich. Zu meiner Bonner Zeit gab es ein »Journalistenprivileg«: Journalisten, die in der Hauptstadt arbeiteten, wurde eine Werbungskostenpauschale zugestanden, die doppelt so hoch war wie die für ihre Kollegen in Hamburg oder Dinkelsbühl. Das lässt sich logisch kaum begründen, wohl aber psychologisch. Der Hofberichterstatter erfüllt eben aus der Sicht des Souveräns eine besonders wichtige Funktion. Auf die Absicht bei der Verleihung eines Privilegs kommt es also auch an.

Besuch vom »Ordensbeauftragten« des Bundeskanzlers

Zuweilen sind aber auch immaterielle Privilegien von großer Bedeutung, wie ich einmal aus eigener Anschauung erfahren konnte.

1973 bin ich von der EG-Kommission ins Bonner Kanzleramt gewechselt. Bereits am zweiten Tage meiner dortigen Tätigkeit erhielt ich den Besuch eines Beamten, der sich als der »Ordensbeauftragte« des Bundeskanzlers vorstellte. Er wollte mit mir über meine »Ordenslaufbahn« sprechen. Mit Klöstern oder Kreuzritterburgen hatte das nichts zu tun. Es ging vielmehr darum, die Zeitpunkte für die Verleihung des Bundesverdienstkreuzes so festzulegen, dass ich auch noch der höheren Stufen dieses Ordens teilhaftig werden würde.

Das hat mich total verblüfft. Da ich aus Prinzip keine Orden annehme, hatte dieser Vorfall für mich keine praktische Bedeutung. Aber ich habe damals begriffen, eine welch große Rolle immaterielle Privilegien spielen können.

Und was dem einen sein Bundesverdienstkreuz, ist dem anderen der richtige Sitz »bei Hofe« (wobei es sich auch um den Plenarsaal des Bundestages oder die Frankfurter Paulskirche handeln kann). Insgesamt haben sich im Laufe der Zeit alle Gesellschaften und Staaten ein ausgefuchstes System immaterieller Privilegien und Ehrungen aufgebaut – was zumindest Geld sparen hilft.

Aus-Zeichnung ist Vertrauensvorschuss

Wenn Germanenstämme eines ihrer Mitglieder auf den Schild hoben, dann taten sie das nicht umsonst. Wenn ein Bantustamm im zentralen Afrika ein Stammesmitglied zum Medizinmann macht, dann ist auch das nicht gratis. Als der Pharao den Joseph zum obersten Verwaltungsbeamten in Ägypten machte, tat er dies nicht ohne eine genaue Absicht. Und wenn die Gesellschaft der Bundesrepublik Deutschland über ihre Steuerzahlungen jungen Menschen das Medizin- oder Jurastudium ermöglicht, geschieht auch das nicht ohne Erwartung. Gleiches gilt, wenn sich Fußballmannschaften ihren Spielführer wählen oder die Berliner Philharmoniker ihren nächsten Chefdirigenten.

Der gesamte Prozess der gesellschaftlichen Aus-Zeichnung ist an einen Vertrauensvorschuss und die damit verbundenen Erwartungen geknüpft. Attribute und Privilegien werden nicht ohne eine zu erbringende Gegenleistung verliehen. Die Aus-Zeichnenden erwarten vom Aus-Gezeichneten, dass er seine Aufgabe für die Gesellschaft erfüllt.

Der Anführer hat fette Weidegründe zu finden. Der Schamane hat die Götter zu besänftigen. Der Häuptling hat die nächste Stammesfehde siegreich zu bestehen. Der Jurist hat für Rechtssicherheit zu sorgen. Der Arzt hat zu heilen. Der Investmentbanker hat einen attraktiven Merger zu Stande zu bringen. Der Waffenschmied hat überlegene Schwerter oder Panzer zu produzieren. Der Journalist hat »richtig« zu berichten. Der Beamte hat sauber zu verwalten. Der Ökologiker hat die Erde überlebenswert zu machen. Der Politiker hat für eine bessere Zukunft zu sorgen ...

Eine wertvolle gesellschaftliche Balance

Aus Privileg und Gegenleistung hat sich auf diese Weise immer wieder eine wertvolle gesellschaftliche Balance ergeben. Das eine bedingte das andere. Wenn das gewährte Vertrauen nicht durch die erwartete Gegenleistung belohnt wurde, war diese Balance gestört. Die Reaktion erfolgte prompt: Mit dem Vertrauen sind auch die Privilegien entzogen worden.

Wenn Privilegien entzogen werden

Wer das in ihn gesetzte Vertrauen enttäuschte, der musste die Konsequenzen tragen. Das war früher so, das ist heute nicht anders. Früher sind die vormals Privilegierten umgebracht oder verstümmelt worden. Man hat sie in den Kerker geworfen oder ins Exil geschickt. Man hat ihnen die Attribute (Schwerter, Orden oder Achselstücke) genommen oder sie degradiert. Man hat ihnen die Funktion entzogen oder sie entlassen. Man hat sie abgewählt oder in Pension geschickt. Und wenn eine ganze Gruppe wie zum Beispiel die »politische Klasse« die in sie gesetzten Erwartungen nicht erfüllt, dann hagelt es Kritik, dann werden die Politiker mit gesellschaftlicher Geringschätzung bestraft.

Es wäre interessant, die verschiedenen Formen des Privilegienentzugs näher zu beleuchten. Für meinen Gedankengang aber ist vor allem eines wichtig: Es hat einmal eine höchst wirksame Machtbalance zwischen Vertrauensvorschuss und Gegenleistung, zwischen Privilegien und deren drohendem Entzug gegeben. Diese Balance ist, wie wir noch sehen werden, gestört.

Die erste Phase eines langen Prozesses, an dessen Ende »Feuerwehrleute zu Brandstiftern« werden, lässt sich wie folgt zusammenfassen:

• An einem bestimmten Punkt ihrer Entwicklung entsteht für alle Gruppen, Gesellschaften und Kulturen die Notwendigkeit, bestimmte Funktionen an Spezialisten zu übertragen.

• Diese Spezialisten werden mit einem Vertrauensvorschuss sowie mit Privilegien ausgezeichnet.

• Für diese Aus-Zeichnung wird eine Gegenleistung erwartet. Wird sie nicht erbracht, werden die Privilegien entzogen.

Kapitel 2

Wer verliert schon gerne Privilegien?

Der Mensch gewöhnt sich rasch an Vorrechte

In Dormagen am Niederrhein hat sich in den frühen Sechziger-jahren folgende Geschichte zugetragen. Der Niederrhein – das ist die Heimat der Schützenfeste und der Bruderschaften, das Reich der Schützenkönige, die ihre Regentschaft in aller Regel für ein Jahr ausüben. Am einem späten Winterabend fiel dort einer Polizeistreife der Zickzackkurs eines Autos auf. Sie hielten den Wagen an. Ein Blick auf den Fahrer zeigte ihnen: Klarer Fall von Volltrunkenheit! Ein zweiter Blick machte den Polizisten klar, dass sie den amtierenden Schützenkönig vor sich hatten. Nach Überprüfung der Papiere und Alkoholtest forderten sie ihn auf, sein Fahrzeug zu verlassen. Daraufhin erwiderte der Mann am Steuer empört:»Ihr könnt mech nix donn! Ech bin doch dr Schützenkönig!«

Aber nicht nur Schützenkönige am Niederrhein gewöhnen sich rasch an Privilegien. Es liegt wohl in unserer Natur, dass wir danach trachten, unsere Vorrechte und Privilegien zu verteidigen, zu sichern und nach Möglichkeit auszubauen, ja zu verewigen. Das war zu allen Zeiten so, und es gilt für alle Kulturkreise.

Um Privilegien wird gekämpft, um deren Sicherung noch mehr

Wenn wir in die Lage kommen, Privilegien zu ergattern, verwenden wir einen erheblichen Teil unserer sozialen Energie darauf, sie auch tatsächlich zu bekommen. Wir tun dies, weil wir wissen, dass mit dem Vorrecht auch ein Vorteil verbunden ist, worin er auch immer bestehen mag.

Gleichzeitig aber wissen wir, dass für diese Aus-Zeichnung eine Gegenleistung erwartet wird und dass uns das Vorrecht auch wieder entzogen werden kann. Damit aber entsteht ein doppeltes Risiko: Wir sind uns nicht sicher, ob wir die erwartete Gegenleistung auch erbringen können. Ja, wir sind (das gilt insbesondere für Gesellschaften mit unzureichend ausgebildeter Rechtssicherheit) uns nicht einmal sicher, ob wir nicht auch dann mit Privilegienentzug bestraft werden, wenn wir die Gegenleistung voll erbringen.

Die Schlussfolgerung liegt auf der Hand: Wir wenden noch mehr Energie zur Sicherung von Privilegien auf als zu deren Erringen.

Wir spannen all unsere Kräfte an, um Liebe und Zuneigung eines Mannes oder einer Frau zu gewinnen. Ist es dann geschafft, tritt in den meisten Fällen eine gewisse Ermüdung ein. Ganz anders beim Erringen und Sichern von Privilegien. Dort können wir uns Erschlaffung gar nicht leisten! Ich kenne keinen anderen Sachverhalt, in den wir dauerhaft so viel Intelligenz und Energie zu stecken bereit sind. Die Mittel, zu denen wir greifen, können »gut« oder »böse« sein, wir setzen Mut oder Niedertracht genauso ein wie Güte oder Boshaftigkeit, Offenheit oder List, Vernunft oder Hysterie. Letztlich kommt es darauf gar nicht an. Nur das Ergebnis zählt.

Zu allen Zeiten und in allen Kulturen haben die Aus-Gezeichneten versucht, das Band zwischen Privileg und Gegenleistung zu zerschneiden oder doch zumindest ausreichend elastisch zu machen. Sich unabhängig zu machen von den Bedingungen, an die die Privilegien geknüpft sind, ist das Ziel.

Berufung auf Außer- oder Überirdisches

Die Schamanen der alten Kelten haben das Gleiche getan wie ihre»Berufskollegen« woanders auf der Welt: Sie traten als Mittler zwischen die Sphäre des Außer- oder Überirdischen und die Alltagswelt. Für diese Mittlerfunktion waren sie ausgezeichnet worden. Und wer wagte es schon, ihnen ans Leder zu gehen? Wer wahlweise den Zorn oder die Liebe der Götter verkünden kann, der überlebt auch raue Zeiten. Und wenn ein dargebrachtes Opfer die Asen (oder andere Gottheiten in anderen Erdteilen) nicht besänftigte, dann lag es weder an der Gottheit noch am Schamanen. Es lag ausschließlich am Opfer oder demjenigen, der es angeschleppt hatte. Ein eindeutiger Fall von Privilegiensicherung!

Und deshalb hat Bonifatius, als er sich an die Christianisierung der Hessen und Thüringer machte, nicht etwa die Schamanen verfolgt, was wohl völlig kontraproduktiv gewesen wäre. Er hat vielmehr die Donareiche zu Geismar gefällt, jenes oberste Heilszeichen germanischen Götterglaubens. Damit war die finale Machtlosigkeit der Schamanen erwiesen. Es steht zu vermuten, dass Bonifatius sie getrost ihrem Schicksal unter den Händen ihrer enttäuschten Stammesgenossen überlassen konnte. Ein eindeutiger Fall von Privilegienentzug.

Magier, Schamanen, Priester, Pastoren, Mönche – immer wieder das gleiche Bild: So lange sie als Mittler zwischen dem Einzelnen und überirdischen Kräften akzeptiert bleiben, so lange ist das mit der Aus-Zeichnung verbundene Privileg gesichert. Das gilt bis heute für alle Religionen, die mit einer derartigen Mittlerfunktion arbeiten. Es gilt für Katholiken und die meisten »Naturreligionen«, es gilt für Buddhisten und Hindus.

Paco Rabanne und Nostradamus

Etwas anders liegt der Fall bei den »Gurus« der Neuzeit. Als zum Beispiel der Modeschöpfer Paco Rabanne unter Berufung auf die Schriften des Nostradamus vorhergesagt hatte, ein Raumschiff werde Paris exakt am 13. August 1999 zerstören, lag ein klarer Fall von Dummheit vor. So stümperhaft lässt sich weder dauerhafte Aufmerksamkeit erzielen noch ein Privileg sichern. In anderen Fällen haben ähnliche Vorgänge zu tragischen Ergebnissen geführt. Es hat wiederholt Gurus gegeben, die sich und ihre gesamte Anhängerschaft in den kollektiven Selbstmord getrieben haben, als sich herausstellte, dass die für die Aus-Zeichnung erwartete Gegenleistung nicht zu erbringen war. Wenn denn schon das Privileg futsch war, so konnte man wenigstens darauf hoffen, als eine Art Märtyrer in die Geschichte einzugehen (zumal ja niemand mehr übrig war, um vom Versagen des Gurus zu berichten).

Astronomen und Astrologen

Geheimlehren und Herrschaftswissen – auch diese Instrumente der Privilegiensicherung sind uralt. Die Sonnen-, Mond- und Sterndeuter der Babylonier und der alten Ägypter, aber auch der Indianerkulturen Lateinamerikas waren zunächst für eine eminent praktische Funktion aus-gezeichnet worden: Die Berechnung der Gestirne und ihrer Laufbahnen war notwendig, um beispielsweise Regenfälle, Überschwemmungen oder Trockenperioden einigermaßen verlässlich vorherzusagen. Nur so konnten Schutzmaßnahmen eingeleitet werden, die das Überleben der jeweiligen Kultur sicherten. Aber den Gestirnen wurde auch eine magische Qualität beigemessen. Und deshalb waren die Sterndeuter in erster Linie immer Astrologen. Darum wurde ihr erstaunliches mathematisches Wissen nicht Allgemeingut, sondern in Geheimlehren zusammengefasst. Auf diese und ähnliche Weise ist das entstanden, was wir heute als »Herrschaftswissen« bezeichnen – ein Wissen, mit dem Herrschaft ausgeübt werden soll. Für uns gewöhnliche Sterbliche blieb der Tipp, sich beim Anblick einer Sternschnuppe irgendetwas Schönes zu wünschen.

Herrschaftswissen, aufbauend auf Geheimlehren und magisch eingefärbt, damit lassen sich Privilegien in der Tat prächtig absichern.

Gutenberg und die Reformation

Auch die Kirchenleute des Mittelalters haben einen wesentlichen Teil ihres Einflusses aus einem einfachen Tatbestand bezogen: Sie konnten lesen und schreiben. Der Rest der Gesellschaft war auf sie angewiesen und revanchierte sich, indem er ihnen eine ausgezeichnete Funktion zugestand.

Martin Luther hat dann seine 95 Thesen per Hand aufgeschrieben und an die Kirchentür zu Wittenberg geheftet. Das allein hätte für die Reformation jedoch nicht gereicht. Die Reformatoren waren auf Gutenberg und die Erfindung des Buchdrucks angewiesen. Eine technische Neuerung hat eine kulturelle Revolution ausgelöst und damit alte Privilegien beseitigt. Gleichzeitig hat sie aber auch die Grundlage für neue Privilegien gelegt. Die Buchdrucker haben über lange Zeit ihre Fähigkeiten möglichst für sich behalten, und ich glaube, dass ihr Metier nicht umsonst bis in die Neuzeit »Schwarze Kunst« genannt wurde. Magisches sollte durchaus anklingen. Sogar wir heute sind weniger aufgeklärt, als wir zu sein vorgeben. Wir akzeptieren »Herrschaftswissen« selbst im eigenen Lebensbereich: Blutjunge Derivatenhändler ziehen ihren überforderten Bankvorständen immense Prämien aus der Tasche. Eine kleine Gruppe von Wissenschaftlern entschlüsselt das menschliche Genom, und die Politiker schauen atemlos zu. Und den Magiern des Internet sind die Kapitalgeber lange Zeit beinahe blind hinterhergelaufen.

Im Notfall Gewalt

Die Androhung oder die Anwendung von Gewalt ist ebenso häufig Grundlage für die Ausübung von Macht gewesen wie das Recht. Häufig genug haben die beiden Prinzipien Gewalt und Recht im Streit miteinander gelegen. Das hat immer wieder Situationen geschaffen, in denen die »Macht auf der Straße lag« und durch den Einsatz von Gewalt errungen werden konnte. Es ist ja noch nicht so lange her, dass wir uns an das staatliche Gewaltmonopol auf der Grundlage einer fest gefügten Rechtsordnung gewöhnt haben.

Wenn und wo aber Gewalt als ein probates Mittel zur Durchsetzung von individuellen und gesellschaftlichen Zielen angesehen wurde (und wird), ist es nicht verwunderlich, dass sie auch zur Sicherung und zum Ausbau von Privilegien eingesetzt worden ist.

Dies galt besonders dort, wo die mit einem Vorrecht Aus-Gezeichneten staatliche oder militärische Macht ausgeübt haben. Irgendwann war ihnen diese Macht als Privileg »verliehen« worden. Dieses »Lehen« ist dem Grundsatz nach ein klassisches Beispiel für die Balance zwischen Privileg und Gegenleistung gewesen. Aber aus »geliehener« Macht »Eigenmacht« zu machen, die Versuchung ist zu allen Zeiten groß gewesen. Weder englische Raubritter noch deutsche Kurfürsten noch italienische Condottieri noch japanische Shogune haben vor Gewaltanwendung zurückgeschreckt, wenn es um die Sicherung des Machtprivilegs ging – am besten eine geeignete Erbfolge inbegriffen.

Das ist heute nichts anders: Wo das staatliche Gewaltmonopol samt Rechtsordnung beseitigt ist, wird die »Futterkrippe« unverzüglich wieder mit nackter Gewalt besetzt und verteidigt – ob in Sierra Leone, Somalia, Indonesien oder Haiti.

Privilegien erblich machen, nicht nur beim Adel

Die Übertragung einer Funktion und der damit verbundenen Privilegien auf die nachfolgenden Generationen der eigenen Familie, das ist immer wieder ein hervorragendes Mittel zur Sicherung von Vorrechten gewesen.

Damit ist eine weitere Stufe hin auf dem Weg zum Machtkartell erreicht: Es wird nicht nur das Band zwischen Aus-Zeichnung und Gegenleistung gelockert, es wird nunmehr auch das Band zwischen Funktion und Funktionsträger zerschnitten. Wenn Aus-Zeichnungen und die damit verbundenen Privilegien erblich werden, wird die Tauglichkeit des Ausgezeichneten für die von ihm zu erfüllende Aufgabe nicht mehr überprüft. Der Vertrauensvorschuss macht sich am Namen fest, nicht an der Eignung.

Kaiser und Könige konnten sich zur Privilegiensicherung über die Generationen hinweg auf göttliche oder magische Wurzeln berufen. Woanders hat die Macht der Gewohnheit oder die Annahme einer besonderen, vererbten Eigenschaft denselben Zweck erfüllt.

So hat es in vielen ländlichen Gegenden ganze Bürgermeisterdynastien gegeben. »Ämter« wie die des Küsters, Totengräbers oder Dorfschullehrers in christlichen Dörfern waren ebenso über lange Zeit in der Hand einer Familie wie die des Kantors oder Schächers in jüdischen Gemeinden. In all diesen Fällen hat es beim Generationenübergang immer auch einen erneuten Vertrauensvorschuss an den neu »Aus-Gezeichneten« gegeben. Aber irgendeine Prüfung ist dem kaum vorausgegangen, und auf die Idee, jemand aus der Nachbargemeinde könnte es vielleicht besser machen, ist man erst gar nicht gekommen.

Schließlich hat auch unser Erbrecht seine Wurzeln in derartigen Vorgängen. Wenn Vermögen Privileg ist, dann ist Erbfolge Privilegiensicherung. Welche Probleme damit einhergehen, kann man gerade beim Übergang von den Gründerunternehmern auf die nachfolgende Generation beobachten. Große Namen der deutschen Unternehmensgeschichte wie Krupp, Thyssen, Kloeckner, Schickedanz, Grundig oder Neckermann belegen: Die familiäre Erbfolge ist nur im Ausnahmefall ein geeigneter Beitrag zur Kontinuitätssicherung in der Firma. Viel häufiger müssen die privilegierten Nachkommen aus ihrer Verantwortung entfernt werden, damit das Unternehmen zumindest überleben kann. Selbst Firmenzusammenbrüche gehen mitunter auf das Konto der Söhne oder Enkel.

Wie sich das bei Königtum und Adel abspielte, möchte ich an Konrad II., dem ersten Kaiser aus dem Geschlecht der Salier verdeutlichen.

Sein Vorgänger Heinrich II., der letzte Ottone, stirbt 1024, ohne einen männlichen Nachfolger zu hinterlassen oder einen Thronfolger zu bestimmen. Was war nun zu tun, um das Heilige Römische Reich Deutscher Nation nicht im Chaos versinken zu lassen? Hätte Heinrich einen Sohn gehabt, dann würde man dessen Herrschaftsrecht nicht ohne Not missachtet haben.

Aber was passierte, wenn ein derartiger Spross nun einmal nicht vorhanden war? Dies war die Stunde des Adels und des Wahlprinzips. Von der Papierform her konnte sich mehr als ein halbes Dutzend hoher Adliger Hoffnungen machen. In Wirklichkeit hat sich dann aber alles auf zwei Kandidaten konzentriert. Beide hießen Konrad, entstammten dem Saliergeschlecht und waren Vettern. Auf dem Fürstentag in Kamba hat der Ältere der beiden dann einen Vorschlag gemacht, der einem gewieften Politikmanager zur Ehre gereichen würde. Er schlug seinem jüngeren Vetter vor, dass beide den Wahlausgang unabhängig von dem Erfolg der eigenen Kandidatur akzeptieren sollten (was ja nicht nur im Mittelalter durchaus nicht immer die Regel war). Zudem versprach er ihm auch noch eine nicht näher definierte Teilhabe an der Herrschaft.

Der jüngere Konrad stimmte zu, die Persönlichkeitswerte des Älteren kamen voll zur Geltung, und die Sache war gelaufen. Das königliche Privilegium war errungen und zunächst einmal gesichert.

Es kam aber noch etwas Wichtiges hinzu: Konrad der Ältere war verheiratet und hatte einen damals siebenjährigen Sohn. Mit beidem konnte der Vetter nicht aufwarten.

Nun musste das Privileg erblich gemacht werden. Das war gar nicht so einfach, zumal Konrad II. in einer kirchenrechtlich anfechtbaren Ehe lebte. Er hat das konsequent und geschickt angefangen: Nachdem er 1027 in Rom zum Kaiser gekrönt worden war, hat er seinen Sohn Heinrich III. 1028 zum König krönen lassen. Der war zwar erst elf Jahre alt – aber was machte das damals schon? Und so war der Weg für das Kaisergeschlecht der Salier frei geworden.

Verwissenschaftlichung und »Fach-Chinesisch«

Die Bertelsmann-Lexikothek zählt (ohne Teil- und Untergebiete) 51 medizinische Fachgebiete auf. Wir kennen Fachaufsicht und Fachhochschulen, Prüfungsfächer, Facharbeiter und Fachkräfte in tausenderlei Bereichen. Überall herrscht Fachwissen, überall wird mehr oder weniger Fach-Chinesisch gesprochen. Das ist der vorläufige Endpunkt einer sehr, sehr langen Entwicklung.

Am Anfang hat der Versuch gestanden, besondere magische oder praktische Fähigkeiten, die mit einer Aus-Zeichnung verbunden waren, zu »verwissenschaftlichen«. So ist über die Jahrtausende aus der Magie die Theologie, aus der Sterndeuterei die moderne Astronomie, aus der Heilkunde die Medizin, aus dem Handwerk das Ingenieurswesen und aus dem angestrengten Grübeln die Philosophie entstanden.

Für diese Verwissenschaftlichung gibt es zwingende sachliche Gründe. Der gleiche Prozess hat aber auch eine wichtige sozialpsychologische Komponente: Der wissenschaftlich Gebildete ist »etwas Besonderes«. Er ist also aus-gesondert, aus-gezeichnet. Das gilt für den Universitätsprofessor ebenso wie für den Forscher in einem Institut, es gilt für den großen Theologen ebenso wie für den Nobelpreisträger der Medizin. Dieses »Besondere« kann nun wie eine Trennwand zwischen dem Wissenschaftler und der Tagesrealität einerseits sowie den Normalmenschen andererseits wirken. Hinter dieser Trennwand lassen sich dann auch Privilegien trefflich konservieren.

Ganz Ähnliches gilt für die Fachsprache, die wir ja nicht ohne Grund »Fach-Chinesisch« nennen, denn sie dient vor allem der Verständigung unter Eingeweihten. Alle anderen sollen ausgeschlossen werden, sollen nicht verstehen, was gesprochen wird, und sollen schon gar nicht mitreden dürfen.

Bei Karl Kraus habe ich in seinem großen Werk *Die letzten*

Tage der Menschheit folgende Textstelle gefunden, die ich verkürzt wiedergeben möchte:

*Ein Etappenhengst erteilt einem Zivilisten, der wissen will,
ob er vom Militärdienst befreit werden kann, die Auskunft:
»Mit Erlass vom 12. Juli 1915, Nr. 863/XIV ist verfügt, dass,
wie bereits mit dem Erlass vom 13. Jänner 1915, Dep. XIV,
Nr. 1596 ex 1914 angeordnet – auch der nach § 109 I, 1. Abs.
118 I und 121 W.-V. I., im Juni 1915 zu erbringende Nachweis des Fortbestandes der die Begünstigung begründenden
Verhältnisse bis auf weiteres aufgehoben wird ...«
Der Zivilist verbeugt sich und geht ab.*

Natürlich übertreibt Karl Kraus hier. Leicht. Die Wirklichkeit ist ihm dicht auf den Fersen. Das zeigt ein Wortungetüm aus der Gesetzgebungsarbeit des Landtags von Mecklen-
burg-Vorpommern. Es heißt »Rinderkennzeichnungs- und
Rindfleischetikettierungsüberwachungsaufgabenübertragungsgesetz«
(RkReÜAÜG M.V.) und stammt aus dem Jahre des Heils
1999!

Gar so schlimm wie in diesen beiden Beispielen muss es nicht
immer kommen. Aber eins bleibt gleich, ob sich nun Gynäkolo-
gen auf einem Fachkongress unterhalten, ob Priester in einigen
Religionen sich längst ausgestorbener Sprachen bedienen, ob
Nationalökonomen ihr Kauderwelsch pflegen oder ob Juristen
an Bandwurmsätzen basteln: Wir verstehen es nicht. Und wir
sollen es auch gar nicht verstehen.

Selbstverständlich hat das Vokabular der Fachsprache seine
präzise Bedeutung. Es soll aber auch gegen Dritte abschotten.
Und damit entsteht ein zusätzliches Bollwerk gegen diejenigen,
die einem vielleicht Privilegien streitig machen könnten.

Es geht um Macht

Die Privilegierten kämpfen also mit allen Mitteln darum, ihre Vorrechte abzusichern und auszubauen. Sie wollen sich von der erwarteten Gegenleistung so weit wie irgend möglich unabhängig machen. Und sie wollen die Privilegien für ihre Nachkommen sichern.

Hinter all diesen Bestrebungen steht immer auch der Kampf um Macht, also um die »Chance, den eigenen Willen auch gegen Widerstreben durchzusetzen«, wie es Max Weber formuliert hat. Dieser Kampf lässt sich nicht schematisch auf einzelne »böse« Erscheinungsformen der Gesellschaft wie das Militär, die Politik, die Kirche oder die Unternehmer konzentrieren.

Er liegt vielmehr in der menschlichen Natur. Die klassische Balance Auszeichnung – Privileg – Gegenleistung ist uns unbequem, selbst wenn wir sie zunächst einmal akzeptieren müssen. Sobald wir aber dazu in der Lage sind, tun wir alles, um diese Balance zu unserem eigenen Vorteil so weit wie möglich aus den Angeln zu heben.

Privilegien werden aber nicht nur durch die Gefahr des Entzugs bedroht. Sie können auch ins Wanken geraten, wenn Konkurrenten auftreten. Damit aber geraten wir in den nächsten Abschnitt der gesellschaftlichen Entwicklung. Und von dem soll nun die Rede sein.

Kapitel 3:

Das Revier wird gesichert:
Die Machtkartelle

Die Stromkulturen und die Stadtkulturen

Vor gut fünftausend Jahren hat sich in den großen Flusstälern Indiens, Chinas, Mesopotamiens und Ägyptens eine neuartige Organisation menschlichen Zusammenlebens entwickelt: die Stromkultur.

Die Bändigung des Wassers und die Aufgabe, es für die regelmäßige Versorgung großer, sesshafter Gruppen mit Nahrungsmitteln nutzbar zu machen – das erforderte diese neue Organisationsform. Wer immer diese Menschenmassen beherrschen wollte, er musste sich auf eine Vielzahl von Spezialisten stützen und er musste diese hierarchisch strukturieren.

Die aus-gezeichneten Funktionen konnten durch einen Einzelnen nicht mehr bewältigt werden. *Ein* Priester, *ein* Arzt, *ein* Häuptling, *ein* Schreiber, Steinmetz, Waffenschmied oder Lehrer – das reichte nun nicht mehr aus. Es kam zur Verteilung der Funktionen auf eine Vielzahl von Trägern.

Das alte Ägypten hatte bereits vor einigen Jahrtausenden diese Organisation mustergültig herausgebildet: Der Pharao als »Gottkönig« war der höchste und unumschränkte Souverän. Sein Machtzentrum lag zunächst in den gewaltigen Palästen und Tempeln sowie deren Verwaltung. In den Palastschulen wurden die Kinder des Pharao zusammen mit den Söhnen der hohen Hofbeamten und des Provinzadels ausgebildet. Auf diese Weise wurden die Prinzen nicht nur auf ihre hohen Aufgaben vorbereitet; Schulkameradschaft schuf auch die Grundlage für die spätere Loyalität derjenigen, auf die der zukünftige Pharao angewiesen sein würde. Ein erstes perfektes System kollektiver Privilegiensicherung!

Mit der Leitung aller weltlichen Angelegenheiten wurde der »Leiter der Schatzhäuser« in Memphis und Theben beauftragt, den man auch als Wesir bezeichnete. Eine derartige Arbeitsteilung kennen wir ebenfalls von den Hausmeiern bei den Merowingerkönigen. Auch die Reichsverfassung von 1871 spiegelt in der Machtverteilung zwischen Kaiser und Reichskanzler einen ähnlichen Grundgedanken wider.

Der Titel »Leiter der Schatzhäuser« erinnert daran, dass der Finanzminister in den USA noch immer »Secretary of the Treasury« und sein Kollege in Paris »Ministre du Trésor« heißen – selbst wenn es heute mit den Schätzen nicht mehr so weit her ist. Auch die Bundesregierung hatte über eine längere Zeit einen »Bundesschatzminister«, der insbesondere die Bundesunternehmen in seiner Obhut hatte.

Im alten Ägypten ist eines anders gewesen: Wenn irgend möglich, wurde ein Sohn des Pharao zum Wesir berufen, um die Macht komplett in der Familie zu behalten.

Dieser Wesir, dessen Autorität sich nur vom »Gottkönig« Pharao herleitete, verfügte über eine ungeheure Machtfülle. Er verwaltete die Naturalabgaben, also die Steuern der damaligen Zeit. Er beaufsichtigte die Bauprojekte und die staatlichen Monopole. Ihm unterstanden Heer und Polizei, die Organisation der Kanalarbeiten und Feldbestellungen, die Richter und die Geometer, die Strafregister und die Distriktskollegien.

Für die Getreideverwaltung war ein »Vorsteher der Scheunen« verantwortlich. Das erinnert uns an die Bibel und an

Joseph, der offenbar diese Funktion innegehabt hat. Seine Deutung des Pharaotraums von den »sieben mageren und den sieben fetten Jahren« ist nicht nur ein frühes Beispiel vorsorgender Wirtschaftsplanung, sie hat Joseph auch erhebliche Vorrechte eingetragen.

Insgesamt hat sich in Ägypten ein Spezialistenheer ungeheuren Ausmaßes herausgebildet. Bereits aus dem Alten Reich kennen wir allein rund 1800 unterschiedliche Amts- und Rangbezeichnungen!

Eine ganz ähnliche Entwicklung hat überall dort stattgefunden, wo es zur Herausbildung von Städten auch abseits der großen Stromtäler gekommen ist. Der griechisch-kleinasiatische Raum bietet hierfür ebenso eindrucksvolle Belege wie die frühen Stadtkulturen in Zentralafrika oder die keltischen Großsiedlungen.

Auch hier ist es zwangsläufig dazu gekommen, dass die gesellschaftliche »Aus-Zeichnung« samt der damit verbundenen Privilegien, aber auch samt der dabei erwarteten Gegenleistung nicht mehr an den Einzelnen ging, sondern an eine Vielzahl von Spezialisten.

Für die Privilegierten stellte sich damit eine uralte Frage neu: Wie können unsere Privilegien gesichert werden – im Wettbewerb miteinander oder über den Zusammenschluss?

Die Privilegierten rotten sich zusammen

Die Antwort ist bis heute die gleiche geblieben: Die Ausgezeichneten wollten nicht miteinander in Konkurrenz treten. Sie haben von jeher den Wettbewerb gefürchtet, denn im Wettbewerb wären die Privilegien durchlöchert worden.

Folglich rotteten die Privilegierten sich zu Machtkartellen zusammen. Und das tun sie heute immer noch. Die Bezeichnungen haben sich im Lauf der Jahrhunderte aufgefächert: Bünde, Genossenschaften, Zünfte, Innungen, Corporations, Coopératives, Verbände – im Ziel waren und sind sie sich alle einig: Es gilt, die vormals individuell abgesicherten Privilegien nunmehr kollektiv zu sichern. Frei nach dem Motto:»Einigkeit macht stark«– nur gemeinsam können wir unsere Privilegien wirksam verteidigen!

Zu einer derartigen Sicherung wurden und werden die unterschiedlichsten Wege beschritten.

Artenschutz über Zwangsmitgliedschaft

Die Zwangsmitgliedschaft in einer Korporation gleich welcher Art ist lediglich die logische Konsequenz aus der kollektiven Privilegiensicherung. Es darf nach Möglichkeit niemand ausscheren.

Im Handwerk dürften diese Grundsätze am eindeutigsten durchgesetzt sein.

Unsere Gewerbeordnung, die aus dem Jahre 1869 und damit aus den Zeiten des Norddeutschen Bundes stammt, legt fest: »Der Betrieb eines Gewerbes ist jedermann gestattet.« Und das Grundgesetz postuliert in seinem Artikel 12:»Alle Deutschen haben das Recht, Beruf, Arbeitsplatz und Ausbildungsstätte frei zu wählen.«

Im Handwerk gilt diese Gewerbefreiheit nicht. Einen Handwerksbetrieb gründen und selbstständig führen darf nur der, der eine Meisterprüfung abgelegt und bestanden hat. Die Handwerksordnung bestimmt, dass alle Tätigkeiten, die für ein Handwerk »wesentlich« sind, den Meistern vorbehalten bleiben. Was nun aber wesentlich ist, das bestimmen die Handwerkskammern und im Streitfall die Behörden oder die Gerichte.

Nach wie vor gibt es in Deutschland mehr als 120 Meisterberufe. Das Bundesverfassungsgericht hat diesen »Meisterzwang« 1961 für zulässig erklärt. Die Frage ist, ob Karlsruhe auch heute noch zu dem gleichen Urteil gelangen würde.

Auf die Frage, was denn nun eigentlich ein Handwerksbetrieb sei, gibt die Handwerksordnung in ihrem Paragrafen 1 eine schlechthin umwerfende Antwort. Es heißt dort: »Ein Gewerbebetrieb ist Handwerksbetrieb ..., wenn er handwerksmäßig betrieben wird.« Hinter dieser Leerformel kann man jeden Unsinn verstecken.

So ist es nicht weiter verwunderlich, dass es auf diesem Feld vor Ungereimtheiten nur so wimmelt. Beispielsweise ist der Büroinformationselektroniker ein Handwerker, alle übrigen Berufe der Datenverarbeitung aber sind es nicht. Zu Beispiel ist der Straßenbau ein Handwerk, das Verlegen von Leitungen oder der Bau von Kanälen darf sich aber nicht dazu zählen. Und jedermann darf in Deutschland eine Schuhfabrik gründen und betreiben. Aber wehe, wenn er orthopädische Maßschuhe dort fertigt! Das ist nämlich einem Handwerksbetrieb vorbehalten.

Derart starre und antiquierte Regeln behindern natürlich die Gründung neuer Unternehmen. Das hat auch die Monopolkommission festgestellt, die in ihrem Hauptgutachten 1996/97 die Handwerksordnung als eine der Hauptursachen dafür ausmacht, dass Deutschland in puncto Neugründungen nur im hinteren Mittelfeld der europäischen Länder zu finden ist.

Obwohl die Ursache der Misere also erkannt ist, tut sich auf diesem Feld so gut wie nichts. Dafür gibt es einen einfachen Grund: Das Handwerk ist mächtig. Allein in Hamburg gehören der dortigen Handwerkskammer mehr als 13 600 Betriebe mit rund 148 000 Mitarbeitern an. Hinzu kommen noch die 52 Innungen, die rund 6000 Handwerksbetriebe als Mitglieder zählen.

Am ärgsten aber ist es, wenn führende Vertreter des Handwerks uns in zahllosen Reden über die Marktwirtschaft belehren wollen. Hier wird die Feuerwehr einmal mehr zum Brandstifter. Sie predigen Wasser und sie trinken Wein!

Der »Club« muss überschaubar bleiben

Die Kehrseite der Zwangsmitgliedschaft ist die »Zugangskontrolle«, also die Abschottung gegen Möchtegernmitglieder. Der Club ist nur dann mächtig und einflussreich, wenn er exklusiv ist. Deshalb ist die Korporation für ihren inneren Zusammenhalt zwingend darauf angewiesen, dass der Mitgliederbestand eingeschränkt bleibt. Das bedeutet zumindest eine strenge Kontrolle im Hinblick auf Nachwuchs und Zuzug. Wo irgend möglich, muss auch noch ein absoluter »Gebietsschutz« hinzukommen.

Dieser Gebietsschutz ist in einigen Fällen entfallen (Beispiel bei den Apothekern) oder doch deutlich aufgeweicht worden (zum Beispiel bei den Schornsteinfegern). Aber er wird direkt und indirekt weiter praktiziert, wie einige ausgewählte Beispiele zeigen:

- Für Notare gilt er dem Grundsatz nach noch immer.
- Neuen Taxiunternehmen wird die Genehmigung dann versagt, wenn das örtliche Taxengewerbe in seiner Funktionsfähigkeit bedroht erscheint. Dabei werden die jeweilige Nachfrage nach Taxileistungen, die vorhandene »Taxendichte« sowie die Kosten- und Ertragsentwicklung der vorhandenen Taxiunternehmen zu Grunde gelegt.
- Bevor ein Versteigerer eine Erlaubnis nach § 34 der Gewerbeordnung erhält, wird unter anderem seine Zuverlässigkeit überprüft. Dazu zählt zum Beispiel die Frage, ob er vorbe-

straft ist. Ähnliche Prüfungen müssen Schausteller, Spielhallenbetreiber, Wachunternehmen, Makler, Baubetreuer und Waffenhändler über sich ergehen lassen.

Auch diese Überprüfung der »Zuverlässigkeit« ist nichts anderes als eine verklausulierte Zugangsbeschränkung. Zuverlässigkeit ist eine Charakterfrage und entzieht sich somit jeder objektiven Überprüfung. Ähnlich fragwürdig ist die Vorstrafenklausel. Seit wann dürfen in einem Rechtsstaat Verstöße gegen das Gesetz doppelt geahndet werden?

Wettbewerb und Markt? – Nein danke!

Wie sollen Privilegien und vor allem die Einkünfte gesichert werden, wenn sie über Konkurrenz jederzeit ausgehöhlt werden können? Nicht von ungefähr berechnen bestimmte Berufszweige ihre Leistungen nicht nach »Preisen«, sondern nach »Gebühren« oder allenfalls nach »Tarifen«. Da ist es nur konsequent, dass in diesen Branchen auch die Eigenwerbung als Mittel des Wettbewerbs verboten oder doch genauestes reguliert ist. So regelt die Berufsordnung der Steuerberater in ihrem zweitlängsten Paragrafen sehr akribisch, was auf Geschäftspapieren stehen darf und was nicht.

Allerdings soll diese Vorgehensweise auch Halsabschneiderei verhindern. Es geht dem Einzelnen und seiner Korporation nicht um die Profitmaximierung, sondern um die »Auskömmlichkeit«. Diese Form der Selbstbeschränkung stellt den wirksamsten, auch moralischen Schutz der Aus-Gezeichneten samt ihrer Privilegien dar: Wer seine Profite so edel begrenzt, der hat seine Prvilegien gewiss verdient.

Die Korporation und ihre Angehörigen scheinen das Spezifische des Marktes, nämlich das Handeln und Feilschen, geradezu zu verabscheuen. Teilmärkte werden auf diese Weise monopolisiert. Die Begründungen hierfür sind allesamt pseudoethisch, aber sie sind wirksam, und allein darauf kommt es an.

»Standesehre«

Niemand gibt gerne zu, dass es ihm nur oder doch in erster Linie um die Verteidigung von Vorrechten geht. Deshalb werden die Verteidigungsregeln möglichst salbungsvoll überhöht. Ein probates Mittel dafür ist die »Standesehre«.

Diese Standesehre ist über Jahrhunderte hinweg der eigentliche Kitt der Machtkartelle gewesen, die sich aus den Korporationen heraus rasch entwickelt haben.

Selbstverständlich lassen sich auch durchaus löbliche Argumente für Standesehre finden. Es macht für alle Beteiligten Sinn, wenn qualitativ hochwertig gearbeitet wird, wenn Schutzvorschriften beachtet werden, wenn technische Zuverlässigkeit herrscht.

Nur hätte es dazu nicht der Korporation oder anderer Machtkartelle bedurft. Die Kombination aus Wettbewerb, Markt und einem wachen Gesetzgeber hätte vermutlich die gleichen Resultate erzielt. Aber dann hätte man das eigentliche Argument für die Zusammenrottung nicht so gut verstecken können: die Immunisierung gegen gesellschaftliche Kontrolle.

Die Steuerberater und ihr Stand

Wie stark Elemente der Standesehre, aber auch der Wunsch nach kollektiver Privilegiensicherung bis in die Gegenwart hineinwirken, mag das Beispiel der Steuerberater zeigen (es ist weiß Gott nicht das einzige).

Die Berufsordnung der Steuerberater hieß bis 1997 »Standesrichtlinien«. In dieser Berufsordnung finden wir unter anderem folgende Bestimmungen:

- »Der Steuerberater ist ein unabhängiges Organ der Steuerrechtspflege.« (§ 2/1). Hier wird Obrigkeit suggeriert, hier ist man vom Selbstverständnis eines modernen Dienstleisters meilenweit entfernt
- »Steuerberater sind verpflichtet, ihre persönliche und wirtschaftliche Unabhängigkeit gegenüber jedermann zu wahren« (§ 2/3). Hier wird zu Recht auf den alten Zusammenhang zwischen Privileg und Gegenleistung verwiesen, indem die zwingende Voraussetzung für Letztere normiert wird.
- »Steuerberater sind zur Sachlichkeit verpflichtet« (§ 5/1). Ja, zu was denn sonst? Der pseudoethische Charakter vieler Standesvorstellungen blitzt hier auf. Man sagt nichts, das aber mit Pathos in der Stimme.
- »Steuerberater haben das Ansehen des Berufsstandes zu wahren« (§ 5/2). Was dieses Ansehen denn sei, wird durch informelle Normen festgelegt, die durch Dritte oder den Markt kaum nachprüfbar sind.
- »Steuerberater haben ihren Beruf unter Verzicht auf berufswidrige Werbung auszuüben« (§ 10/1). Andere Paragrafen enthalten dann Hinweise auf Praxisschilder, Geschäftspapiere, Stempel, Klischees und Logos. Man wird den Verdacht nicht los, dass unter »berufswidrig« all das verstanden wird, was unter den Angehörigen dieses Berufsstandes Wettbewerb auslösen könnte. Und Wettbewerb soll nicht sein!
- »Satzung, Beitragsordnung und Gebührenordnung der Steuerberater-Kammer sind zu beachten« (§ 34/1). Schöner kann man Zwangsmitgliedschaft und ihre wesentlichen Konsequenzen nicht formulieren.
- »Steuerberater sind an die Steuerberatergebührenverord-

nung [ein Wortungetüm mit 31 Buchstaben!] gebunden«
(§ 45/1). Damit ist der Schutzzaun komplettiert.

Standessymbole

Die äußeren Symbole für die Standeszugehörigkeit waren
bereits im späten Mittelalter voll ausgebildet. Man hatte sich
schon damals auch räumlich zusammengerottet. Gerberstraße,
Fleischergasse, Fischerufer, Böttcherplatz – unsere Städte sind
voll von derartigen Ortsbezeichnungen. Für diese räumliche
Konzentration hat es viele praktische Gründe gegeben, wie
zum Beispiel die Nähe fließenden Wassers oder eine leichtere
Kontrolle durch die jeweilige Obrigkeit. Auch die Kundschaft
wird es vermutlich zu schätzen gewusst haben, die jeweiligen
Angebote leicht miteinander vergleichen zu können.

Auf der anderen Seite war räumliche Nähe aber auch ein vorzügliches Mittel der internen sozialen Kontrolle. Man konnte
sich gegenseitig in die Werkstatt blicken – und man wollte es
auch.

Als Nächstes haben sich die angehenden Machtkartelle Ver-
kleidungen zugelegt – bunte Uniformen, von denen Bergknap-
penkapellen, Schützenfeste, die ehemals zweckmäßige Beklei-
dung der Schornsteinfeger oder die Roben der Richter bis heute Zeugnis ablegen. »Uniform« – »Gleichförmigkeit« also – war
durchaus nicht nur äußerlich zu verstehen. Sie sollte auch Ausdruck der inneren Geschlossenheit sein.

Und wenn der Lkw-Fahrer von heute ein Christophorus-
Medaillon am Armaturenbrett befestigt hat, dann ist das eben
nicht nur (aus Religiosität oder Aberglauben) ein Heils-, sondern auch ein Standeszeichen. Dieser Brauch geht auf eine Zeit
zurück, in der sich alle Korporationen einen Schutzheiligen
samt Patronatsfest zulegten, um wenigstens auf diese Weise des

»Höheren Segens« teilhaftig zu werden. Ob St. Florian oder St. Barbara, irgendeine Beziehung zum eigenen Berufsstand hat sich im langen Heiligenkalender schon finden lassen.

Schließlich schuf man sich Anlässe zur sichtbaren Mildtätigkeit, um Gutes zu tun und darüber reden zu können. Das war dann immer auch Anlass, sich selbst zu feiern und der staunenden Umwelt die eigene Machtfülle zu demonstrieren. Zumindest in der »christlichen Seefahrt« gibt es derartige Festivitäten bis heute, wie nicht nur die Bremer »Schaffermahlzeit« zeigt. Und im Winter werden in vielen Städten Ärzte-, Anwalts- oder auch Fleischerbälle veranstaltet, deren Reinerlös einem guten Zweck zugeführt wird.

Von der gesellschaftlichen Kontrolle zur Selbstjustiz

Bedeutsamer als das Brimborium der Symbole ist der Umstand, dass es den Ausgezeichneten endgültig gelungen ist, das ursprüngliche Band zwischen Vertrauensvorschuss und Aufgabenerfüllung zu lösen: Nicht mehr die Gemeinschaft verleiht ein Privileg direkt an einen Funktionsträger, sondern zwischen beiden hat sich die Standesorgnisation breit gemacht. Sie maßt sich – unwidersprochen – an, über die Zuteilung und Aberkennung von Privelegien zu befinden. Kommt doch einmal Protest, verweist sie auf die lange historische Tradition und die einzigartige Sachkompetenz, von der sie ihre Legitimation ableitete. Das System hat sich verselbstständigt und sich von jeder äußeren Legitimation und Kontrolle unabhängig gemacht.

Das geht so weit, dass sogar die Rechtsprechung in die Hände der Organisation übergegangen ist. Ob es der Deutsche Fußball-Bund ist oder die Ärztekammern – beide regeln ihre Konflikte am liebsten selbst und lassen sich von der Öffentlichkeit nicht gern in die Karten schauen. Mittels ihrer Berufsordnung üben zum Beispiel auch die Steuerberater Selbstjustiz aus. Die wird dort etwas verschämt als »Berufsaufsicht« bezeichnet. So hat die Hamburger Steuerberaterkammer 1998 zwanzig Rügen ausgesprochen. In neunzehn Fällen ist ein internes Ermittlungsverfahren eingeleitet worden. In drei Fällen ist bei der Finanzbehörde ein Widerruf der Bestellung zum Steuerberater angeregt worden.

Eine besondere Bedeutung hat die Selbstjustiz bei den Juristen selber. Damit ist nicht nur die eigentümliche Einäugigkeit mancher Richter gemeint, die spätestens seit Kurt Tucholsky und George Grosz Gegenstand drastischer Satire ist. Nein, ich denke vor allem an den Umstand, dass die Untaten ziviler wie militärischer Richter aus der Nazizeit in der Bundesrepublik in aller Regel völlig ungesühnt geblieben sind.

Machtkartelle breiten sich wie Öllachen aus

Längst sind Korporationen nicht mehr auf eine Stadt oder ein kleines Gebiet beschränkt. Sie haben sich eindrucksvolle Strukturen über das ganze Land hinweg und auch nach Europa hinein gestrickt. Das schafft sichere Auffangpositionen, wenn ein Funktionär einmal Amt oder Ort wechseln sollte. Kontakte zu allen Ebenen der Politik und der Öffentlichkeit können so optimal aufgebaut werden. Wie das Geflecht funktioniert, zeigt einmal mehr das Beispiel des Handwerks:

Auf Bundesebene gibt es den Zentralverband des Deutschen Handwerks, den Deutschen Handwerkskammertag, die Bundesvereinigung der Fachverbände des Deutschen Handwerks und den Bundesverband der Junioren des Handwerks.

Auf der Ebene der Bundesländer existieren 15 Handwerkstage. Handwerkskammern üben ihre Tätigkeit in 55 Städten und Regionen aus.

Daneben gibt es 75 Fachverbände für einzelne Handwerkszweige. Darunter finden sich mächtige Zusammenschlüsse wie die des Bekleidungshandwerks oder des Baugewerbes. Aber auch weniger bedeutsame Korporationen haben sich ihre Interessenvertretung geschaffen, der Bund Deutscher Buchbinder-Innungen ebenso wie die Bundesinnung für das Flexografen-Handwerk oder der Bundesverband mittelständischer Privatbrauereien. Und auch ein Unternehmerverband Historische Baustoffe darf nicht fehlen.

Landwirtschaft: Mehr Verbände als Betriebe?

Die Bedeutung des Agrarsektors für unsere Volkswirtschaft ist drastisch zurückgegangen. So drastisch, dass die Bundesbank diesen Sektor in ihren Statistiken neuerdings nicht mehr gesondert aufführt. Der Anteil der Landwirtschaft am deutschen Sozialprodukt liegt mittlerweile deutlich unter 2 Prozent. 1996/97 haben die Verkaufserlöse sämtlicher Agrarprodukte bei rund 60 Milliarden DM gelegen. Das ist ein Leistungsumsatz, den eine ganze Reihe deutscher Großunternehmen leicht übertrifft.

Aber – das»Machtkartell Landwirtschaft« ficht das kaum an. So gibt es auf Bundesebene immer noch den Deutschen Bauernverband, den Verband der Landwirtschaftskammern, die Deutsche Landwirtschaftsgesellschaft und den Deutschen Raiffeisenverband – alle im Zentralausschuss der Deutschen Landwirtschaft zusammengeschlossen.

Allein der Bauernverband bringt es auf 18 Landesverbände. Und selbstverständlich gibt es auch in Stadtstaaten wie Hamburg oder Bremen einen eigenen Zusammenschluss. Zehn Landwirtschaftskammern kommen noch hinzu.

Auch die Fachverbände dürfen nicht fehlen. Die Deutschen

Erdbeerzüchter und Erdbeervermehrer (!) sind dort ebenso vertreten wie das Deutsche Maiskomitee e.V. Insgesamt habe ich 62 derartige Organisationen gezählt. Daneben gibt es noch die zahlreichen Organisationen der Alkoholerzeuger und -bearbeiter, der Prädikats- und Qualitätsweingüter oder der Arbeitsgemeinschaft Ökologischer Landbau.

Machtkartelle müssen bremsend wirken

Was sind sie eigentlich – die Kammern, Innungen, Zünfte, Korporationen und all die anderen: konservativ, reaktionär, traditionsbewusst?

Traditionsbewusst sind sie allemal, wollen sie doch das Überlieferte bewahren. Dagegen ist nichts zu sagen, wenn dieses Überlieferte ethisch begründbar und gerechtfertigt ist. Es ist dann nicht weiter schädlich, wenn es sich in äußerlichen Attributen und Riten erschöpft. Das mag manchmal folkloristische Züge annehmen, braucht aber niemanden zu erschrecken.

Wichtiger ist da schon die Frage, wie Machtkartelle auf technologische Umwälzungen, auf grundlegende Veränderungen der Wirtschaftsweise, auf Brüche in der Ideengeschichte, vor allem aber auf das Aufkommen neuer und potenziell konkurrierender Machtkartelle reagieren.

Machtkartelle können den Wandel nicht befördern. Das wäre gegen ihre Natur. Umso wichtiger ist diese Feststellung. Sie besagt nämlich, dass insbesondere gesellschaftliche und politische Reformen in aller Regel *gegen* die Machtkartelle durchgesetzt werden müssen. Alle Reformdebatten in Deutschland – ob es um die Alterssicherung, um das Gesundheitssystem oder um das Bildungswesen geht – beweisen dies.

Machtkartelle müssen den Wandel bremsen. Das liegt in ihrer

Natur. Immer dann, wenn am Bestehenden uneinsichtig festgehalten wird, müssen wir wohl von einer »reaktionären« Haltung sprechen. Immer dann, wenn notwendige Veränderung zwar knurrend und widerwillig, aber am Ende doch mitvollzogen wird, sollten wir »konservativ« als Begriff verwenden. Aus der Realität der Machtkartelle allein können wir nicht darauf schließen, welche der beiden Versionen gerade zutrifft.

Bei der leidigen Diskussion um den Ladenschluss etwa hatte der Einzelhandelsverband zunächst eine reaktionäre Position bezogen, die er aber inzwischen zu Gunsten einer moderat konservativen Haltung verlassen hat. Die einschlägigen Fachgewerkschaften dagegen vertreten bis heute eine reaktionäre Haltung.

So oder so, gebremst aber haben sie immer – und häufig mit durchschlagendem Erfolg. Die »formierte Gesellschaft« des ausgehenden Mittelalters existiert zwar nicht mehr. Aber es ist ein erstaunlicher Irrtum mancher Geschichtsschreiber, anzunehmen, mit dem Aufkommen von Industrie, internationalem Handel und durchgehender Geldwirtschaft sei diese formierte Gesellschaft endgültig und unwiderruflich aufgebrochen worden. Zwar haben einige der alten Machtkartelle an Einfluss und öffentlicher Wirkung verloren. Untergegangen aber sind sie keineswegs. Ganz im Gegenteil – es sind immer wieder neue und mächtige Gruppierungen hinzugekommen.

Liberté, Égalité, Fraternité et – Sécurité!

Aufstände gegen erstarrte Machtstrukturen in der Gesellschaft hat es immer wieder gegeben. Häufig ging es dabei keinesfalls nur gegen den Souverän, sondern gegen »die da oben« insgesamt. Davon zeugen die Bauernrevolten in verschiedenen Ländern Europas ebenso wie die der Hussiten oder die immer wie-

der ausbrechenden Proletarieraufstände in vielen Stadtrepubli-
ken Italiens.

Ihr Schlachtruf ist schon damals der gleiche gewesen, der bis
heute Sinnbild der großen Französischen Revolution geblieben
ist: Liberté, Égalité, Fraternité – Freiheit, Gleichheit, Brüder-
lichkeit! Das kann viel bewirken.

Nur ist es mit Revolutionen so ähnlich wie mit einer Liebes-
nacht. Es gibt immer den »Morgen danach«. Und so haben wir
der Französischen Revolution auch ihre Gegenbewegung zu
verdanken: die »Reaktion«.

Nicht nur die Institution des Königs (in Frankreich über Na-
poléon gleich zum Kaiser fortentwickelt), sondern auch die alten Machtkartelle haben derart frontale Angriffe weitgehend
unbeschadet überstanden. Der Rausch dauert eben nicht allzu
lange. Führer wie Savonarola, Hus, Robespierre, Danton und
andere haben nämlich einen Kernbegriff übersehen, der für die
große Mehrheit ihrer Zeitgenossen wie auch für uns Heutige
enorm wichtig ist: die »Sicherheit«.

Wenn wir denn schon aufbrechen, dann wollen wir zumindest
wissen, wohin die Reise geht. Die schönsten revolutionären Pa-
rolen können auf Dauer das Brot nicht ersetzen. Und Helden
sind wir im Zweifelsfall auch alle nicht. Deshalb ist ein Mindestmaß an Sicherheit für uns so wichtig. Genau das vermitteln
uns die Machtkartelle. Das ist der eigentliche Grund, warum sie
so langlebig sind.

Also: Liberté, Égalité, Fraternité, Sécurité – das wäre möglicherweise das richtige Motto gewesen. Aber dann hätte es vermutlich überhaupt keine Französische Revolution gegeben,
und wir wären um ein gutes Stück Geschichte ärmer.

Kapitel 4

Bürokratie, die freundliche Krake

1950, Besuch auf einem Postamt. Es heißt »Amt«, und so präsentiert es sich auch. Zwei Schalter sind mit voll in sich ruhen-
den Bediensteten besetzt. Ich will lediglich ein paar Briefmar-
ken kaufen und stelle mich in die kürzere der beiden Schlan-
gen. Als ich an der Reihe bin und meinen Wunsch vortrage, werde
ich angeherrscht:»Siehst du denn nicht, dass du hier am Paket-
schalter bist? Stell dich gefälligst in der anderen Reihe noch
mal an!« Ich pariere und bin um eine Erfahrung mit einer voll
entwickelten Bürokratie reicher.
1956, Musterung zur Bundeswehr. Auf dem Kreiswehrersatz-
amt bin ich offenbar der Erste, der den Wehrdienst aus Gewis-
sensgründen verweigern möchte. Bundeswehrbedienstete und
Musterungsausschuss sind ratlos. Ein älterer Herr fragt mich
schließlich:»Haben Sie denn überhaupt keinen anderen
Grund?« Ich sage, dass ich in Kürze ein Studium aufnehmen
will. Allgemeine spürbare Erleichterung; ich werde auf unbe-
stimmte Zeit zurückgestellt. Ich pariere und bin um eine Erfahrung mit einer hilflosen Bürokratie reicher.
1967, Dienstbeginn bei der Kommission der EG in Brüssel.
Mein Vorgesetzter weist mich an, die zahllosen Fernschreiben
über EWG-Agrarverordnungen gründlich durchzulesen. Es
könnte ja ein lebenswichtiges deutsches Interesse berühren sein.

Der »Agrar-Ticker« (so hieß er wirklich!) steht in einem abgeschlossenen Nebenraum. Ich sehe mir die Sache an und ziehe einfach den Stecker heraus.

In etwa sechs Jahren hat mich niemand nach einem derartigen Fernschreiben gefragt. Ich habe nicht pariert und war um eine Erfahrung mit einer Bürokratie reicher, die einfach ins Leere läuft.

1975, Beurteilung von Nachwuchsbeamten. Als Abteilungsleiter im Finanzministerium habe ich junge Regierungsdirektoren zu beurteilen. In einem Fall lasse ich mich lobend über den »Mut zur eigenen Meinung« eines dieser jungen Leute aus. Der Betreffende kommt zu mir und bittet mich händeringend, diesen Passus wieder aus den Unterlagen zu streichen. Er fühle sich zwar durchaus zutreffend beurteilt, müsse jedoch befürchten, dass ihm mein Hinweis später einmal als Querköpfigkeit ausgelegt werde.

Ich habe pariert und war um eine Erfahrung mit dem Anpassungszwang innerhalb der Bürokratie reicher. (Übrigens ist der betreffende Beamte in der Zwischenzeit ein ausgezeichneter Ministerialdirektor im gleichen Ministerium geworden.)

Ja, so haben wir alle unsere Erfahrungen mit der Bürokratie gemacht. Packen wir es dennoch etwas systematischer an.

Was ist unter Bürokratie zu verstehen?

Bürokratie – was ist das eigentlich? Wenn man dem Wort an die Wurzel geht, ergibt sich, etwas locker übersetzt, »Herrschaft des Schreibtischs« (»bureau« – »kratie«). Bürokraten wären dann diejenigen, die diese Herrschaft des Schreibtischs ausüben. Nicht von ungefähr werden sie ja auch in der Umgangssprache als »Schreibtischhengste« bezeichnet.

Der Wirklichkeit kommt dieser Begriff jedenfalls näher als

das deutsche Wort »Verwaltung«. »Wer nur den lieben Gott lässt walten«, so heißt es in einem schönen Kirchenlied. Aber was heißt dann »ver-walten?« Ist das so ähnlich wie »wursten« und »verwursten« oder wie »brechen« und »verbrechen«?

Bleiben wir also bei dem Begriff »Bürokratie«. In historischer Betrachtung ist Bürokratie immer dann entstanden, wenn der Souverän bestimmte Angelegenheiten aufzeichnen lassen und/oder allgemein regeln wollte. Zählen, rechnen, lesen, schreiben – das waren die dann geforderten Qualifikationen. Und der Schreibtisch, der »Schalter« sowie der Raum, in dem sich derartige Vorgänge abspielten – sie gehörten dazu.

Der Hanseat kennt übrigens heute noch die feine Unterscheidung zwischen »Kontor« (für den privaten Bereich) und »Büro« (für die Sphäre des Staates).

An sich handelt der Bürokrat also im Auftrag eines Herrschers oder eines Souveräns, ist Staatsdiener und nicht Staatsherrscher. Dass sich dennoch der Begriff »Bürokratie« in vielen Sprachen durchgesetzt hat, beweist einmal mehr die Treffsicherheit des Volksmundes. Ist es nicht so, dass der Diener längst zum Herrscher geworden ist?

In dieselbe Richtung zeigen auch andere Begriffe. So kennt das Englische neben dem eindeutig negativ besetzten Wort »bureaucracy« den »public service« und die »administration«. »Public Service« meint Dienst an der Öffentlichkeit und nicht etwa »Öffentlicher Dienst«! Und »ad ministration«, ein Wort, das wir in vielen Sprachen finden, bedeutet in etwa »Zudienen«. Entsprechend heißt der Messdiener in der katholischen Kirche »Ministrant«. Und auch »Minister« bedeutet im Lateinischen nichts anderes als »Diener«.

Aber genug der Wortspielereien. Die interessantere Frage ist, was sich dahinter an Realität verbirgt und wie diese Realität sich entwickelt hat.

Max Weber hat in seinem großen Buch *Wirtschaft und Gesellschaft* geschrieben:

»Der reinste Typus der legalen Herrschaft ist diejenige mittelst bureaukratischen Verwaltungsstabs. *Nur der Leiter des Verbandes (König, Parlament, Volk) besitzt seine Herrenstellung entweder kraft Aneignung oder kraft einer Wahl oder Nachfolgerdesignation.«*

Weber unterscheidet also, und dem ist zuzustimmen, überhaupt nicht nach der Art der Herrschaft. Sie kann angeeignet sein, sie kann ererbt sein, sie kann aus Wahlen hervorgegangen sein – immer ist sie legal (nicht jedoch notwendigerweise legitim). Und sie bedient sich einer Bürokratie zur Durchsetzung ihrer Ziele.

Die Bürokratie wiederum ist dem jeweiligen Herrscher gegenüber zur Loyalität verpflichtet. Dieses legalistische Denken hat in der Geschichte immer wieder dazu geführt, dass die Bürokratie als »neutrales« Instrument der Herrschaftsausübung ihre Loyalität ziemlich bedenkenlos auf eine neue Herrschaft übertragen hat. Gerade wir Deutschen kennen dramatische Beispiele für diesen Vorgang.

In unserer Wirklichkeit, die durch Demokratie und Rechtsstaat gekennzeichnet ist, bedeutet das: Der oberste »Souverän« ist das Volk, dessen Wille sich über seine gewählten Vertreter, das heißt im Wesentlichen über die Parlamente äußert. Die Bürokratie hat diesem Souverän zu dienen. Sie ist für uns alle da!

So weit die Theorie. Sie ist von der Realität durchaus verschieden. Das hat eine Reihe von Gründen.

Bürokratien sind rational und anonym

Franz Kafka hat 1922 in seinem Roman *Das Schloss* geschrieben:

>*»Der direkte Verkehr mit den Behörden war ja nicht allzu schwer, denn die Behörden hatten, so gut sie auch organisiert sein mochten, immer nur im Namen entlegener, unsichtbarer Herren entlegene, unsichtbare Dinge zu verteidigen, während K. für etwas lebendigst Nahes kämpfte, für sich selbst.«*

Der Dichter bringt zwei wesentliche Grundzüge der Bürokratie auf den Punkt: ihre Rationalität und ihre Anonymität. Hinter diese beherrschenden Charakteristika tritt der oben geschilderte Zusammenhang zwischen Bürokratie und dem Volk als oberstem Souverän deutlich zurück. Deshalb ist es auch nicht weiter verwunderlich, dass nicht nur zu Zeiten Franz Kafkas, sondern auch in unseren heutigen Demokratien Bürokratie als bedrohlich, zumindest als nicht ganz nachvollziehbar empfunden wird. Dass dabei »Rationalität« und Effizienz nicht unbedingt zusammenfallen, unterstreicht das folgende Erlebnis:

Das Hauptzollamt Hamburg ist in einem alten, imposanten Gebäude aus den letzten Jahren des 19. Jahrhunderts untergebracht.
Morgens, kurz nach acht, herrscht noch Ruhe in den dunklen, unwirtlichen Räumen. Dort muss ich eine Zollsendung abholen, die aus einigen Büchern und Compact Discs besteht, die mir aus den USA geschickt worden sind.
Station 1: *An einem entsprechend gekennzeichneten Schalter gebe ich meine Benachrichtigung ab. Ich bin der bislang einzige Kunde im Zollamt. Dennoch erhalte ich einen Zettel*

mit einer Nummer und werde gebeten zu warten, bis ich aufgerufen werde. Analogien schießen mir durch den Kopf: Der Mensch als Nummer – vom Beamtentum und der Macht der Gewohnheit ...

Station 2: Ein zweiter Bediensteter des Zollamts wird gerufen. Ihm wird meine Benachrichtigung übergeben (oder ist »ausgehändigt« der korrekte Ausdruck?). Er verschwindet im Lager, von wo mein Paketchen über ein unsichtbares Förderband auf einen gewaltigen Ausgabetisch gehievt wird, der mit kräftigem Blech beschlagen ist.

Station 3: *Dort stellt eine freundliche Dame die aus ihrer Sicht notwendigen Fragen und fertigt einige Papiere aus, nachdem sie einem dicken Wälzer die für Bücher und CDs aus den USA einschlägigen Zollnummern entnommen hat.*

Station 4: *Mit diesen Papieren werde ich an einen Kassenschalter komplimentiert, wo ein weiterer Bediensteter die Papiere überprüft, sie handschriftlich komplettiert, mein Geld entgegennimmt und eine Quittung ausstellt.*

Ich habe für einen Zollbetrag von 17,50 DM vier Bedienstete eines Hamburger Zollamts etwa 15 Minuten lang beschäftigt.

Eine rasche Rechnung: Wenn vier Zollbeamte für den Staat in 15 Minuten 17,50 DM einnehmen, dann bringen sie es im Verlauf eines achtstündigen Arbeitstages auf Einnahmen in Höhe von 560 DM (wenn genügend »Kunden« da sind). Dagegen stehen Kosten von schätzungsweise 1000 DM. Das mag ja alles rational sein; effizient ist es nicht.

Aber ich gebe zu: So kann natürlich nur ein Ahnungsloser argumentieren, der den tieferen Sinn der Übung nicht versteht.

Die ganze Zeit hindurch sitzen zwei junge Damen an einem großen Tisch, die ihrem Alter nach vermutlich einen Ausbildungsgang absolvieren. Die beiden sitzen sich gegenüber und schweigen sich an. Möglicherweise gibt es eine Dienst-

vorschrift, nach der sie sich wegen des Publikumsverkehrs nicht unterhalten dürfen. Das schafft dann zwischen zwei jungen Menschen eine Kontaktdichte, die weit unter der einer Gefängniszelle liegt. Auf dem Tisch befindet sich nichts – keine Schreibmaschine, kein Computer, kein Telefon.

Genau diese Rationalität, die nicht nach dem Sinn ihres Tuns fragt, ist es, die die Bürokratie zum wirksamsten Herrschaftsinstrument gemacht hat, sie aber auch häufig zu einem der stärksten Machtkartelle hat degenerieren lassen. Entstanden ist Bürokratie überall da, wo zur Durchsetzung von Herrschaftszielen Rationalität und nicht Willkür angezeigt waren. Organisation produziert Rationalität. Rationalität produziert Bürokratie. Und Bürokratie wirkt bedrohlich. Max Weber bemerkt hierzu:

»Als Vorteile einer bürokratischen Organisation und Herrschaft werden ihre technische Überlegenheit gegenüber anderen Organisations- und Herrschaftsformen hervorgehoben. Insbesondere die Objektivität, Stetigkeit, Berechenbarkeit und Zuverlässigkeit der Bürokratie werden betont. Andererseits ist es gerade die unpersönliche Objektivität, welche ein Unbehagen an der Bürokratie auslöst, sie als befremdlich und unter Umständen sogar als bedrohlich erscheinen lässt.«

Genau dieser ambivalenten Mischung aus Merkmalen, durch die die Bürokratie am Ende als bedrohlich empfunden wird, hat Kafka im *Schloss* Ausdruck gegeben:

»Das Geheimnis steckt in den Vorschriften über die Zuständigkeit. Es ist nämlich nicht so und kann bei einer großen le-

bendigen Organisation nicht so sein, dass für jede Sache nur ein bestimmter Sekretär zuständig ist. Es ist nur so, dass einer die Hauptzuständigkeit hat, viele andere aber zu gewissen Teilen eine, wenn auch kleinere Zuständigkeit haben. In allem mag es Unterschiede unter den Sekretären geben ... in der Leidenschaft aber nicht; keiner von ihnen wird sich zurückhalten können, wenn an ihn die Aufforderung herantritt, sich mit einem Fall, für den er nur die geringste Zuständigkeit besitzt, zu beschäftigen.«

Was Kafka hier mit viel Ironie beschreibt, ist ein weiteres, die Bürokratie kennzeichnendes Phänomen: der ihr innewohnende Hang zur krakenhaften Ausweitung ihres Tätigkeitsbereichs. Darauf kommen wir noch zurück.

Was zeichnet den idealen Beamten aus?

Beamte arbeiten in einer definierten Hierarchie, in der Zu-, Über- und Unterordnungen genau festgelegt sind. Der einzelne Bürokrat stellt diese Hierarchie und die mit ihr verbundene, formale Autorität nicht in Frage, sondern versucht vielmehr, sich in ihr emporzudienen. Aus den einzelnen Schritten dieses »Empordienens« entsteht eine wiederum genau präzisierte »Laufbahn«, deren einzelne Stufen in der Regel auch bei bester Leistung nicht einfach übersprungen werden können.

Dieser Prozess hat nicht nur funktionale, also praktische Bedeutung. Er ist für die Betroffenen auch psychologisch wichtig. Über ihn werden Selbstwertgefühl und Motivation erzeugt (oder erstickt, je nach individuellem Empfinden). Er verhilft zur Planbarkeit nicht nur der Karriere, sondern des Gesamtverlaufs des beruflichen Lebens bis zum Pensionsalter. Er schafft also Sicherheit.

Unser idealtypischer Beamter verfügt über eine feste, detailliert definierte Zuständigkeit, also über eine präzise Amtskompetenz. Auch für die Kompetenzverteilung in einem Beamtenapparat gibt es zwingende objektive Gründe. Anders lässt sich das Zusammenspiel innerhalb einer Verwaltung ebenso wenig organisieren wie die verlässliche Struktur von Beziehungen zwischen Bürokratie und Außenwelt.

Was intern klar und eindeutig geregelt erscheint, kann für Außenstehende höchst verwirrend sein. Wenn wir etwas verwirrt vor einer Behörde stehen, fragen wir uns unwillkürlich: »Wo ist unsere Anlaufstelle?« Wir wollen wissen, wo wir »anlaufen«, weil wir – ohne eine Hilfe wie den Ariadnefaden im Labyrinth von Knossos – uns sonst »ver-laufen«.

Die genau festgelegte Kompetenz stellt psychologisch eine Lebenshilfe erster Güte für den Bürokraten dar. Sie schützt ihn vor Überforderung ebenso wie vor Übergangenwerden. Sie erleichtert das Zuordnen von Verantwortung, aber sie erleichtert auch deren Abschieben, wenn etwas fürchterlich schief läuft.

Auch Adolf Eichmann war ein Beamter

Es lohnt sich in diesem Zusammenhang, die entsetzlichen Protokolle der Vernehmung von Adolf Eichmann durch einen israelischen Polizeihauptmann aus den Jahren 1960/61 einmal auf diesen Punkt hin zu studieren.

Als er nach seiner Laufbahn gefragt wird, antwortet Eichmann:»Ich hatte es bis 1936 zu zwei Sternen gebracht, war also Oberscharführer und wurde 1937 Hauptscharführer. Man musste den Hauptscharführer nicht machen, man konnte ihn auch überspringen. Ich weiß nicht, warum – ich habe ihn absitzen müssen.«

Als er um seine Meinung zu Hitlers *Mein Kampf* gebeten wird, stellt Eichmann fest:»Um diese Zeit gehörte ich zu der Kategorie Menschen, die sich ein eigenes Urteil überhaupt nicht bilden.« Zu dieser Zeit war er immerhin bereits Hauptscharführer der SS!

Als er auf seine Rolle bei der berüchtigten Wannsee-Konferenz angesprochen wird, protestiert Eichmann:»Ich war immer Dezernent gewesen im Amt IV B 4, und ein Dezernent im Geheimen Staatspolizeiamt kann aus seinem Rahmen gar nicht ausbrechen.« Noch zwanzig Jahre nach diesen Ereignissen benutzt er die Gegenwartsform!

Der Befragende spricht Eichmann auf seine Mitverantwortung für die Massenvernichtung der europäischen Juden an. Eichmann versteckt sich:»Als Dezernent von IV B 4 bin ich ja nun wirklich nicht für alles zuständig gewesen, sondern eben nur für mein eng umrissenes Aufgabengebiet.«

Dann wird er gefragt:»Welche Aufgabe hatte Ihre Gruppe in Beziehung zu Auschwitz?« Antwort:»Eigentlich überhaupt keine. Das war eine rein technische Frage für die Erstellung des Fahrplans.« Nachfrage:»Sie stellten lediglich die Transporte zusammen?« Antwort:»Nicht die Transporte zusammen, Herr Hauptmann, sondern den Fahrplan für die Transporte, jawohl!«

Als er schließlich nach seiner Einstellung zur Judenvernichtung befragt wird, fasst Eichmann seinen Standpunkt wie folgt zusammen:»Ich habe gehorcht. Egal, was man mir befohlen hätte, ich hätte gehorcht. Befehle, die ich bekam, da parierte ich. Und Eid ist Eid.«

Bürokratie als Ersatzreligion?

Natürlich ist Eichmann kein »normaler« Beamter gewesen. Und er hat auch nicht in »normalen« Zeiten agiert. Und natürlich hat er gelogen. Interessant ist nur, wie er das getan hat. Die von ihm verfochtene Struktur aus Hierarchie, Laufbahn und Kompetenz wird in jeder idealtypischen Bürokratie durch ein ausgeklügeltes System von Amtsdisziplin und -aufsicht, Kontrolle also, unterfüttert. Hier liegt das Fundament für die einzigartige Kombination aus Rationalität und Loyalität, die die Bürokratie von anderen Machtkartellen so sehr unterscheidet. Der Beamte liest, schreibt, rechnet, zählt oder verwaltet nicht nur (Rationalität), sondern er gehorcht auch (Loyalität). Letzteres geschieht in dem festen Vertrauen darauf, dass die ehernen Gesetze von Hierarchie, Laufbahn und Kompetenz ihre Gültigkeit behalten. Sie sind wichtiger als die innere Legitimation dessen, dem man da gehorcht.

Ein 1890 geborener Beamter hat seinen Amtseid vielleicht hintereinander auf den Kaiser, die Weimarer Verfassung, Adolf Hitler und das Grundgesetz geleistet. Wer weiß, womöglich hat er noch nicht einmal ein schlechtes Gewissen dabei gehabt.

Bürokratie wuchert

Es ist allgemein bekannt, dass Bürokratie in sich den Keim zu ihrer eigenen Wucherung trägt. Dies liegt im Wesentlichen daran, dass ihr ständig neue Aufgaben übertragen werden (oder dass die Bürokratie sie sich selbst überträgt). Gleichzeitig fehlt es aber an der Bereitschaft und Fähigkeit, sich von alten und überflüssig gewordenen Aktivitäten zu trennen.

Für diesen offenbar unabwendbaren Trend will ich einige Beispiele geben.

Das Bundeskanzleramt ist seit 1949 eine wichtige Schaltstelle der Politik. Unter Konrad Adenauer, unserem ersten Bundeskanzler, wurde dieses Amt von einem beamteten Staatssekretär geleitet. Es hat 1952 außerdem über einen Abteilungsleiter (Ministerialdirektor) und insgesamt neun Referate verfügt. Hinzu kamen die persönlichen Referenten/Büroleiter des Kanzlers und des Amtschefs.

1999, also knapp ein halbes Jahrhundert später, sieht die Sache wie folgt aus: Bundeskanzler, drei Staatsminister und der Chef des Bundeskanzleramts im Range eines beamteten Staatssekretärs bilden die Spitze (ihnen angeschlossen ist ein persönlicher Stab, der neben den jeweiligen Bürochefs acht Referate ausmacht). Das Amt selbst ist in sechs Abteilungen, 14 Unterabteilungen (Gruppen) und 52 Referate unterteilt.

Natürlich sind die Aufgaben des Bundeskanzleramts mit der Zeit gewachsen. Aber bei nüchterner Betrachtung lässt sich eine derartige Wucherung durch nichts rechtfertigen. Das kann ich einigermaßen beurteilen, da ich von 1980 bis 1982 selber Chef des Bundeskanzleramts gewesen bin. Die Hälfte würde es eben auch tun!

All dies ist übrigens keine Erfindung Gerhard Schröders und seiner Mannen. Er hat das Amt in der beschriebenen Größe von Helmut Kohl übernommen.

Solche Wucherungen des Staates sind auch keine deutsche Spezialität. Die Rolle des Staates und damit der Bürokratie ist überall gewachsen. Wie sehr sie gewachsen ist, zeigt sich zum Beispiel an dem steigenden Anteil, den die Staatsausgaben während der letzten Jahrzehnte am Sozialprodukt ausmachen (in Prozenten):

	1920	1960	1995
Deutschland	25,0	32,4	49,0
Frankreich	27,6	34,6	54,5
Österreich	14,7	35,7	51,7
Schweden	8,1	31,0	64,7
Schweiz	4,6	17,2	37,6
Kanada	13,3	28,6	44,7
USA	7,0	27,0	33,3
Japan	14,8	17,5	36,2

Eine derartige Übersicht mag zwangsläufig einige methodische Ungenauigkeiten enthalten, dennoch wird eines klar: Der Marsch in den Beamten- und Wohlfahrtsstaat scheint nicht zu stoppen zu sein. Entsprechend stark ist das Beamtenkorps in Deutschland über die Jahrzehnte gewachsen. Heute gibt es rund 440 000 aktive Bundesbeamte, 1 220 000 Beamte auf Länderebene (hier schlagen insbesondere die Lehrer durch) und noch einmal knapp 180 000 in den Kreisen und Kommunen. Knapp 2 Millionen aktive Beamte und dazu noch rund 1 Million Ruheständler – das ist schon eine Macht. Und sie weiß sich zu artikulieren.

Wir erfahren diese Macht, wenn die Tarifabschlüsse im öffentlichen Dienst eins zu eins auf die beamteten Staatsdiener übertragen werden, was methodisch durchaus nicht zwingend ist. Diese Macht zeigt sich darin, dass Beamte bis heute keine Beiträge zur gesetzlichen Altersversicherung zahlen. Die »Fürsorgepflicht des Dienstherrn« mag für den preußischen Landschullehrer notwendig gewesen sein. Aber lässt sie sich auch heute noch als Argument anführen? Die Macht der Beamten haben wir auch beim Umzug der Bundesverwaltung von Bonn nach Berlin (und in umgekehrter Richtung) erfahren. Was sich hier an Absonderlichkeriten zugetragen hat, wäre in der Privatwirtschaft schlicht undenkbar gewesen.

Wie aus Bürokratie Bürokratismus wird

Der Grundsatz der Rationalität hebt sich in der Wirklichkeit auf gar nicht so wundersame Weise selbst auf. Verantwortlich dafür ist das so genannte Innenleben der Verwaltung. Die beste Organisation ist nicht darauf ausgerichtet, mit unvorhersehbaren Entwicklungen und menschlicher Schwäche umzugehen. Je genauer ein Regelwerk ist, umso weniger Raum ist darin für diese beiden Faktoren. Daraus entstehen dann Kompetenzkonflikte, der wohl häufigste Anlass für Kantinengespräche in Ministerien und anderen Behörden.

Der Streit um die Zuständigkeit führt über eine quälende Verlangsamung der Entscheidungsprozesse zu einer im Ergebnis irrationalen Ineffizienz. Letztlich triumphiert die Organisation bürokratischer Tätigkeit über die Ziele, um derentwillen sie überhaupt geschaffen wurde.

Max Weber hat diese *Denaturierung des Rationalitätsprinzips* durch den Kompetenzkonflikt als »Bürokratismus« bezeichnet.

In seiner Zeit waren allerdings zwei Entwicklungen der modernen Bürokratie noch nicht so ausgebildet, dass sie ihm von zentraler Bedeutung erschienen wären. Beide haben mit der *Denaturierung des Loyalitätsprinzips* zu tun, jenes anderen Pfeilers der Bürokratie.

Der Beamte hat, genau wie jeder andere »Aus-Gezeichnete« auch, die natürliche Tendenz, sich gegen Angriffe auf die mit seiner gesellschaftlichen Funktion verbundenen Privilegien zu schützen. Das gilt auch dann, wenn die Angriffe vom jeweiligen Herrscher ausgehen.

Eines der besten Verteidigungsinstrumente liegt im Zusammenschluss von Gleichgesinnten. So kommt es zur Interessenvertretung der Beamten. In ihrer vollen Ausprägung ist sie ein Kind der modernen Demokratie. Bei formaler Betonung des Loyalitätsprinzips konnte und kann diese Interessenvertretung nur deshalb ihre Wirkung entfalten, weil die Beamtenschaft im heutigen Verwaltungsstaat ein ganz erhebliches Stimmenpotenzial in die politische Waagschale wirft.

Ein weiterer Faktor ist, dass die Parlamente seit einiger Zeit eindeutig durch Mitglieder aus dem »Öffentlichen Dienst« dominiert werden. Die Abgeordneten rekrutieren sich also aus eben der Bürokratie, die sie eigentlich anleiten und kontrollieren sollten.

Machtvolle Interessenvertretung und eine im Kern völlig systemwidrige Einflussnahme auf die Entscheidungen des »Souveräns« – dies waren und sind die Voraussetzungen dafür, dass sich aus der Bürokratie als Funktionselite ein veritables Machtkartell entwickeln konnte. Angesichts ihrer umfassenden Aufgabenstellung ist die Bürokratie heute das wirkungsvollste Machtkartell überhaupt.

Aufschlussreich zu beobachten ist, was passiert, wenn die Interessen dieses Machtkartells und die Interessen des »Souveräns« aufeinander prallen.

Wie »Staatsknechte« ihren Souverän aushebeln – Schulstreit in Hamburg

Wie in anderen Städten und Regionen unseres Landes, so hat sich auch in Hamburg der Unterrichtsausfall an den Schulen zu einem Ärgernis ersten Ranges entwickelt. Längst ist es zu Elternprotesten und Schülerdemonstrationen gekommen. Die

ersten Bürger haben inzwischen die Verwaltungsgerichte bemüht.

Um des Problems einigermaßen Herr zu werden, hatte die
zuständige Behörde eine»Richtlinie zur Vermeidung von Unterrichtsausfall« konzipiert. Nach dieser Richtlinie war vorgesehen, dass jeder Lehrer ein Stundenkonto über Unter- und
Überstunden zu führen hatte. Das hätte zur präzisen Erfassung
von Unterstunden geführt, die dann für Vertretungsunterricht
hätten genutzt werden können. So weit, so gut. Bescheiden genug nimmt sich diese Regelung
ja nun wirklich aus.

Unglücklicherweise jedoch stoßen an diesem Punkt zwei
Bürokratien unversöhnlich aufeinander: die Schulbehörde und
die Standesorganisation der Lehrer in Gestalt der Gewerkschaft GEW. Letztere hat sich durchgesetzt. Nach heftigen Protesten der
organisierten Pädagogen knickten Schuldeputation und die zuständige Senatorin ein. Ergebnis: Jetzt können die einzelnen
Schulen»autonom« entscheiden, wie sie dem Unterrichtsausfall begegnen, ob über freiwillige Vertretungsbereitschaft,
durch Streichung von Teilungsstunden und Doppelbesetzun-
gen oder über Zusammenarbeit mit Nachbarschulen.

Die von der Schulbehörde ebenfalls ins Auge gefasste unbe-
zahlte Mehrarbeit (bis zu drei Stunden pro Woche sind nach
dem Beamtengesetz zulässig) darf nur noch als letztes Mittel
eingesetzt werden.

Vollmundig verkündete die GEW:»Die Lehrer lassen sich
nicht zu Sündenböcken für eine verfehlte Schulpolitik machen.«

Da wollten die Konkurrenten natürlich nicht zurückstehen.
Deshalb startete der Deutsche Lehrerverband Hamburg eine
Aktion unter dem Titel:»Wir kündigen die Mehrarbeit!«Tipps
der Organisation an die Pädagogen: Keine Mitarbeit mehr bei

Erstellung von Schulprogrammen, keine PC-Netze erstellen und betreuen, keine Klassenfahrten mehr. Ein entsprechender Rechtsschutz wurde gleich mit angeboten. Es ist klar, wer beim Kampf zweier Bürokratien unterliegt: die Betroffenen. Am Unterrichtsausfall ändert sich nämlich nichts. Und so schreibt denn eine Mutter verbittert an ihre Tageszeitung:

»Unser zwölfjähriger Sohn Philipp geht zur Gesamtschule Finkenwerder. Er hat seit sechs Wochen keinen Politikunterricht mehr. Für den erkrankten Lehrer gibt es keinen Ersatz. Und unser Sohn William, 10, hat seit sechs Wochen ebenfalls keinen Kunstunterricht mehr. Auch Lehrererkrankung. Eine Mutter liest den Kindern jetzt Geschichten vor, und die fertigen danach die Schularbeiten.«

Wenn sich Bürokraten in die Haare kriegen

Ungelöste Probleme sind in der Regel auch dann das Ergebnis, wenn konkurrierende Bürokratien einen Kompetenzstreit vom Zaun brechen.

Eine Vertiefung der Elbefahrrinne ist für den Hamburger Hafen und damit für die Zukunft der Hansestadt überlebensnotwendig. Bei diesem Vorhaben geraten wirtschaftliche und ökologische Zielsetzungen in Konflikt. Die rot-grüne Rathauskoalition findet eine Kompromisslösung und beginnt mit der Vertiefung, um keine Zeit zu verlieren.

Ökologische Fundamentalisten in diversen Interessenverbänden verfallen daraufhin auf die Idee, »Brüssel« einzuschalten. Und richtig getippt: Die Kommission der Europäischen Union strebt ein Vertragsverletzungsverfahren gegen die Bundesrepublik Deutschland an. Behauptet wird ein Verstoß gegen folgende Richtlinien:

- 79/409/EWG von 1979 über die Erhaltung wild lebender Vogelarten,
- 85/337/EWG von 1985 über Umweltverträglichkeitsprüfungen (UVP),
- 92/43/EWG von 1981 zur Erhaltung der natürlichen Lebensräume sowie der wild lebenden Pflanzen und Tiere.

Zuvor hatte die zuständige Generaldirektion der europäischen Superbehörde schon einmal interveniert. Die Bundesregierung und die drei betroffenen Bundesländer hatten damals bereits ausführlich Stellung bezogen. Brüssel aber bleibt bei seinem Standpunkt: Keine Baggerei vor Abschluss der Umweltverträglichkeitsprüfung! Schließlich ist die Kompetenz der Europäischen Union nicht ausreichend beachtet worden.

Der grüne Umweltsenator Porschke beteuert dagegen: »Die vorgezogene Teilausbaggerung der Elbfahrrinne ist ökologisch vertretbar. Wir machen weiter.«

Inzwischen ist die Arbeit weitgehend abgeschlossen. Irgendwie hat sich die praktische Vernunft am Ende doch durchgesetzt.

So sieht es aus, wenn verschiedene Bürokratien sich in die Haare kriegen.

»Staatsknechte«, »Staatsknete« und Parteienherrschaft

Die in solchen Vorgängen sichtbar werdende Denaturierung des Loyalitätsprinzips speist sich noch aus einer anderen Wurzel. Max Weber war noch davon ausgegangen, dass der einzelne Beamte nur nach fachlicher Qualifikation angestellt werden und – persönlich frei – nur sachlichen Amtspflichten gehorchen sollte. Er hat dabei nicht etwa ein Idealbild der Bürokratie vor Augen gehabt, sondern eine Realität, wie sie für eine preußische oder bayrische Verwaltung zu Beginn des 20. Jahrhunderts durchaus noch typisch gewesen ist.

Inzwischen haben sich auch hier die Zeiten gründlich geändert. Dies liegt nicht daran, dass Bürokraten heutzutage über einen schlechteren Charakter verfügen. Nein, menschlich-allzumenschlich sind wir alle und zu allen Zeiten. Aber die Umstände haben sich geändert. Dies wird an folgenden Punkten besonders deutlich:

• Die Wertschätzung der Beamten in der Gesamtgesellschaft ist in den letzten Jahrzehnten deutlich zurückgegangen. Dafür mag es hin und wieder objektive Gründe geben. In jedem Fall muss es aber auf das Selbstbewusstsein der Bürokraten und auf die Loyalität gegenüber denjenigen drücken, die eine derartige Geringschätzung an den Tag legen. Niemand will verachtet werden. Viele wollen nicht einmal nur beachtet werden. Uns allen aber liegt daran, geachtet zu sein. Und das geht Beamten genauso.

• Eine Karriere in der Bürokratie ist längst nicht mehr so attraktiv wie früher. Dies gilt für die Einkommenschancen ebenso wie für die soziale Absicherung. Bei Ersteren hat die Privatwirtschaft die Beamtenschaft längst überholt; bei der Letzteren hat sie weitgehend gleichgezogen. Dies bedeutet nun noch nicht, dass man personell von einer negativen Auslese sprechen könnte. Es ist nur so, dass es nicht mehr automatisch die Besten in die Verwaltungslaufbahn zieht.

• Die Bürokratie entscheidet immer häufiger über wirtschaftlich relevante Tatbestände. Danach hat sie sich nicht gedrängt. Sie ist dazu vielmehr von einem Staatsverständnis gezwungen worden, das – allen Sonntagsreden zum Trotz – immer interventionistischer geworden ist. Und wo es um viel Geld geht, da werden menschliche Schwächen und Neidkomplexe resolut ausgenutzt. Die Bauwirtschaft, die EU-Agrarpolitik, die Stadtplanung – sie alle bieten reichhaltiges Anschauungsmaterial für Begünstigung und Korruption.

• Die Bürokratie wird immer mehr »politisiert«. Insbesondere in der Parteiendemokratie kommt es zur Verzerrung des ursprünglich einmal rationalen Verhältnisses zwischen »Souverän« und »Diener«. So kann der Nachweis parteipolitischer Zuverlässigkeit für eine Beamtenkarriere wichtiger werden als fachliche Eignung. Und so wird der Kampf zwischen konkurrierenden Bürokratien – der Verwaltung, den Parteiapparaten, der Parlamentsbürokratie – immer härter ausgefochten.

Derartige, rundheraus negative Entwicklungen befördern das, was wir »Filz« nennen.

In dieser Kombination aus voll ausgebildeter Bürokratie, ihrer unauflösbaren Verquickung mit dem politischen Entscheidungsprozess sowie mannigfachen Querverbindungen in andere gesellschaftliche Machtkartelle hinein ist der von Max Weber beschriebene Bürokratismus voll entwickelt. Damit wächst zumindest das Risiko, dass auch die »Beamtenschaft« zum »Brandstifter« wird.

Ein derartiger Bürokratismus ist enorm zäh und langlebig. Seine Rückführung auf eine mit präzisen Aufgaben und Verantwortungen betraute Funktionselite ist noch in keiner modernen demokratischen Gesellschaft gelungen.

Andererseits gibt es auch Tröstliches zu vermelden: Beispielsweise hat die Dienststelle »Interne Ermittlung« bei der Innenbehörde der Freien und Hansestadt Hamburg allein

1998 mehr als 300 Verfahrenskomplexe in Bestechungsfragen bearbeitet. Ein Beispiel: Ein Unternehmer, der an einer Ausschreibung für moderne Schutzanzüge teilgenommen hatte, wollte den dafür Verantwortlichen bei der Feuerwehr bestechen. Er bot 50 000 DM für den »Gewinn« der Ausschreibung. Zum Schein ging der Beamte darauf ein, alarmierte aber die Dienststelle für »Interne Ermittlung«. Die Ermittler lauerten dem Unternehmer bei einem Treffen mit dem Beamten auf und beobachteten, wie er dem Feuerwehrmann einen Umschlag mit Geld zusteckte. Die Fahnder nahmen den Unternehmer fest.

Aus solchen Erfahrungen hat sich die Praxis entwickelt, in Vergabe- und Genehmigungsbereichen die Sachbearbeiter und ihre Vorgesetzten rascher auszuwechseln als bisher.

Der Bürokratismus kann nicht zerschlagen, wohl aber erträglicher gemacht werden

Die wichtigste Gegenkraft, um den beschriebenen Entwicklungen zu begegnen, liegt in der Beamtenschaft selbst. Deren »Berufsethos« ist keineswegs völlig verschwunden. Aus diesem Selbstverständnis erwächst immer wieder Widerstand gegen eine Aushöhlung des Rationalitäts- und des Loyalitätsprinzips, gegen die totale Verselbständigung der eigenen Interessenvertretung und gegen die verschiedenen Erscheinungsformen von »Filz«.

Aber auch die »Dritte Gewalt«, die Rechtsprechung, sorgt zuweilen dafür, dass der Herrschaftsanspruch der verbeamteten Staatsdiener kein absoluter wird. Allerdings ist eine große Nähe zwischen Beamten- und Richterschaft zu konstatieren. Sozialer Hintergrund, Studium, Karriere und Standesvorstellungen sind einander recht verwandt. Deshalb bleibt es bei

Korrekturen im Einzelfall, ohne dass es zu der notwendigen grundlegenden Veränderung käme.

Schließlich hat sich das »Wächteramt der Medien« immer wieder als wirksam erwiesen, wenn die Verselbstständigung oder die Verfilzung der Bürokratie einen unerträglichen Grad erreicht hatte. Gewiss, auch zwischen den Machtkartellen der Journalisten und der Verwaltung gibt es Berührungspunkte. Aber insgesamt beeinträchtigen diese die Wahrnehmung der gegenseitigen Kontrollaufgaben nicht, sondern bilden nach wie vor ein wertvolles Stück Machtbalance.

Den Bürokratismus zu zerschlagen, das ist nur brutalen Gewaltherrschern wie Adolf Hitler oder Pol Pot kurzzeitig gelungen. Was diese an die Stelle einer geordneten und rechtsstaatlichen Verwaltung gesetzt haben, regt allerdings nicht zur Nachahmung an.

Demokratien wählen deshalb das kleinere Übel. Sie nehmen – sei es nun aus Gewohnheit, Resignation oder Klugheit – damit allerdings in Kauf, dass sich formale Prinzipien immer wieder gegen praktische Vernunft durchsetzen.

Dass aber auch Letztere noch nicht abgedankt hat, zeigen einige neuere Entwicklungen. Die Überzeugung, dass die Bürokratie für den Bürger, den eigentlichen Souverän also, da zu sein habe und nicht umgekehrt, beginnt sich an einigen Stellen Bahn zu brechen. Die Privatisierung vordem öffentlicher Dienstleistungen oder das rasch an Bedeutung gewinnende »Outsourcing« verstärken diesen Prozess, der sich mit dem Schlagwort »Bürgernahe Verwaltung« beschreiben lässt.

Dieses Stichwort ist allerdings verräterisch. Was denn sonst als bürgernah sollte Verwaltung eigentlich sein? Indirekt wird damit zugegeben, dass die Bürokratie ihrem Wesen nach in deutlicher Entfernung vom »Souverän« agiert hat und noch agiert. Umso positiver ist es natürlich, wenn jetzt eine Kehrtwendung versucht wird.

Es gibt auch Politiker, die den ungehemmten »Gestaltungsdrang« der Bürokratie ein wenig bremsen. Einer von ihnen hat im Frühjahr 1999 zum Beispiel eine Richtlinie zur Aufstellung von Bienenhäusern kurzerhand außer Kraft gesetzt. Darin war unter anderem festgelegt, dass 16 Bienenvölker acht Quadratmeter Schleuderraum brauchen und dass dieser Schleuderraum »bienendicht« vom Arbeitsraum getrennt sein musste.

Wir sollten uns allerdings im Klaren darüber sein, dass die beschriebenen Grundeigenschaften der Bürokratie durch noch so löbliche Einzelfälle nicht außer Kraft gesetzt werden, zumal sich bürokratische Muster keineswegs nur in dem unmittelbaren Bereich der staatlichen Verwaltung finden – Quasi-Bürokratien tummeln sich auf Gebieten, wo man sie als normaler Mensch überhaupt nicht vermuten würde.

Bürokratie über den Tod hinaus

Eine Bürgerin aus Hamburg-Blankenese verliert ihren Ehemann. Für das Familiengrab bestellt sie beim Steinmetz einen Grabstein mit hochglanzpolierter Oberfläche. Die Aufstellung dieses Grabsteins scheitert am Einspruch der für den Friedhof zuständigen »Stelle«. Hochglanzpolierte Grabsteine sind auf diesem Friedhof nicht gestattet.

Zu diesem an sich unglaublichen Vorgang veröffentlicht eine Hamburger Zeitung den folgenden Auszug aus der Friedhofssatzung der evangelisch-lutherischen Kirchengemeinde Blankenese in Hamburg-Sülldorf:

• § 25, Abs. 3a: Das Grabmal muss allseitig werkgerecht und gleichwertig entwickelt und bearbeitet sein. Feinschliff bis Korn 600 ist möglich.
• § 25, Abs. 3b: Silber- und Goldschrift sind unzulässig.

- § 25, Abs. 4: Stehende Grabmäler müssen mindestens 12 bis 15 cm stark sein. Liegende Grabmale müssen mindestens 12 cm stark sein und dürfen nur flach mit einer Neigung bis zu 5 Prozent auf die Grabstätte gelegt werden.

Noch Fragen? Die Toten dürfen wohl ruhen, aber nur nach den Regeln der Friedhofssatzungen. Es ist schon so:»Von der Wiege bis zur Bahre, Formulare, Formulare.«

Klischee und Wirklichkeit

Zum Schluss soll Franz Kafka noch einmal zu Wort kommen. In seinem Roman *Das Schloss* beschreibt er ein Phänomen, das die meisten von uns wesensmäßig zur Bürokratie dazurechnen: die Mittagspause. Es heißt dort:

»Hier war es wohl die Müdigkeit inmitten glücklicher Arbeit; etwas, was nach außen hin wie Müdigkeit aussah und eigentlich unzerstörbare Ruhe, unzerstörbarer Frieden war. Wenn man mittags ein wenig müde ist, gehört das zum glücklichen, natürlichen Verlauf des Tages. Die Herren haben hier immerfort Mittag, sagte sich K.«

Dies ist der Stoff, aus dem ungezählte Beamtenwitze gefertigt worden sind. Die treffen die moderne Realität zwar zunehmend weniger, enthalten aber immer noch ein Körnchen Wahrheit. Die eigentliche Realität jedoch, das Machtkartell Bürokratie, ist viel, viel ernster. Ihr lässt sich mit Witz allein nicht beikommen.

Kapitel 5:

Parteien, der große Ämterverteilungsapparat

Im Jahre 1959 bin ich als damals Einundzwanzigjähriger in die SPD eingetreten. Mit anderen Freunden war ich der Überzeugung, dass wir am Aufbau unseres Landes aktiv mitwirken sollten. Die Mitgliedschaft in einer Partei schien uns dazu am besten geeignet zu sein.

Wir haben damals die Programme und Strukturen der einzelnen Parteien miteinander verglichen. Die CDU mit ihrer in meiner Heimat stramm katholischen Ausrichtung kam für mich nicht in Frage. Die FDP hat mir programmatisch schon näher gelegen, schied aber deshalb aus, weil ihre Führung in Nordrhein-Westfalen zu sehr mit alten Nazis durchsetzt war. Und an Splitterparteien haben wir sowieso keinen Gedanken verschwendet.

Blieb also die SPD, die mir auf ihrem Weg zum Godesberger Parteitag immer sympathischer wurde. Mein Entschluss entsprang also nicht einer Familientradition oder einem ungewiss erahnten Klassenbewusstsein. Dafür aber war er durchaus idealistisch.

Heute – mehr als vierzig Jahre später – ist dieser Idealismus verflogen. Und das hat nichts oder nur wenig mit dem durchwachsenen Erscheinungsbild zu tun, das die Parteien uns heute bieten.

Ich habe vielmehr meine Partei inzwischen als das erkannt, was sie – wie übrigens alle anderen Parteien auch – in erster Linie ist: ein Machtkartell, dem es mehr um die Besetzung von Ämtern als um die Durchsetzung sachlicher Ziele geht. Was mich noch mehr ernüchtert hat: Diese Verkrustung ist zwangsläufig. Sie hat nichts mit Charakterschwäche zu tun, wie uns eine vordergründige Berichterstattung zum Finanzskandal der CDU oder zu Verfilzungen der SPD in Nordrhein-Westfalen glauben machen will. Sie ist vielmehr in den Mechanismen der Massendemokratie begründet. Diese Mechanismen möchte ich offen zu legen versuchen.

Politiker gibt es schon lange

In der Geschichte der menschlichen Gesellschaft ist die Funktion des Politikers schon früh herausgebildet worden. Bereits im alten Athen haben Staatsmänner mit allen Mitteln der Überzeugung, des Verrats und der Demagogie um Stimmen gekämpft. Auch vor Bestechung haben sie nicht zurückgeschreckt.

Und an den Hauswänden des ausgegrabenen Pompeji sind zahlreiche Inschriften zu lesen, die nichts anderes sind als Wahlwerbung.

Von Anfang an ist es die Funktion des Politikers gewesen, allein oder mit anderen einen staatlichen Verband zu leiten. Das kann die griechische Stadtrepublik oder die moderne Verfassungsdemokratie sein. Immer aber hat die Einrichtung politischer Funktionen die Übertragung von Macht bedeutet. Häufig genug hat diese Macht auch die Ausübung des staatlichen Gewaltmonopols eingeschlossen.

Diesem Vorgang liegt eine einfache Erkenntnis zu Grunde, die später auch Hegel in seiner Rechtsphilosophie aufgegriffen hat: Wir können uns als Volk nicht selbst regieren. Deshalb delegieren wir Macht.

Vom Funktions- zum Mandatsträger

Wenn eine Gruppe jemanden mit Macht auszeichnet, ihm also Macht »aushändigt«, dann tut sie das in aller Regel auf Zeit. Sie vergibt per Wahl oder per Akklamation ein Mandat. Aus dem Funktionsträger wird der Mandatsträger. Das unterscheidet den Politiker vom Magier, vom Priester oder vom Richter. Auf diese Unterscheidung hatte bereits Aristoteles Wert gelegt. Für ihn beruht die Delegation politischer Macht auf einer freiwilligen Vereinbarung, die auch wieder gekündigt werden kann. Beim Politiker werden Privilegien also nicht nur dann entzogen, wenn die erwartete Gegenleistung ausbleibt. Sie werden von vornherein zeitlich begrenzt. Das hat wohl etwas mit dem tiefen Misstrauen der Gesellschaft zu tun, wie es sich in dem Sprichwort »Macht verdirbt den Charakter« niederschlägt.

»Macht auf Zeit« ist übrigens kein Monopol der Demokratie. Ohne Macht auf Zeit wird es Demokratie nicht geben; umgekehrt aber gilt das nicht. So haben die beiden Konsuln aus der Zeit der römischen Republik ihr Amt jeweils nur für ein Jahr ausüben dürfen. Und diese Republik war keine Demokratie.

Am klarsten wird der Grundsatz zeitlich begrenzter Machtübertragung bei den Präsidenten der USA, Frankreichs und der Bundesrepublik Deutschland. Zwei Amtsperioden –, länger dürfen sie nicht regieren. Selbst diese maximale Ausschöpfung ihrer Amtszeit erreichen sie nur, wenn sie sich zur Wiederwahl stellen – ein Stichwort, das für das Wesen des modernen Politikers zentrale Bedeutung hat.

Wiederwahl sichert Privilegien

Die zeitliche Begrenzung des politischen Mandats sichert die gesellschaftliche Machtbalance. Sie hat allerdings auch große sachliche Nachteile. Nicht alle politischen Führungsaufgaben lassen sich innerhalb einer Mandatsperiode erledigen, zumal dann nicht, wenn diese Periode zeitlich knapp bemessen ist.

Ob Steuer-, Renten-, Bildungs- oder Gesundheitsreform – wir haben uns angewöhnt, in derartigen Fällen von »Jahrhundertaufgaben« zu sprechen. Das ist maßlos übertrieben. Aber mehr als eine Legislaturperiode von vier oder fünf Jahren wird man zur Lösung solcher Aufgaben schon ansetzen müssen.

Überhaupt kann es sich als misslich herausstellen, die Tätigkeit eines guten Politikers von vornherein und endgültig zu begrenzen, ohne zu wissen, wer als Nächster an seine Stelle tritt.

Diesem Dilemma kann man auf unterschiedliche Weise begegnen. Man kann als Dauer des Mandats einen ausreichend langen Zeitraum vorsehen, man kann es – insbesondere in Notzeiten – verlängern, oder man kann Wiederwahl zulassen. Die Wiederwahl stellt in allen modernen Verfassungsstaaten das gängige Instrument zur Sicherung einer ausreichenden politischen Kontinuität dar. Und ist sie unter den zur Verfügung stehenden Alternativen tatsächlich diejenige Option, die die Chance auf Machtbalance einigermaßen erhält und auch sachlich einiges für sich hat.

Sie ist aber auch der einzige Weg zur längerfristigen Absicherung der Privilegien, die mit der Funktion des Politikers verbunden sind.

Der Mandatsträger war sich zu allen Zeiten klar, dass ihm kein Amt auf Dauer übertragen wurde. Er hat aber auch immer versucht, die Zeitspanne seiner Amtsausübung so lange wie möglich zu strecken. Dabei konnte und kann es um das Durchsetzen von politischen Zielen, um Ehre und Anerkennung oder um die Pension gehen. Die Motive sind unterschiedlich – die Vorgehensweise aber ist identisch. »Wie sichere ich meine Wiederwahl?«, das ist also die zentrale Frage, die sich Politiker jeder Coleur stellen.

Wer Absicherung sucht, begibt sich jedoch in Abhängigkeit. Ob er es nun will oder nicht – der eine Wiederwahl anstrebende Politiker wird sein Sinnen und Trachten immer auch nach dem und nach denen ausrichten, das und die ihm diese Wiederwahl ermöglichen.

Das aber sind durchaus nicht immer diejenigen, die ihn wählen sollen. Es sind vielmehr diejenigen, die ihn zur Wiederwahl vorschlagen und ihn bei der Verfolgung dieses Ziels unterstützen. Es sind die Delegierten und die Wahlgremien seiner Partei, auf Bundesebene genauso wie in den Kommunen.

Heute haben Politiker ihr Mandat nicht »von den Wählern«, wie in Sonntagsreden häufig behauptet wird. Sie haben es von den Parteien. Und das muss auf Politik und Politiker gleichermaßen abfärben.

1964 und 1983: Ich bin zweimal aus der Politik geflüchtet

1964 hatte ich, gerade mal 26 Jahre alt, die SPD in meiner kleinen Heimatstadt zu einem durchaus eindrucksvollen Sieg bei den Kommunalwahlen geführt. Wir hatten die Zahl unserer Mandate von sechs auf zwölf Sitze verdoppelt. Als man mir darauf einen »sicheren« Wahlkreis für die nordrhein-westfälischen Landtagswahlen 1965 anbot, stand ich vor eben dieser Entscheidung: »Von der« oder »für die« Politik leben? Ich habe mich damals gegen das Erstere entschieden und bin nach Brüssel gegangen.

Und als ich 1983 ein Bundestagsmandat errungen hatte, habe ich parallel dazu an meiner beruflichen Selbständigkeit gearbeitet, bevor Bertelsmann mich in den Konzernvorstand berief. Ich wollte weder 1964 noch 1983 von politischen Apparaten abhängig werden. Und die »politischen Apparate«, das sind heute die Parteien.

Was Helmut Schmidt 1982 aus dem Amt getrieben hat

1982 habe ich als Bundesfinanzminister das Ende der Regierungszeit von Helmut Schmidt hautnah miterlebt. Um dieses Ende ranken sich viele Legenden.

Sicherlich ist Schmidt durch ein konstruktives Misstrauensvotum von Union und FDP aus dem Amt gehebelt worden. Sicherlich waren dem erhebliche Zerwürfnisse zwischen den Partnern der sozialliberalen Koalition vorausgegangen. Und sicherlich war es auch legitim, die Dinge so zu steuern, dass der bis heute ausgezeichnete Ruf des Bundeskanzlers nicht beschädigt wurde.

Trotzdem werden in dieser Lesart Ursachen und Gründe verwechselt, worauf damals nicht nur Herbert Wehner mit großer Hellsichtigkeit hingewiesen hat. Denn der eigentliche Grund für das vorzeitige Ende der Schmidt'schen Kanzlerschaft liegt tiefer. Es war nämlich so, dass weite Teile der SPD-»Basis« (oder was sich dafür hielt) eine Politik, die durch den NATO-Doppelbeschluss und erste Korrekturen am überbordenden Wohlfahrtsstaat geprägt war, nicht mittragen wollten.

Da hat es so mancher Bundestagsabgeordnete der SPD mit der Angst zu tun bekommen. Die Delegiertenkonferenzen, die über die Kandidatenaufstellung und damit die Wiederwahl 1984 zu entscheiden hatten, rückten immer näher. Und so legte man Distanz zwischen sich und den Bundeskanzler, schlug man sich auf mehr oder weniger elegante Weise in die Büsche. Es galt, die eigene Wiederwahl zu sichern! Das Ende ist bekannt – 16 Jahre der Opposition eingeschlossen. Und alle Nachfolger, auch Gerhard Schröder, bleiben immer wieder gewarnt.

Von der Politik leben

In seinem großartigen Text »Politik als Beruf« hat Max Weber 1919 geschrieben:

>*»Es gibt zwei Arten, aus der Politik seinen Beruf zu machen. Entweder: man lebt ›für‹ die Politik – oder aber: man lebt ›von‹ der Politik. Der Gegensatz ist keinesfalls ein exklusiver.«*

Der politische Betrieb in den modernen Massendemokratien bringt es mit sich, dass Politiker in aller Regel »von« ihrem Beruf leben. Die Zahl der Ausnahmen geht ständig zurück. Für diese Entwicklung gibt es zwei wesentliche Gründe:

- Unsere Parlamente sind längst keine »Feierabendveranstaltungen« mehr. Der von Ludwig Thoma in die Literatur eingeführte königlich bayrische Parlamentsabgeordnete Filser, der per Bahn zur Sitzungsperiode nach München reiste, um »Politik zu machen«, gehört längst der Vergangenheit an. Auf Bundes- und Länderebene ist die gesamte Struktur der parlamentarischen Arbeit auf der Annahme aufgebaut, dass die Abgeordneten sich dieser Arbeit quasi hauptberuflich verschreiben.
- Politische Arbeit bietet auch außerhalb der Parlamente durchaus lohnende berufliche Perspektiven. Das gilt für Par-

teien, politische Stiftungen, Verbände der unterschiedlichsten Art, öffentlich-rechtliche Medien und vieles andere mehr. Man kann also von der Politik ganz gut leben.

Für den Berufspolitiker bedeutet Privilegiensicherung zumeist auch Sicherung der materiellen Lebensgrundlagen. Damit ist nicht nur eine möglichst gut ausgestattete Einnahmequelle für die Dauer des jeweiligen Mandats gemeint, sondern auch eine ausreichende Alterssicherung.

Wie hart es bei diesem Kampf um Einfluss und Privilegien zugehen kann, konnten wir Ende 1999 in Berlin erleben. Dort ist unter erheblichen Geburtswehen eine Neuauflage der großen Koalition aus CDU und SPD zu Stande gekommen.

Am Ende ging es überhaupt nicht mehr um Politik, sondern nur noch um Senatsposten. Die Landesverfassung schrieb eine Rückführung auf acht SenatorInnen vor. Angesichts des Wahlergebnisses würde das bedeutet haben, dass sich die SPD mit drei Senatsposten hätte zufrieden geben müssen. Sie bestand aber auf vier Positionen, da sonst irgendjemand aus der alten Mannschaft hätte zurücktreten müssen. Nach langem Ringen wurde eine scheinbar salomonische Lösung gefunden: sieben SenatorInnen, vier bei der CDU und drei bei der SPD. Vier zu drei, das liest sich für den kleineren Partner eben besser als fünf zu drei. Doch dann hat die SPD zur allgemeinen Verblüffung der breiten Öffentlichkeit das Amt des Finanzsenators – das wichtigste nächst dem Regierenden Bürgermeister! – fallen lassen und damit auch die ungemein tüchtige Senatorin Fugmann-Hesing. Auf diese Weise konnte der SPD-Landesvorsitzende Strieder im Amt bleiben. Wäre Fugman-Hesing nämlich im Amt geblieben (was sachlich wohl begründet gewesen wäre), dann hätte Strieder keinen Senatsposten erhalten können, weil ja die SPD auf einen Senator verzichten musste. Das aber durfte nicht sein! Das zuständige Parteigremium (und zwar Führer wie Gefolgschaft!) hat diese Lösung mit 30:16 Stimmen abgenickt, später dann auch noch ein Parteitag. Objektiv ist dieser Vorgang schlimm. Aber – wen erstaunt er, wenn man die eigentlichen Mechanismen kennt? Parteiinterne Strukturen entscheiden darüber, wer ein öffentliches Amt übernimmt und wer nicht. So einfach ist das. Da hat ein Parteivorsitzender natürlich bessere Karten als eine noch so ausgewiesenen Fachfrau.

Eines aber müssen wir sehen: Wer wie der Berufspolitiker nicht nur Prestige und Erfolg, sondern auch materielle Absicherung sucht, begibt sich in eine massive Abhängigkeit.

Parteien nehmen die Politik in ihre Hände

Das Phänomen »Partei« ist im Unterschied zum Phänomen »Politiker« relativ jungen Datums. Es hat zwar Vorformen gegeben, wie etwa in den italienischen Stadtstaaten des ausgehenden Mittelalters oder der frühen Renaissance. Im Allgemeinen aber sprechen wir von Parteien im heute üblichen Sinn erst dann, wenn parlamentarische Institutionen die umfassende Bündelung politischer Einzelinteressen notwendig machen. Im 18. Jahrhundert ist diese Entwicklung in England eingetreten, in den USA seit deren Gründung im Jahre 1776. In Frankreich haben sich erste Parteien im Gefolge der Revolution des Jahres 1789 herausgebildet, bei uns in Deutschland um die Mitte des 19. Jahrhunderts. Meine eigene Partei, die SPD, ist 1863 gegründet worden und ist zu Recht auf ihre Tradition stolz. Aber eine so lange Tradition ist das gar nicht. Ich bin, wie gesagt, der Partei 1959 beigetreten, habe ihre Geschichte also über ein Drittel der gesamten Wegstrecke mitverfolgt (wenn ich die Jahre der Nazidiktatur einmal herausrechne).

Auch wenn es manchmal anders scheint und die Parteien selbst diesen Eindruck durchaus erwecken wollen: Parteien sind *nicht* mit Demokratie gleichzusetzen. Die Honoratiorenparlamente Englands oder der Deutsche Reichstag vor dem Ersten Weltkrieg haben keineswegs Demokratie verkörpert. Und viele Diktaturen haben Parteien gekannt, die nichts anderes als ein Deckmantel für Personen- oder Einparteienherrschaft darstellten. Das haben wir in der DDR rund vierzig Jahre miterleben können.

In der Regel aber gilt, was Max Weber so formuliert hat: »Die modernen Formen der Parteiorganisation sind Kinder der Demokratie, des Massenwahlrechts, der Notwendigkeit der Massenwerbung und Massenorganisation.«

Und an anderer Stelle heißt es bei ihm: »Zurücksetzungen in der Anteilnahme an den Ämtern werden von den Parteien schwerer empfunden als Zuwiderhandlungen gegen ihre sachlichen Ziele.«

Hier werden in klassischer Kürze die wesentlichen Elemente eines Machtkartells beschrieben:

- Moderne Demokratie ist Parteiendemokratie.
- Parteiendemokratie ist damit das wichtigste Vehikel zur Privilegiensicherung in der Politik.
- Deshalb wird der Politiker vom »Machtkartell Partei« abhängig.
- Deshalb bedeutet moderne Demokratie weniger Volks- als vielmehr Parteienherrschaft.

Das mag hart klingen, ist aber nur realistisch. Der englische Staatsphilosoph David Hume hatte schon 1760 bemerkt, dass das Programm nur in der Gründungsphase einer Partei eine wichtige Rolle spiele. Später dann trete die Organisation an die erste Stelle; das Programm werde reines »Zubehör«.

Und wenige Jahre später erkannte Jean-Jacques Rousseau: »Es widerspräche der natürlichen Ordnung der Dinge, wenn die vielen herrschten und die wenigen beherrscht würden.« Der von Rousseau empfohlene »Weg zurück« in die Formen der direkten Demokratie mag vielleicht zur Regelung örtlicher Angelegenheiten in der Schweiz noch gangbar sein. Für die ungemein komplizierten innen- und außenpolitischen Sachverhalte einer großen Dienstleistungsgesellschaft taugt er nicht. Das sollten auch diejenigen beherzigen, die vor aktuellem Hintergrund unsere Verfassung mit zusätzlichen plebiszitären Elementen anreichern möchten.

Auch Parteien sind Machtkartelle

Das Grundgesetz schreibt in seinem Artikel 21 den Parteien vor, dass ihre »innere Ordnung demokratischen Grundsätzen entsprechen« müsse.

Gewiss – die formale Ordnung aller in den Parlamenten vertretenen Parteien ist demokratisch verfasst. Das lehrt der Blick in Statuten und Geschäftsordnungen. Aber gilt das auch für die reale Ordnung? Hier sind Zweifel erlaubt.

Rudolf Scharping wird in Mannheim gestürzt

Ein Beispiel aus den Neunzigerjahren belegt das. 1993 hatte die SPD Neuland betreten. In einer Art »Urabstimmung« ließ sie die Mitglieder darüber abstimmen, wer die Partei in den Bundestagswahlkampf des Jahres 1994 führen sollte. Dieser Vorgang war in den Statuten nicht vorgesehen – demokratisch legitimiert aber war er trotzdem. Rudolf Scharping gewann gegen Gerhard Schröder und Heidemarie Wieczorek-Zeul.

Damit aber war die Wahl Scharpings zum Parteivorsitzenden, die kurz darauf erfolgte, nur noch eine »formaldemokratische« Angelegenheit. Nach der Wahl, in der der Kanzlerkandidat der SPD übrigens ein mehr als achtbares Ergebnis herausgeholt hatte, wurde in Mannheim ein Parteitag der SPD durchgeführt. Die Neuwahl des Vorstands stand ebenfalls auf der Tagesordnung. Innerhalb der von der Parteisatzung vorgegebenen Fristen waren keine Gegenkandidaturen angemeldet worden. Rudolf Scharping, der sich mit seiner Führungsaufgabe nicht leicht tat, sah sich dann aber urplötzlich mit einer demagogisch formulierten Herausforderung durch Oskar Lafontaine konfrontiert.

Was daraufhin folgte, war mit »demokratischen Grundsätzen« kaum zu vereinbaren. Die Gegenkandidatur des Saarländers wurde über Nacht auf die Tagesordnung des Parteitages gehievt, wozu eine per Akklamation eingeholte Änderung der Parteisatzung notwendig war. Keiner der Delegierten, die ja immerhin Träger des demokratischen Willens der Mitglieder der Partei sein sollten, war in der Lage, sich vorher mit der Parteimitgliedschaft abzustimmen. Lafontaine löste Scharping ab.

Diese kalte Machtergreifung war sorgsam vorbereitet und schlau inszeniert. Die negativen Nachwirkungen sind bis heute spürbar, nicht erst, seit der gleiche Lafontaine den Parteivorsitz weggeworfen hat wie ein unartiges Kind sein Spielzeug.

Während vordergründig unablässig der Demokratie das Wort geredet wurde, galt hinter der Bühne, was Max Weber in Bezug auf die Parteien schon zu Beginn des Jahrhunderts formuliert hatte: »Die Macht liegt in den Händen derjenigen, welche kontinuierlich innerhalb des Betriebes die Arbeit leisten.« Und die Angelsachsen kennen hierfür das bezeichnende Wort »party machine«.

Von den Delegierten hat keiner gegen diese kaum erträgliche Dehnung »demokratischer Grundsätze« protestiert.

Auch die Parteien sind also Machtkartelle. Sie sichern Wahl und Wiederwahl für die vielen, die »für« die Politik leben. Noch deutlicher aber wird die Verkettung für diejenigen, die »von« der Politik leben. Und wehe, wenn die Parteiführung diesen Zusammenhang nicht mehr garantieren kann!

Nach einer vorläufigen Übersicht hatten allein bei der Kommunalwahl 1999 in Nordrhein-Westfalen mehr als 1200 Mandats- und Funktionsträger der SPD ihre Positionen verloren. Gleiches ist so manchem Mandatsträger der CDU bei den letzten Landtagswahlen in Schleswig-Holstein passiert. Das sitzt häufig tiefer als jede sachliche oder politische Meinungsverschiedenheit – und es hat Folgen. Denn nicht immer gelingt es der jeweiligen Parteiführung, ihren abgewählten Gefolgsleuten eine befriedigende Ersatzlösung zu verschaffen. Wird kein Ausgleich gefunden, kommt es zu einem tiefen Einschnitt in ihre öffentliche Geltung und zuweilen auch in ihre private Lebensführung. Frustration ist die Folge – und die bekommt die Parteiführung bei der nächsten Delegiertenkonferenz oder einem anderen passenden Anlass garantiert zu spüren.

Die Parteien haben die Parlamente erobert

Die Väter des Grundgesetzes haben in Artikel 38 unserer Verfassung wie folgt formuliert: »Die Abgeordneten ... werden in allgemeiner, unmittelbarer ... Wahl gewählt. Sie sind Vertreter des ganzen Volkes, an Aufträge und Weisungen nicht gebunden und nur ihrem Gewissen unterworfen.«

Kaum irgendwo fallen Verfassung und Verfassungswirklichkeit so weit auseinander.

So kann von allgemeiner, unmittelbarer Wahl kaum die Rede sein. Die Direktkandidaten werden in Delegiertenkonferenzen ihrer jeweiligen Parteien aufgestellt. Damit hängen alle Kandidaten an einem ganz entscheidenden Punkt ihrer beruflichen Existenz vom internen Machtkartell dieser Partei ab. Der Wähler kommt erst in einem zweiten Schritt zum Zug.

Noch ärger wird es bei der Zweitstimme, die man überhaupt keinem Abgeordneten, sondern der Landesliste einer Partei gibt. Auf deren Zusammensetzung hat der Wähler keinen Einfluss. Die vorderen,»sicheren« Plätze auf derartigen Landeslisten werden dabei nach einem ausgeklügelten Proporzsystem vergeben. Honoratioren, Frauen, Verbandsvertreter, Abgesandte der einzelnen Regionen – sie alle wollen sich über einen der vorderen Listenplätze einen Parlamentssitz sichern.

Vertreter des»ganzen Volkes« sind die Parteien ebenso wenig. Die im Deutschen Bundestag vertretenen Parteien bringen es auf rund 1,7 Millionen Mitglieder, was etwa 3,5 Prozent der Wahlberechtigten entspricht. Wenn es hoch kommt, sind aber nur 10 Prozent hiervon wirklich in ihren Parteien aktiv. Diese »Aktivisten« bilden die eigentliche»Parteibasis«. Dies bedeutet schlicht und einfach, dass weniger als 0,4 Prozent der Wahlberechtigten über die Besetzung fast aller politischen Funktionen in unserem Lande entscheiden, vom Bundespräsidenten und Bundeskanzler bis herunter zum Beigeordneten oder dem Vorsitzenden der örtlichen Arbeiterwohlfahrt.

Kommt hinzu, dass die Teilfinanzierung der Parteien aus der Staatskasse die Abkapselung von der breiten Mitgliedschaft zusätzlich unterstützt. Ich erinnere mich noch gut daran, wie ich als Hilfskassierer meines Ortsvereins monatlich bei den Mitgliedern vorbeischauen musste. Es ging um den Parteibeitrag, bot aber doch immer auch die Möglichkeit zur persönlichen Diskussion oder zur kleinen Hilfe. Diese Zeiten sind lange vorbei.

Auch Aufträge und Weisungen spielen eine große Rolle. Die Entscheidungsfreiheit des einmal gewählten Abgeordneten wird durch die Partei und deren Organisationen auf vielfältige

Weise eingeschränkt. Offiziell gibt es zwar kein »imperatives Mandat«. Aber welcher Parlamentarier kann es sich leisten, in wichtigen Sachfragen die »Vorgaben« von Partei- und Fraktionsführung zu missachten? Ob Steuerreform oder Haushaltsvorlage, ob Asylgesetzgebung oder Kosovoeinsatz der Bundeswehr – es bekommt keinem Abgeordneten, wenn er in derartigen Fragen wider den Stachel der Partei-, Regierungs- oder Fraktionsoberen löckt. Ich habe so einige Bundestagsabgeordnete in die Isolation, dann in die innere Emigration und schließlich in eine andere Partei wandern sehen. Ihre politische Heimat hatten sie verloren.

Die Grünen waren mit dem so genannten Rotationsprinzip noch einen Schritt weiter gegangen. Dessen Ziel war es ja geradezu, die in der Verfassung garantierte Unabhängigkeit des Abgeordneten zu ersetzen durch einen immer wieder neu formulierten Auftrag von der »Basis«. Dieser Versuch ist inzwischen aufgegeben worden; interessant genug, dass er überhaupt gewagt worden ist.

Noch immer aber werden Koalitionsabsprachen durch Parteitage abgesegnet. Noch immer wird über die Steuergesetzgebung zum Beispiel in Koalitionskränzchen entschieden, gilt die Kompromisssuche im Vermittlungsausschuss statt der offenen Auseinandersetzung im Parlament.

Wenn Abstimmungen »freigegeben« werden

Auch der »Fraktionszwang« ist nach meiner Überzeugung mit dem Willen des Grundgesetzes kaum in Einklang zu bringen. Was anderes ist der als ein »Auftrag« oder eine »Weisung«? Selbstverständlich lassen sich für den Fraktionszwang gute organisatorische und sachliche Gründe ins Feld führen. Im politischen Kampf zählt die äußere Geschlossenheit der eigenen

Reihen sehr viel. Diese darf die innere Entscheidungsfreiheit des einzelnen Abgeordneten aber nie außer Kraft setzen.

Wie pervertiert der grundgesetzliche Hinweis auf die Gewissensfreiheit des Abgeordneten mittlerweile ist, zeigen gerade diejenigen Abstimmungen, die von den jeweiligen Fraktionsspitzen»freigegeben« werden. Das ist in der Tat ein verräterischer Ausdruck! Er wird meistens dann verwendet, wenn»Gewissensentscheidungen« vermutet werden. Wann aber liegt eine derartige Gewissensentscheidung vor? Kann, ja darf eine Fraktion das für einen Abgeordneten per»Freigabe« festlegen? Oder kann das nicht vielmehr nur der Einzelne für sich selbst tun?

Mir kommt bei alldem eine Streitschrift Lenins mit dem Titel »Parteiorganisation und Parteiliteratur« in den Sinn. Er hat dort im Jahre 1905 in der Abwägung zwischen Organisation des Klassenkampfes und künstlerisch-journalistischer Freiheit Folgendes geschrieben:

»Jedermann ist frei, das zu sagen, was er für richtig hält – ohne jede Einschränkung. Aber jede Partei ist auch frei, Mitglieder auszuschließen, die den Namen der Partei benutzen, um parteischädliche Standpunkte zu vertreten.«

Im deutschen Politikalltag sind wir von dieser Lenin'schen Position häufig gar nicht so weit entfernt.

In der Oppositionszeit nach der verlorenen Bundestagswahl 1983 habe ich sehr rasch eine grundlegende Erfahrung gemacht: Nichts frustriert einen Parlamentarier mehr, als wenn ihm in der Debatte die Qualität seiner Argumente überhaupt nicht streitig gemacht wird, sich aber dann in der Abstimmung die Hände getreulich nach Fraktionsvorgabe heben. Ich jedenfalls habe in meiner kurzen Tätigkeit als Bundestagsabgeordneter darunter sehr gelitten. Deshalb bin ich auch ohne jede

Nostalgie ins Unternehmerlager gewechselt. Ab sofort konnten sich wieder Argumente durchsetzen und nicht vorherbestimmte Mehrheitsverhältnisse.

Der Griff in die Staatskasse

Es ist nur vernünftig, dass unsere Minister und Abgeordneten für ihre Tätigkeit anständig bezahlt werden.

Ein Unding ist es, dass zum Beispiel unser Bundespräsident finanziell schlechter gestellt ist als der Sparkassendirektor einer Mittelstadt. Zwar kann man sich über die exakten Beträge oder über eine zu rasche Anhebung der Diäten streiten, nicht jedoch über den Grundsatz. Es gibt Mandatsträger, die einen einträglichen Beruf aufgeben; die meisten Abgeordneten haben eine Familie, und an ihr Alter müssen sie wie wir alle denken. Und selbstverständlich brauchen unsere Politiker auch all die Arbeitsmittel, die zur Erledigung ihrer Aufgaben nötig sind – den raschen und bequemen Transport eingeschlossen. Wollen wir etwa den Ministerpräsidenten zumuten, ihre gedrängten Termine mit der Bundesbahn oder der Lufthansa zu bewältigen?

Anders liegt der Fall bei der Finanzierung der Parteien aus öffentlichen Mitteln. Sollte nach dem Willen der Verfassungsväter das »Mitwirken bei der politischen Willensbildung des Volkes« wirklich über die Staatskasse teilfinanziert werden?

Von 1949 bis 1958 hat es zumindest auf Bundesebene denn auch keine derartigen Zuschüsse gegeben. Die Parteien haben sich damals ausschließlich über Beiträge, Spenden und Erträge ihres eigenen Vermögens finanziert.

1958 hat das Bundesverfassungsgericht die steuerliche Abzugsfähigkeit von Parteispenden für verfassungswidrig, eine begrenzte Finanzierung aus dem Staatshaushalt allerdings für zulässig erklärt. 1959 sind daraufhin erstmals 5 Millionen DM für die politische Bildungsarbeit der Parteien in den Bundeshaushalt eingestellt worden. 1962 wurde dieser Etatansatz sinnigerweise in »Sondermittel für die Parteien nach Artikel 21 des Grundgesetzes« umgetauft. 1965 waren aus den 5 Millionen DM bereits 38 Millionen DM geworden. Damals begann das böse Wort vom »Selbstbedienungsladen« die Runde zu machen. 1965 hat Karlsruhe diese Form der allgemeinen Parteienfinanzierung verboten, die Erstattung von Wahlkampfkosten hingegen für zulässig erklärt. Auch die Spendenabzugsfähigkeit ist damals in begrenztem Umfang wieder eingeführt worden.

1967 endlich hat der Bundestag das so genannte Parteiengesetz verabschiedet, das vom Grundgesetz bereits 1949 eingefordert worden war. Für Bundestags- und Europawahlkämpfe ist seinerzeit ein Erstattungsbetrag von 2,50 DM je Wahlberechtigten eingesetzt worden, den man 1984 kurzerhand auf 5 DM verdoppelt hat. Diese Regelung ist von den Verfassungshütern in der Zwischenzeit aber ebenfalls wieder verworfen worden.

Heute gilt, vereinfacht dargestellt, Folgendes: Aus dem Bundeshaushalt werden jährlich bis zu 245 Millionen DM zur Verfügung gestellt und nach einem doppelten Schlüssel verteilt. Zum einen zahlt die Bundeskasse für jede nachgewiesene Mark an Beiträgen und Spenden noch einmal 50 Pfennig dazu. Zum anderen wird aus den jeweils letzten Wahlen ein »Wählerstimmenkonto« gebildet und noch einmal mit 1 DM pro Wähler honoriert. Wenn der Gesamtbetrag die Summe von 245 Millionen DM zu übersteigen droht, wird proportional auf diesen Höchstbetrag heruntergerechnet.

Hinzu kommen selbstverständlich auch noch Haushaltsmittel zumindest auf Länderebene.

Ähnlich liegt der Fall bei den Staatsmitteln für die Arbeit der *Fraktionen* (nicht der Abgeordneten!). 1949 sind sie mit ganzen

200 000 DM zu Buche geschlagen. 1990 waren daraus runde 80 Millionen DM geworden. Man kann es drehen und wenden wie man will: Dies ist eine wirklich »wundersame Geldvermehrung«, die die Hochzeit zu Kanaa glatt in den Schatten stellt.

Die Parteienhaushalte haben 1997 folgende Struktur aufgewiesen (in Millionen DM):

	CDU	CSU	SPD	GRÜNE	FDP	PDS
Mitgliedsbeiträge	100,6	19,5	157,9	21,6	10,6	16,9
staatliche Mittel	73,2	19,4	90,0	17,3	13,1	12,3
Spenden	33,8	13,8	23,2	9,1	14,3	5,9
Sonstiges	10,6	3,3	9,9	2,3	3,5	1,8
gesamt	218,2	56,0	281,0	50,3	41,5	36,9

In den »staatlichen Mitteln« sind aber die Zuschüsse an die Fraktionen ebenso wenig enthalten wie die erheblichen Beiträge für die Arbeit der parteinahen Stiftungen (wo übrigens sehr wertvolle Arbeit geleistet und vernünftig gewirtschaftet wird). Außerdem müsste der sich aus den Spenden ergebende Steuerausfall ja auch noch eingerechnet werden. Alles in allem werden die Parteien in der Bundesrepublik Deutschland wohl weit mehr als 500 Millionen DM jährlich an Staatsgeldern erhalten.

Das macht pro Parteimitglied rund 300 DM jährlich aus. Ein stolzer Betrag! Das »Volk« lässt sich die Mitwirkung der Parteien bei seiner Willensbildung wirklich etwas kosten – dabei wird es noch nicht einmal gefragt.

Schwarze Kassen und verdeckte Spenden

Als wenn das alles noch nicht reichte, haben wir seit Herbst 1999 von besonders dreisten Methoden der Schattenfinanzierung in der CDU erfahren. Zunächst mussten wir uns mit dem Begriff des »Treuhand- und Anderkontos« vertraut machen. Es trat zu Tage, dass eine der CDU zugedachte Spende von 1 Million DM auf ein derartiges Konto wanderte und dann dazu diente, Prozesskosten des damaligen Schatzmeisters sowie Sonderabfindungen für verdiente Mitstreiter aus seinem Umfeld zu finanzieren.

Das Ganze löste zu Recht einen erheblichen Wirbel aus. Die anschließenden Schuldzuweisungen und Rechtfertigungsaktionen förderten ein noch verblüffenderes Ergebnis ans Licht:

Auch der damalige CDU-Vorsitzende, Bundeskanzler Dr. Helmut Kohl, hat über derartige schwarze Kassen verfügt. Am 30. November 1999 hat er dazu vor dem Präsidium seiner Partei wörtlich erklärt: »Nach der Beitrags- und Finanzordnung und dem Statut der CDU ... verfügt der Bundesschatzmeister über alle Einnahmen der Bundespartei.«

Denkste! Denn Helmut Kohl hat hinzugefügt: »Ich habe als Parteivorsitzender ... die vertrauliche Behandlung bestimmter Sachverhalte wie Sonderzuwendungen an Parteigliederungen und Vereinigungen ... für notwendig erachtet. Eine von den üblichen Konten ... getrennte Kontenführung erschien mir deshalb vertretbar ... Ich bedaure, wenn die Folge dieses Vorgehens möglicherweise Verstöße gegen die Bestimmungen des Parteiengesetzes sein sollten.«

Seit dem 16. Dezember 1999 wissen wir, dass der ehemalige Bundeskanzler im Zeitraum von 1993 bis 1998 persönlich mehr als 2 Millionen DM in bar an Spenden entgegengenommen und diesen Betrag nach Gutdünken verteilt hat.

So baut man innerhalb der eigenen Reihen ein »Nebenregiment« auf und aus, das von namhaften CDU-Politikern mit dem verlegenen Begriff »Das System Kohl« bezeichnet worden ist. Beträchtliche Summen sind nicht nur an den normalen Kanälen vorbeigelaufen. Das ist ein inneres Problem der CDU. Sie sind aber auch nicht deklariert worden, wie es das Parteiengesetz will. Das ist ein Gesetzesverstoß – und der geht uns alle an.

Ich vermute, dass der ehemalige Bundeskanzler bei seinem Tun bis heute kein wirkliches Unrechtsbewusstsein entwickelt hat. Zumindest seine öffentlichen Äußerungen lassen keine Einsicht erkennen. Es ist ihm nicht um sich selbst, sondern ausschließlich um »seine« Partei gegangen. Die Verquickung von Partei- und Staatsinteressen aber hat System, und das nicht erst seit einigen Jahren.

Wenn es doch nicht ausgerechnet er gewesen wäre, der bei seinem Vorgänger mit bebender Stimme »geistige Führung« angemahnt hatte!

Sein beharrliches Schweigen über die Identität der damaligen Spender beschädigt ganz unmittelbar das Vertrauen in die Demokratie. Wer ein gegebenes »Ehrenwort«, für das es im vorliegenden Fall weder eine juristische noch eine ethische Basis gibt, höher schätzt als die gebotene Pflicht zur Aufklärung, der stellt sich außerhalb des Gesetzes. Das aber kann auch einem ehemaligen Bundeskanzler nicht erlaubt sein.

Den Geldgebern ihre edle Spende durch eine Gefälligkeit »heimgezahlt« zu haben wird von Helmut Kohl nachdrücklich und glaubwürdig bestritten. Dennoch bleibt es merkwürdig, dass die Spender auf jede Möglichkeit der steuerlichen Geltendmachung verzichtet haben. Das ist wirklich Altruismus pur! Und so muss sich der »Kanzler der Einheit« heute, wo er sein Ehrenwort über das Gesetz stellt, als »Kohleone« verhöhnen lassen.

Manchmal aber begründet ein »zufälliges zeitliches Zusammenfallen«. Zweifel an der Uneigennützigkeit der Spender. So hat ein Ehepaar Ehlerding der CDU 1998 eine Großspende von knapp 3,35 Millionen DM zukommen lassen. Hinzu kommt ein zinsloses Darlehen von 2,5 Millionen DM, das sich im Jahre 1999 über Rückzahlungsverzicht in eine Spende verwandelt hat, wenn meine Information zutreffen.

Diese Beträge sind ordnungsgemäß verbucht und veröffentlicht worden. Da wird es wohl purer Zufall sein, dass das gleiche Ehepaar Ehlerding zwei Drittel der Aktien an der WCM-AG hält, die im Verbund mit einigen staatlichen Landesentwicklungsgesellschaften im Juni 1998 den Zuschlag zum Kauf der deutschen Eisenbahnerwohnungen erhalten hat. Der damals verantwortliche Bundesminister, Matthias Wissmann, ist übrigens dann Schatzmeister der CDU geworden. Aber auch das ist allenfalls hübsches Rankenwerk.

Inzwischen sind die Herren Kanter und Koch, Prinz zu Sayn-Wittgenstein und Wolfgang Schäuble allesamt auf die eine oder andere Weise mit in den Strudel gerissen worden. Die Union, eine große Volkspartei, ist finanziell in existenzielle Schwierigkeiten geraten. Und heute, da ich diese Zeilen niederschreibe, ist ein Ende der Affäre noch längst nicht abzusehen. Ganz im Gegenteil! Die systematische Akten- und Datenvernichtung im Bundeskanzleramt unter Kanzler Helmut Kohl und Amtschef Friedrich Bohl, über die Burkhard Hirsch als Sonderermittler im Juni 2000 Bericht erstattet hat, macht die Dinge noch viel schlimmer.

Unzweifelhaft gibt es bei jedem Regierungswechsel in der alten Machtzentrale immer persönliche Unterlagen, die die Nachfolger wenig bis nichts angehen. Burkhard Hirsch aber hat unwidersprochen festgestellt, dass etwa zwei Drittel des gespeicherten Datenbestandes im Bundeskanzleramt gelöscht worden sind.

Das heißt:

- Entweder haben alle diese Daten in den persönlichen und vertraulichen Bereich der Amtsleitung und des Bundeskanzlers gehört, die CDU eingeschlossen. Dann ist das Kanzleramt permanent für dienstfremde Zwecke missbraucht worden, und zwar in ganz beträchtlichen Ausmaß!
- Oder die gelöschten Daten beziehen sich zu einem erheblichen Teil auf dienstliche Vorgänge. Dann aber ist nicht nur gegen das Archivgesetz verstoßen worden. Vielmehr ist in diesem Fall die Kontinuität des Regierungshandelns, auf die wir in einer Demokratie vertrauen müssen, grob behindert worden.

Beides lässt sich nach meiner Überzeugung mit dem Amtseid nicht vereinbaren, den sowohl der Bundeskanzler als auch sein Amtschef auf die Verfassung geschworen haben – mit dem Zusatz »... so wahr mir Gott helfe«.

Natürlich wäre mit diesen und ähnlichen Entwicklungen ungemein kritisch umzugehen. Mir kommt es aber nicht auf die Symptome an, sondern auf die dahinterliegenden Strukturen: Über den Griff in die Staatskasse haben sich die Parteien auch finanziell in einer Weise etabliert, die sie zu den gewichtigsten Machtkartellen in unserer Gesellschaft macht. Die kollektive Privilegiensicherung ist perfekt organisiert.

Dabei spielt es anscheinend überhaupt keine Rolle, dass die Zahl der Parteimitglieder in Deutschland ständig zurückgeht. Hatte diese 1992 noch bei 2,1 Millionen gelegen, war sie 1995 bereits auf 1,9 Millionen geschrumpft. Und heute dürften es, wie gesagt, nicht mehr als 1,7 Millionen Parteimitglieder sein. Das ist ein Rückgang um etwa 20 Prozent in nur acht Jahren!

Parteien und Parlamente spiegeln vieles wider, aber nicht das Volk

Wir haben es uns angewöhnt, unsere Parlamentarier als »Volksvertreter« zu bezeichnen. Dieser Ausdruck führt in die Irre.

Das zeigt schon eine Stichprobe. Willkürlich herausgegriffen hier die offiziell angegebene Berufsbezeichnung für die nach dem Alphabet ersten 15 Abgeordneten des 14. Deutschen Bundestages:

Adam, Ulrich (CDU)	Mathematiker, Ökonom
Adler, Brigitte (SPD)	Realschullehrerin
Aigner, Ilse (CSU)	Elektrotechnikerin
Altmaier, Peter (CDU)	Jurist
Altmann, Gila (B90)	Lehrerin
Andres, Gerd (SPD)	Gewerkschaftssekretär
Arnold, Rainer (SPD)	Ang. Volkshochschule
Austermann, Dietrich (CDU)	Stadtdirektor a. D.
Bachmaier, Hermann (SPD)	Rechtsanwalt
Bahr, Ernst (SPD)	Diplomlehrer
Balt, Monika (PDS)	Verbandsvorsitzende
Barnett, Doris (SPD)	Juristin
Bartels, Hans-Peter (SPD)	Politologe
Barthel, Eckhardt (SPD)	Planungs-Ingenieur
Barthel, Klaus (SPD)	Gewerkschaftssekretär

Natürlich sind dies alles ehrenwerte Berufe. »Das Volk« wird hier allerdings absolut nicht widergespiegelt. Das kann aber auch gar nicht sein.

Letztendlich bestimmt nämlich die »Parteibasis« die Besetzung der Parlamente aus ihren Reihen. In der »Parteibasis« wird sich aber nur jemand halten können, der zu Intelligenz und Tatkraft auch noch das nötige Sitzfleisch mitbringt, um in tausend Sitzungen eine Hausmacht zu gewinnen und zu pflegen, die für den Aufstieg innerhalb der Partei sorgt. Quereinsteiger gehören zu den großen Ausnahmen.

Die Regierung Schröder macht übrigens hier eine beschränkte Ausnahme. Die Bundesminister Werner Müller und Walter Riester, dazu noch Michael Naumann, wenigstens sie haben nicht die Ochsentour einer Parteikarriere durchlaufen, an deren Ende man nur allzu leicht selbst zum Ochsen geworden ist.

Im Allgemeinen schließt die Kombination aus Profi-Parlament und Profi-Politiker wesentliche Teile der Bevölkerung, ja ganze Berufsgruppen von einer aktiven Parteiarbeit de facto aus. Oder kann man sich vorstellen, dass zum Beispiel aktive Ärzte oder Schichtarbeiter in großer Anzahl die Parteiabende bevölkern? Wie soll sich ein einfacher Arbeiter mit den sprachlich komplizierten Gepflogenheiten bei der Parlamentsarbeit zurechtfinden? Die Landtage und der Bundestag sind ein relativ exklusiver Zirkel für den gebildeten Mittelstand, der wiederum überpropertional in Gestalt von Beamten aller Art vertreten ist.

Übrigens ist das gar nicht neu. Bereits 1881 haben 31 Prozent der Reichtagsabgeordneten dem Beamten- oder Lehrerstand angehört. Das Ganze ist auch kaum zu kritisieren, wenn man einmal die Grundzüge einer parlamentarischen Parteiendemokratie akzeptiert hat. Auch im berüchtigten »Wohlfahrtsausschuss« der Französischen Revolution haben – neben Robespierre – vorwiegend Advokaten gesessen. Da ist es nicht weiter verwunderlich, wenn im 11. Deutschen Bundestag 97 Prozent der SPD-Abgeordneten gewerkschaftlich organisiert waren.

Nur muss über die Auswirkungen einer derartig »abgehobenen« Machtstruktur Klarheit herrschen. Zu nennen wären:

- Der Grundsatz der Gewaltentrennung zwischen Legislative und Exekutive lässt sich in einem Staat nicht mehr sauber durchhalten, in dessen Parlament – oder auch nur in dessen Parteien – zu viele beurlaubte oder pensionierte Staatsdiener sitzen.
- Die »Brille«, durch die wir die Welt um uns herum sehen, spiegelt immer auch unsere eigenen persönlichen und beruflichen Erfahrungen wider. Es ist für den Rest der Gesellschaft nicht gut, wenn diese »Brille« in zu vielen Fällen aus den Erfahrungen und Vorlieben des öffentlichen Dienstes oder der juristischen Berufe besteht.

Der politische Wille der Parteien

Einer der kürzesten Sätze des Grundgesetzes lautet schlicht: »Die Parteien wirken bei der politischen Willensbildung des Volkes mit.« Und der immer noch maßgebende Grundgesetzkommentar von Herzog/Düring/Mauß spricht von einer »Vorformung des politischen Willens des Gesamtvolkes im Staate«.

1989 ist ein neues Parteiengesetz in Kraft getreten. Darin heißt es: »Die Parteien wirken an der Bildung des politischen Willens des Volkes *auf allen Gebieten des öffentlichen Lebens* mit ...« Auf allen Gebieten des öffentlichen Lebens also. Das ist in der Tat ein allumfassender Mitwirkungsanspruch!

Ebenso interessant sind einige der Beispiele, die das Gesetz für diese allumfassende Mitwirkung der Parteien nennt:

- Einflussnahme auf die *Gestaltung* (!) der öffentlichen Meinung, also weit über die Gesetzgebung hinaus.
- Beteiligung an den Wahlen ... durch *Aufstellung von Bewerbern.*

- *Einflussnahme auf* die politische Entwicklung in *Parlament und Regierung* (!!).
- Herstellung einer ständigen lebendigen *Verbindung zwischen dem Volk und den Staatsorganen.*

Klarer ist ein Machtkartell nie beschrieben worden.

Hans Apel lässt sich in seinem Buch über die *Deformierte Demokratie* zu einem Stoßseufzer hinreißen, wenn er schreibt: »Die Parteien müssen bescheidener werden und nicht so tun, als seien sie allmächtig.« Das ist ganz sicher gut und ehrlich gemeint. Vor dem Hintergrund der realen Verhältnisse aber ist es ein frommer Wunsch. Wenn man auch nicht von »Allmacht« der Parteien sprechen kann, so wird man doch den Eindruck einer »Allzuständigkeit« nicht los. Da wird ab und zu kollektive Reue zelebriert und Besserung gelobt. In Wirklichkeit jedoch geschieht nichts.

Verfassung und Verfassungswirklichkeit klaffen weit auseinander.

Die Parteien gehen auf Eroberung

Überall dort, wo Positionen des öffentlichen und wirtschaftlichen Lebens auch politischer Einflussnahme unterworfen sind, sind – direkt oder indirekt – die Parteien zu finden. Wer kennt nicht den euphemistischen Spruch: »Diese Stelle wird nach dem ›Gesangbuch‹ besetzt«?

Ob Mieterbund oder Hausbesitzerverband, ob BDI oder DGB, ob ARD, ZDF oder andere Medien, ob Laienorganisation einer der beiden großen Konfessionen oder kommunale Regiebetriebe, ob Landesbanken oder kulturelle Einrichtungen – überall dort (und an vielen anderen Stellen) können Parteien Einfluss auf die Besetzung von Positionen nehmen. Und sie müssten schon eine überirdische Kraft aufbringen, wenn sie diesen Einfluss nicht zu Gunsten der eigenen Parteifreunde ausübten.

Als einige Parteien noch bestimmte Ideologien mehr oder weniger in Reinkultur repräsentierten, stellten sie eine Art von »Großfamilie« dar, die je nachdem sozialistisch oder christ-sozial orientiert sein konnte. 1965 in Brüssel bei der sozialistischen Mai-Demonstration habe ich noch erlebt, was eine derartige »Familie« bedeutete: Partei, Gewerkschaft, Konsumgenossenschaft, Zeitungen, Sportclubs, Arbeitersamariterbund, Mietervereinigungen – sie alle waren zu Tausenden auf den Boulevards, unter der gleichen, großen roten Fahne. Eine machtvolle, beeindruckende Demonstration des Zusammengehörigkeitsgefühls!

So war es auch in Deutschland nur natürlich, dass es in der Weimarer Republik neben der SPD und dem Allgemeinen Deutschen Gewerkschaftsbund samt seinen Unterorganisationen auch Zeitungen, Druckereien, Arbeiterwohlfahrt, Sportvereine, Genossenschaften, Kreditinstitute, Blaskapellen, Kindergärten und vieles andere mehr gab, das sich in derselben politischen Tradition sah. Alles blieb »in der Familie« und diente der kollektiven Selbstbehauptung.

Diese Zeiten aber sind vorbei. Alle diese Einrichtungen sind nicht mehr für die ideologische »Nestwärme« zuständig, von ihnen wird nicht mehr erwartet, dass sie den ihnen nahe Stehenden soziale Sicherheit geben. Gewerkschaften, Sportvereine, Genossenschaften und all die anderen Organisationen stehen allen Menschen offen, und erwartet werden von ihnen bestimmte Dienstleistungen, mehr nicht. Nur die Parteien machen eine ausnahme. Sie sind noch den alten Zeiten verhaftet, sie haben sich nicht ausreichend gewandelt.

Die Folge ist klar: Heute sind die Parteien auch nach außen, über den direkten politischen Raum hinaus, zu Machtkartellen geworden. Mit der grundgesetzlichen Vorgabe einer »Mitwirkung an der politischen Willensbildung« hat dies sehr wenig zu tun, mit der gesellschaftlichen Realität allerdings sehr viel.

Warum sollten wir in den politischen Großorganisationen einen Idealismus vermuten oder gar einfordern, den wir auch anderswo nicht finden? Wir sollten also alle Heuchelei lassen: Parteien können ohne Posten nicht überleben.

Es ist wenig dagegen einzuwenden, wenn bei gleicher Qualifikation eine Position an jemanden vergeben wird, der sich am politischen Leben aktiv beteiligt. Von diesem Engagement zehren wir in einer Demokratie schließlich alle.

Allerdings: die »gleiche Qualifikation« muss es schon sein. Ob dem so ist, daran können mindestens dann Zweifel bestehen, wenn diejenigen, die eine derartige Qualifikation festzustellen haben, nicht streng neutral sind und nicht nach klar objektivierbaren Auswahlverfahren vorgehen.

Objektivität ist aber nicht das ausschließliche Kriterium bei politischen oder politisch motivierten Entscheidungen. Sonst könnte man derartige Entscheidungen dem Computer überlassen. So ist die öffentliche Welt voll von »Ochsen mit fünf Beinen«, wie es unter Kundigen heißt: Postenbeschreibungen und Stellenauschreibungen werden so kunstreich formuliert, dass der genehme – und oft von vornherein ist Auge gefasste Bewerber – in Vorteil gerät.

Einflusszonen und Verquickung

Insgesamt kann man den Einflussbereich der Parteien heute mit den sieben Häuten einer Zwiebel vergleichen.

Im *Kern* finden wir das »Machtkartell Parteien« selbst, ihre eigenen Einrichtungen sowie die parteinahen Stiftungen.

Als *Einflusszone 1* würde ich die Parlamente bezeichnen.

Diese Einflusszone ist juristisch, auch verfassungsrechtlich abgesichert und hinreichend beschrieben.

Die öffentliche Verwaltung oder staatliche Bürokratie stellt *Einflusszone 2* dar. Auch diese Verquickung ist fast unvermeidlich. Wenn die Beamten »Diener des Staates« sind, wenn der Staat über die Minister oder Behördenchefs, also über die Regierung vertreten wird, wenn die Regierung über das Parlament zu Stande kommt, wenn schließlich das Parlament durch die Parteien beherrscht wird – dann wird sich eine direkte Querverbindung zwischen Parteien und Verwaltung nicht vermeiden lassen.

Zwei weitere Tatbestände kommen hinzu:

- Spitzenbeamte sind »politische Beamte«. Das bedeutet, dass sie bei einem politischen Machtwechsel ihrer Positionen verlustig gehen können. Dies hat sich 1999 wieder gezeigt, als mit Oskar Lafontaine auch die beiden durch ihn ins Amt gehievten beamteten (also nicht etwa parlamentarischen!) Staatssekretäre Claus Noë und Rainer Flassbeck ihr Amt gleich mit verloren.
- In der parlamentarischen Auseinandersetzung spiegelt sich immer auch die Auseinandersetzung zwischen Staatsbürokratie und Parlamentsbürokratie wider. Gerade dort wird die Mehrzahl der notwendigen Kompromisse formuliert. Die armen Bundestagsabgeordneten werden mit einer Unmenge an Vorlagen überschwemmt, sodass ihnen gar nichts anderes übrig bleibt, als sich auf die Fraktionsstäbe zu verlassen.

Öffentlich-rechtliche und andere Medien sind als *Einflusszone 3* zu nennen. Diese Einflusszone ist im Lauf der Zeit immer bedeutender geworden. Demokratische Politik wird zunehmend über die Medien vermittelt. Medien prägen das Bild, das wir von Politikern haben. Medien wählen die Themen aus, die wir für aufregend halten sollen. Dass auf diese Weise erheblichen Einfluss auf den politischen Entscheidungsprozess, aber auch auf Erfolg und Misserfolg der einzelnen Parteien haben, liegt auf der Hand. Ebenso auf der Hand liegt es deshalb, dass die Parteien alles aufwenden, um hier Einfluss auszuüben.

Die *Einflusszone 4* wird durch Sozialversicherungen, Krankenkassen, genossenschaftliche Einrichtungen und Ähnliches gebildet. In diesen Institutionen bedeutet Einflussnahme nicht in erster Linie Durchsetzung der eigenen politischen Überzeugung. Sie sind vielmehr ein beliebtes Feld für die Vergabe von Posten. Um nicht missverstanden zu werden: Dies geschieht nicht auf irgendeine formale Art und Weise. Es geschieht informell, was in der Regel ebenso effizient ist.

Als Nächstes wären Verbände der verschiedensten Art zu nennen, die *Einflusszone 5* bilden. Derartige Gruppierungen, selbst Machtkartelle reinsten Wassers, können auf die Formulierung und Durchsetzung politischer Ziele erheblichen Druck ausüben, wie insbesondere die jüngere Geschichte der Bundesrepublik Deutschland lehrt. Sie sind also politisch relevant. Und wenn ihnen dann auch noch staatliche Aufgaben übertragen werden, wird der Einfluss offensichtlich. Doch davon später mehr.

Deshalb kommt es immer wieder zur personellen Verquickung. Es kann ja kein Zufall sein, dass Gewerkschaftsvorsitzende mit einigen wenigen Ausnahmen der SPD angehören oder dass es in den Unternehmervereinigungen von Präsidenten und Geschäftsführern wimmelt, die vorher ein politisches Mandat für die CDU/CSU innehatten.

Öffentliche Betriebe und/oder Unternehmen mit staatlicher Beteiligung können als *Einflusszone 6* betrachtet werden. In aller Regel haben sich die Leitungen dieser Unternehmen und Betriebe von parteipolitischer Beeinflussung weitgehend frei gemacht. Und in das Tagesgeschäft lassen sie sich schon gar nicht hineinreden. Aber die Manager bleiben dem Gesellschafter gegenüber verantwortlich. Viele von ihnen brauchen ab und zu neues Kapital oder gar Subventionen. Und da muss ein wenig »vorauseilender Gehorsam« ja nicht unbedingt schaden.

Deshalb wird unterstellt werden dürfen, dass sich Parteien einen derartigen Zusammenhang insbesondere dann zu Nutze machen, wenn es um die Besetzung von interessanten Positionen geht.

Und schließlich wäre da auch noch die *Einflusszone 7*, die Welt der Privatwirtschaft. Die Zahl der Lobbyisten aus Unternehmen und Verbänden ist groß. Allein beim Bund sind weit über 1500 von ihnen offiziell eingetragen.

Kann man wirklich ausschließen, dass der Grundsatz »Eine Hand wäscht die andere« aus dem politischen Geschäft verbannt ist? Alle Lebenserfahrung spricht dagegen.

Wie man mich kaufen wollte

Ich selber bin Gegenstand einer staatsanwaltschaftlichen Ermittlung im Zusammenhang mit der so genannten »Flick-Affäre« gewesen. Diese Ermittlung ist, wie nicht anders zu erwarten war, eingestellt worden, weil sich der Anfangsverdacht der Bestechlichkeit in meinem Fall nicht bestätigte. In der Zwischenzeit aber hatte ich viel Gelegenheit, über das verschlungene Zusammenwirken zwischen Verwaltung, Parteien und Großunternehmen nachzudenken. Und ich kann nur bestätigen: Das damalige *Spiegel*-Buch über die »Flick-Affäre« ist genauso erhellend wie die Biografie von Herrn von Brauchitsch.

Richtig ist, dass ein Vertreter des Hauses Flick offenbar auf mich angesetzt war, um mich in der Frage einer großen Subvention günstig zu stimmen. Zum Bestechungsversuch ist es allerdings nicht gekommen.

Und ich werde auch nicht vergessen, dass mir bereits 1964 ein Grundstückseigentümer Mietfreiheit für meine Wohnung anbot, wenn ich mich als Gemeinderat für die Umwidmung eines Teils seiner Grundstücke in Bauland einsetzen würde.

»Filz« oder die Feuerwehr als Brandstifter

Die hier angesprochenen Formen der Interessenverquickung werden insbesondere in Städten und Gemeinden gerne als »Filz« oder »Klüngel« bezeichnet. Was hier das eigentliche Problem ist: »Filz« wirkt immer in beide Richtungen: Die Ausdehnung des »Machtkartells Parteien« über den engeren politischen Bereich hinaus wird mit dem Verlust der inneren, zuweilen auch der materiellen Unabhängigkeit erkauft.

An dieser Stelle wird nun die »Feuerwehr zum Brandstifter«. Die Parteien sind zur Mitwirkung an unserer politischen Willensbildung aufgerufen. Wir vertrauen ihnen unsere Vertretung in den Gremien einer parlamentarischen Demokratie an.

Dieses Vertrauen muss zerstört werden, wenn wir vermuten, dass eben diese Parteien sich zum Sachwalter einflussreicher Personen, Unternehmen oder Verbände machen. Dann werden die Parteien von einem Teil der Lösung zu einem Teil des Problems.

Warum ich noch in der SPD bin

Vielleicht fragen Sie sich, wieso ich nach mehr als vierzig Jahren immer noch Mitglied einer politischen Partei, in meinem Fall also der SPD bin.

Hierauf eine doppelte Antwort:

- Eine über Parteien organisierte parlamentarische Demokratie ist ganz sicherlich keine ideale Staatsform. Aber es gibt keine bessere! Ich jedenfalls möchte das »Machtkartell Parteien« nicht durch andere Machtkartelle eintauschen oder auf die Sirenenklänge plebiszitärer Vorstellungen hereinfallen. Gütige Diktatoren gibt es ebenso wenig wie ein Regiment angeblich neutraler Fachleute. Die Möglichkeiten einer korrigierenden Beeinflussung lägen in all diesen Fällen bei Null.
- Die SPD ist im Lauf ihrer langen Geschichte trotz aller Kritik und trotz persönlicher Verfehlungen eine anständige und redliche Partei geblieben. Sie hat den Drohungen der braunen Machthaber ebenso widerstanden wie den falschen Versprechungen der Kommunisten. Sie hat sich, bei allen Schwächen, niemals zum Knecht anderer Machtkartelle gemacht. Und sie bietet nach wie vor die Möglichkeit, innere Fehlentwicklungen offen aufzugreifen und zu diskutieren.

Zuweilen tut sie das übrigens mit einer Inbrunst, die ihre Regierungsfähigkeit in Frage stellt. Das muss ich in Kauf nehmen, so sehr es mich auch ärgert.

Kapitel 6

Die Ökologiker sind eine saubere Zunft

Die rot-gelben Sticker mit der Aufschrift »Atomkraft, nein danke!« sind von den Autos verschwunden. Und die Debatte über Restlaufzeiten deutscher Kernkraftwerke lässt sich zwar in der Fachpresse nachlesen, bringt aber selbst überzeugte Grüne kaum noch auf die Straße. Selbst um die Castor-Transporte ist es ruhig geworden.

Schäferkittel und Rauschebart, stillende jüngere und strickende ältere Frauen sind längst nicht mehr Markenzeichen grüner Parteitage. Und die Hamburger Bürgermeisterin Krista Sager hat ihren festen Vorsatz, mit dem Fahrrad ins Büro und zum Rathaus zu fahren, auch rasch aufgegeben.

Der legendäre Wachtelkönig, vor kurzem noch Gegenstand erhitzter Koalitionsdebatten in der Hansestadt, ist immer noch nicht gesichtet worden. Dabei gibt es ihn wirklich! Im Heimatmuseum von Pontresina im Engadin sind zumindest zwei ausgestopfte Exemplare zu besichtigen.

Der »saure Regen« hat zwar als »le Waldsterben« seinen Niederschlag in der französischen Sprache gefunden, ist jedoch längst aus den deutschen Schlagzeilen verschwunden.

Ruhe also an der Umweltfront?

Davon kann überhaupt keine Rede sein. Immer noch häuft sich der Wohlstandsmüll in und vor den Städten, und alle wohlmeinenden Trennverfahren oder Entsorgungsvorschriften haben daran wenig geändert. Immer noch müssen für die Altlasten auf den Böden der ehemaligen DDR viele Millionen DM ausgegeben werden. Noch immer ist weder die Gefahr der Ölpest noch die Durchlöcherung der Ozonschicht gebannt.

Es herrscht also eine erhebliche Verwirrung. Während es um die einen Themen seltsam ruhig geworden ist, scheint sich um die anderen kein Mensch zu kümmern. Das hängt damit zusammen, dass die Medien ihre Lieblingsthemen schneller wechseln als eine Mutter die Pampers ihres Säuglings. Das hängt aber auch damit zusammen, dass es der mittlerweile fest etablierten Zunft der »Ökologiker« mehr darum zu gehen scheint, über neue Themen neue Forschungsaufträge zu ergattern, als darum, an der Beseitigung bekannter Missstände zäh zu arbeiten. (Was ich unter »Ökologikern« verstehe, erkläre ich gleich auf Seite 125.)

Wenn wir diese Verwirrung zumindest für uns selbst beseitigen wollen, müssen wir hinter die Einzelfälle schauen. Und dann offenbart sich ein Grundmuster, wie es für alle Machtkartelle typisch ist :

- Eine Gruppe von Menschen, hier die »Ökologiker«, bemächtigt sich eines Themas, das die Gesellschaft aus guten rationalen Gründen, aber auch aus unbestimmter Angst für vorrangig hält.
- Die »Spezialisten für Umwelt« wollen ihre Privilegien sichern, ebenso wie alle anderen Profis auch. Sie tun dies, indem sie sich einerseits den Anschein der Unfehlbarkeit geben, andererseits ingeniöse Verfahren entwickeln, die ihnen das Vertrauen der Gesellschaft auch dann sichern, wenn man sie bei Fehlern ertappt hat.
- Die Umwelt-Profis rotten sich in politischen Gruppierungen und in Berufsverbänden zusammen. So rasch ist selten ein Machtkartell entstanden wie das der Ökologiker.

- Verwirrung wird zum Prinzip, unzählige und widersprüchliche Studien dienen als ihr Hauptinstrument. Und wir können uns gegen diese Verwirrung kaum wehren.

Versuchen wir es trotzdem.

Ökologie und Ökologiker

Das Lexikon klärt uns auf: Ökologie wird dort als ein Teilgebiet der Biologie bezeichnet, als die Wissenschaft von den vielfältigen Beziehungen zwischen den Lebewesen und ihrer Umwelt oder auch als die »Lehre vom Gesamthaushalt der Natur«. Im gleichen nüchternen Sprachgebrauch wäre dann ein Ökologe ein Mensch, der sich in dieser Wissenschaft versucht.

In unserer Wirklichkeit ist daraus die Ökologiebewegung entstanden. Ihr gedanklicher Ausgangspunkt ist ein anderer als der der Ökologie. Geht es Letzterer primär um die Erkenntnis von Zusammenhängen, nutzt Erstere diese Erkenntnisse zur Durchsetzung moralischer und politischer Ziele.

Sie arbeitet nicht mit Erkenntnissen, sondern mit einer klaren Doktrin: Die Eingriffe des Menschen in den »Gesamthaushalt der Natur« müssen auf ein absolutes Minimum reduziert werden, da sie das »natürliche Gleichgewicht« gefährden und am Ende sogar zerstören können. Ich will die Vertreter dieser Bewegung als »Ökologiker« bezeichnen.

Ökologiker sind mit Vorsicht zu genießen. Dies nicht etwa deshalb, weil die moralischen Ziele der durch sie repräsentierten Bewegung unanständig oder in sich unvernünftig wären. Vorsicht ist vielmehr deshalb geboten, weil sie Erkenntnis in den Dienst moralischer Überzeugung setzen.

Diese Überzeugung wird verabsolutiert, was der Erkenntnis nicht immer gut bekommt. Die schwierigen Fragen der Faktenauswahl und -abwägung können auf diese Weise ebenso unter den Schlitten kommen wie die Notwendigkeit einer vernünftigen Interessenabwägung.

Ökologie ist ein junges Phänomen

Bis in das moderne Industriezeitalter hinein sind Ökologie und Umweltschutz weitestgehend unbekannt gewesen. Weltweit ist in natürliche Zusammenhänge brutal eingegriffen, ist hemmungsloser Raubbau betrieben worden. Auch die vermeintlichen »Naturvölker« haben sich häufig genug in nichts von den »entwickelten Zivilisationen« unterschieden, wie uns eine verklärende Ethnologie oder Geschichtsbetrachtung glauben machen will. Wenn sie weniger Schaden angerichtet haben, dann nicht so sehr aus höherer Einsicht heraus, sondern wegen eines Mangels an Instrumenten. Von einem bewussten »Leben im Einklang mit der Natur« aber kann zumeist überhaupt keine Rede sein.

Ich habe von 1965 bis 1973 in Brüssel gearbeitet. In dieser Zeit hat es weder einen EG-Kommissar noch eine Generaldirektion gegeben, die für Umweltschutz verantwortlich gewesen wären. Und auch in Bonn war das nicht anders. Wenn mich mein Gedächtnis nicht im Stich lässt, war die Ökologie lange Zeit als Unterabteilung im Innenministerium angesiedelt (oder war es das Gesundheitsministerium?).

Und nicht nur in den Amtsstuben, sondern auch im gesellschaftlichen Bewusstsein hat sich die Ökologiebewegung mühsam durchsetzen müssen. Es ist noch nicht so lange her, dass wir Hohn und Spott über die »Umweltapostel« ausgegossen haben.

Erst seit den Arbeiten des »Club of Rome« haben durchgreifende Ansätze zum Umweltschutz überhaupt eine Chance auf Wahrnehmung in der Gesellschaft und auf Durchsetzung in der

Politik gehabt. Und auch das gilt längst nicht für alle Länder der Erde, wie wir wissen. Mit diesem Durchbruch hat sich dann auch die Profession des »Ökologikers« entwickelt.

Wie ist das zu erklären? Umweltbelastungen erheblichen Ausmaßes hatte es doch längst gegeben.

Sicco Mansholt, der legendäre Vizepräsident der Brüsseler Kommission, hat mir das einmal in einer Weise erklärt, die viel weniger zynisch ist, als sie klingt:»Gestank und Schmutz werden erst dann wirklich wahrgenommen, wenn sich die Reichen, die Politiker und die Journalisten belästigt fühlen.« Diese leider zutreffende Beobachtung sagt einiges darüber aus, wie sich in unseren Gesellschaften Problembewusstsein entwickelt.

Heute genießen Umweltexperten weltweit ein hohes Ansehen, wozu die geschickte Verknüpfung wichtiger Erkenntnisse mit missionarischem Eifer und unduldsamer Vorgehensweise erheblich beigetragen hat. Diese Unduldsamkeit ist umso erstaunlicher, als die Ökologiker bis vor kurzem genau die gleiche Unduldsamkeit bei ihren Gegnern beklagt haben – nicht immer zu Unrecht. Intoleranz aber ist ein schlechter Ratgeber, in welcher Richtung auch immer.

Über Prognosen und Prophetien

Ein in Studentenkreisen beliebter Spruch lautet: »Prognosen sind schwierig, insbesondere wenn sie sich mit der Zukunft befassen.« Deshalb sind wir in meiner Kölner Studentenzeit schon im ersten Jahr auf der Universität vor folgenden Prognosefehlern gewarnt worden:

• Vermeide den »Hockeyschlägereffekt«! Er besteht darin, Beobachtungen, die man über einen kürzeren Zeitraum gemacht hat, einfach in die Zukunft zu verlängern. Die Bäume aber wachsen nicht in den Himmel!

- Vermeide Prognosen, die auf monokausalen Grundlagen beruhen! Physikalische, biologische, genetische, aber auch gesellschaftliche Zusammenhänge sind zu vielschichtig, als dass sie sich von einem einzigen Punkt her erklären ließen. Wer das tut, ersetzt Prognose durch Prophetie.
- Stelle Gegenreaktionen in Rechnung! Insbesondere bei Veränderungen im »natürlichen Gleichgewicht« können wir davon ausgehen, dass die Natur selbst, aber auch die Menschen auf solche Veränderungen reagieren und sie sich nicht ungebremst entfalten werden.

Gegen diese drei Grundregeln jeder vernünftigen Prognose haben Ökologiker immer wieder verstoßen, seit es diesen Stand gibt. Und sie tun es heute noch. Das hat erstaunliche Irrtümer produziert, die man Ökonomen, Medizinern, Ingenieuren oder Juristen niemals durchgehen lassen würde.

Berühmte Beispiele für falsche Prognosen

1798 bereits hat sich Robert Malthus in einem damals viel beachteten Traktat über eine unmittelbar bevorstehende Bevölkerungskatastrophe in England ausgelassen. Da die Bevölkerung in geometrischer Progression wachse, die Versorgung mit Nahrungsmitteln aber nur in arithmetischer Progression, sei ein rascher Hungertod unvermeidlich. Nun, England hat sowohl Malthus als auch seine Prognosen überlebt.

Dennoch feiern Neo-Malthusianer, darunter sehr berühmte Zeitgenossen, zu denen ab und an auch mein Lehrer und Mentor Helmut Schmidt zählt, immer wieder fröhliche Urstände. Was sie nicht sehen oder sehen wollen, ist, dass eine zeitweilige und regionale Knappheit an Nahrungsmitteln keine biologische Ursache hat. Unsere Erde kann einigermaßen problemlos über zehn Milliarden Menschen ernähren. Mit mehr Menschen rechnet mittlerweile auch die UNO nicht – nicht einmal auf längere Sicht.

In aller Regel hat menschliche Unvernunft, wie etwa der Zusammenbruch der Nahrungsmitteldistribution, die Katastrophen ausgelöst. Das aber ist ein logistisches oder ein moralisches, nicht ein ökologisches Problem!

Zu Beginn des 20. Jahrhunderts hat das Bureau of Mines in Washington berechnet, dass die Erdölvorräte der USA noch für zehn Jahre reichen werden. Nach vierzig Jahren und einer unerhörten Explosion des Erdölverbrauchs wurde dann geschätzt, dass sie noch 13 Jahre reichen. Neuerdings hält man sich mit derartigen Prognosen zurück, und das ist auch gut so.

Im Jahre 1972 hat der bereits erwähnte Club of Rome sein weltberühmtes Buch *Limits to Growth* (*Die Grenzen des Wachstums*) veröffentlicht. Wenige Bücher der letzten 100 Jahre haben einen vergleichbar großen Einfluss auf das Denken ganzer Generationen gehabt. Damals ist Umweltschutz als wirkliches Problem von vielen überhaupt erst erkannt worden. Damals wurde die Zunft der Ökologiker hoffähig.

Nur die Prognosen, auf die sich die These von den Grenzen des Wachstums stützt, haben sich samt und sonders als wenig haltbar erwiesen.

Der Club of Rome hatte seinerzeit die Welterdölvorräte auf rund 800 Millionen Tonnen geschätzt (was zur Freude der Ölscheichs die Preise ruckartig in die Höhe trieb und die erste Erdölkrise 1973/74 ausgelöst hat). Seither sind etwa 1500 Millionen Tonnen verbraucht worden. Die verbleibenden Vorräte werden auf weit mehr als die gleiche Menge geschätzt. Und die realen Rohölpreise sind heute niedriger als damals.

Auch für Erdgas, Silber, Zinn, Uran und andere Rohstoffe

wurden falsche Prognosen abgegeben. Die Vorräte sollten rasch schwinden, die Preise rasant steigen. Bekanntlich ist genau das Gegenteil der Fall.

Das alles hat übrigens den Club of Rome nicht davon abgehalten, in einem neuen Buch mit dem attraktiven Titel *Beyond the Limits* (deutsche Ausgabe: *Die neuen Grenzen des Wachstums*) erneut ein Katastrophenszenario zu wagen. Dies ist ein hübsches Beispiel dafür, wie sich eine Zunft, hier die der Ökologiker, verselbständigen kann. Es lässt sich halt auf nichts so sicher setzen wie auf das kurze Gedächtnis des Lesers.

Als das Thema »Endlichkeit der Ressourcen« nicht mehr für die notwendige Aufmerksamkeit in der öffentlichen Meinung sorgte, wurde das Schlachtfeld kurzerhand gewechselt: Die Kontaminierung, Verschmutzung, Vergiftung der Umwelt trat jetzt in den Vordergrund.

Was ist nicht alles über die Verunreinigung der Gewässer geschrieben, geschimpft und gemutmaßt worden. Die Ausgangslage vor wenigen Jahrzehnten war tatsächlich Besorgnis erregend. Der Mensch und in diesem Fall auch die Politik aber haben längst reagiert.

Die erzielten Erfolge sind frappierend, wie man nicht nur an Bodensee, Rhein und vielen Mittelmeerständen feststellen kann. Und was dem Rhein Lachse und Aale sind, das sind der Elbe die Quappen, die nach nahezu vierzig Jahren in den Fluss zurückgekehrt sind, wie eine Hamburger Tageszeitung im Dezember 1998 gemeldet hat. Optimisten rechnen mittlerweile damit, dass die Fischerei in deutschen Flüssen bald wieder rentabel betrieben werden könnte.

Aber auch bei anderen Phänomenen der Kontaminierung ist Vorsicht geboten. Es hat viele düstere Prognosen über das Vordringen Krebs erregender Stoffe gegeben. Es gibt sie auch heute noch. Immer feinere Mess- und Analysemethoden sowie eine zunehmende Spezialisierung in der Krebsforschung sind an sich positiv. Negativ aber ist es, wenn aus Hypothesen, mit denen ernsthafte Forscher immer zurückhaltend umgehen, Schlagstöcke für die Indoktrinierung einer ungebildeten oder – schlimmer noch – halbgebildeten Kundschaft gemacht werden.

Das *Lexikon der Öko-Irrtümer* von Dirk Maxeiner und Michael Miersch bringt mit nüchternen Daten Ruhe in die aufgeregte Diskussion. Diesem Buch ist zu entnehmen, dass die Zahl der an Krebs sterbenden Menschen seit 1950 um 15 Prozent zurückgegangen ist, wenn man den Lungenkrebs einmal außer Acht lässt. Und letzterer hat Ursachen, auf die jede Zigarettenpackung unmissverständlich hinweist.

Die berühmt-berüchtigte »Klimakatastrophe«

Ob es sich um El Niño, um Lawinenwinter, um Überschwemmungen oder um »Versteppung« handelt – stets werden angeblich durchgreifende Veränderungen im Weltklima als Ursache bemüht, die wiederum etwas voreilig auf den menschlichen Eingriff in das »natürliche Gleichgewicht« zurückgeführt werden. Nur Sonnenflecken, Erdbeben und Vulkanausbrüche sind von dieser Argumentation ausgenommen – vorläufig jedenfalls.

Nun kann nicht bestritten werden, dass teilweise rüde Eingriffe des Menschen in die Landschaft die Auswirkungen von Naturkatastrophen dramatisch verschärfen können. Die eigentliche Frage aber ist, ob die Summe dieser Eingriffe zu spürbaren Veränderungen des Weltklimas führt. Das ist ja eine der Kernthesen der Ökologikerzunft. Ihr sind Dirk Maxeiner und Michael Miersch im *Lexikon der Öko-Irrtümer* nachgegangen.

Die Autoren weisen zunächst darauf hin, dass man »Wetter« nicht mit »Klima« verwechseln darf. Von Letzterem wird man wohl nur dann sprechen dürfen, wenn Entwicklungen über Jahrzehnte oder gar Jahrhunderte hinweg konstant sind.

Vor diesem Hintergrund enthält das Buch eine interessante Tabelle, nämlich die Entwicklung der Jahresmitteltemperaturen, die die Wetterstation in Berlin-Dahlem seit 1701 feststellt. Nach dieser Tabelle schwankt die Jahresmitteltemperatur regelmäßig um die 9 Grad Celsius. Erwärmungsphasen, wie wir sie seit dem Ende der Siebzigerjahre erleben, hat es um 1750, 1790, 1820 und 1940 herum ebenso gegeben.

Hinzu kommt, dass sich das direkte Umfeld vieler Messstationen verändert hat, was die Messresultate unzuverlässig macht. Besiedlung rund um eine Wetterstation zum Beispiel erhöht die Temperatur in der Umgebung.

Dieser Faktor kann die Temperaturen um bis zu 50 Prozent zu hoch ausweisen, wie eine Studie aus Südafrika festhält.

Von einer generellen und vor allem von einer raschen Erwärmung der Erdoberfläche kann also nur mit großer Vorsicht gesprochen werden.

Und was ist von den folgenden Horrorszenarien zu halten? Gar nichts:

- »Die Polkappen schmelzen ab.« Diese Behauptung wird durch Fakten kaum gedeckt. Selbst wenn es zu einer leichten Erwärmung der Polargebiete käme, würde dies auf einige Zeit eher zum Gegenteil führen. Die Erwärmung würde zu höheren Niederschlägen führen, diese wiederum zu vermehrten Schneefällen!
- »Der Meeresspiegel steigt ungewöhnlich an.« Auch hier sind die Prognosen ständig zurückgenommen worden. War Anfang der Achtzigerjahre noch von einem Anstieg zwischen fünf und acht Metern die Rede, wird heute nur noch ein Wert von höchstens 50 Zentimetern für die nächsten Jahrzehnte angenommen. Und selbst dieser Wert ist nicht unumstritten.

Aber auch wenn es so wäre: Damit werden das Wachstum der Korallenriffe oder der niveauerhöhende Aufbau von Sedimenten in dem Delta großer Flüsse allemal fertig. Voraussichtlich werden also auch unsere Kindeskinder noch auf den Malediven Urlaub machen können.

- »Die Alpengletscher verschwinden.« Sicher, es gibt einen deutlichen Gletscherrückgang. Aber der ist früher viel stärker gewesen als gegenwärtig. »Ötzi«, die aus dem Gletschereis freigeschmolzene Mumie, ist an einem Ort gefunden worden, der zum Zeitpunkt seines Todes eisfrei war. Und es gibt viele andere Beispiele hierfür.

- »Die Unwetter nehmen zu.« Nein, nicht die Unwetter nehmen zu – wohl aber die Berichterstattung darüber! So hat sich die Zahl der beobachteten Wirbelstürme über dem Atlantik im langjährigen Durchschnitt seit etwa 1880 überhaupt nicht verändert. Es ist die dichtere Besiedelung von Alpentälern und Küstenstreifen, es ist das Phänomen des ganzjährigen Massentourismus, die uns Unwetter aufmerksamer beobachten lassen als früher.

- »Der Mensch produziert den Treibhauseffekt.« Dieser Zusammenhang scheint so zwingend zu sein, dass er bereits Eingang in die Gesetzgebung und in die Schulbücher gefunden hat. In Wirklichkeit sind die Zusammenhänge auch hier wesentlich komplizierter. Vielfache natürliche Einflüsse (Sonnenflecken, Vulkantätigkeit, wechselnde Meeresströmungen) wirken in einem noch nicht ausreichend erforschten komplizierten Geflecht mit menschengemachten Faktoren (Stadtklima, Smog-Effekte, Treibhausgase, Ozonabbau) zusammen. Der Treibhauseffekt lässt sich keinesfalls wegleugnen. Einfache Erklärungsmuster versagen aber ebenso wie einfache Handlungsrezepte.

Schockeffekt statt Erkenntnis, Kampagne statt Aufklärung

Wer die Umweltdebatte über einen längeren Zeitraum verfolgt, entdeckt für die wesentlichen Probleme und ihre Behandlung ein verblüffend identisches Ablaufmuster. Im Folgenden soll ein derartiges Ablaufmuster am Beispiel des »sauren Regens« dargestellt werden – natürlich ein wenig schematisiert und zugespitzt, um das Problem deutlich zu machen.

- *Jahr 1: Das Jahr des Wissenschaftlers.* Biologen, Ökologen und Chemiker beobachten und analysieren das Phänomen des »sauren Regens« einschließlich schädlicher Auswirkungen auf die Wachstums- und Lebensbedingungen von Bäumen. Sie veröffentlichen ihre Forschungsergebnisse in der wissenschaftlichen Literatur.
- *Jahr 2: Das Jahr des Journalisten.* Journalisten stoßen beim Stöbern durch wissenschaftliche Veröffentlichungen auf das Thema. Sie erkennen nicht nur seine objektive Bedeutung, sondern auch seine Schlagzeilenträchtigkeit. Zugkräftige Begriffe wie »Saurer Regen« oder »Waldsterben« werden gefunden. Über Fachpresse, Tageszeitung, Zeitschrift und schließlich Fernsehen wird die doppelte Spirale von Vereinfachung und Popularisierung in Gang gesetzt. Dies geschieht zum Erschrecken manch eines Wissenschaftlers, der machtlos zusehen muss, wie ihm »sein« Thema aus der Hand genommen wird und die Dinge ihren Lauf nehmen.
- *Jahr 3: Das Jahr des Ökologikers.* Nicht nur beim »Sauren Regen«, sondern auch bei anderen Umweltthemen sind die wesentlichen Problemstellungen nicht von der Ökologiebewegung entwickelt worden. Wissenschaftler und Journalisten sind häufig vorangegangen. Jetzt aber ist der Zug einstiegs- und abfahrbereit; die Fahne kann entrollt, Schlacht-

geschrei angestimmt und der Zweifler im Namen einer »Höheren Weisheit« attackiert werden.

- *Jahr 4: Das Jahr des Bürokraten.* Nunmehr wird eine internationale Tagung zum Thema »Das/The/Le Waldsterben« einberufen. Zwei Zünfte verzahnen sich auf das Glücklichste: die der Bürokraten und die der Ökologiker (inklusive einer schönen Reise und einer interessierten Öffentlichkeit auf den Rängen). Nun wird um Emissions- oder Immissionsrichtwerte gerungen. Das lässt sich meistens nur über eine ganze Serie von Konferenzen hinbekommen, was wiederum eine hübsche Sonderform des Öko-Konferenz-Tourismus produziert. Wohl wahr: Wer von internationaler Konferenz zu internationaler Konferenz reist (interessante Abstecher und »Studienreisen« eingeschlossen), der wird höchstens alle fünf Jahre noch nach Mallorca in den Urlaub fahren wollen.

- *Jahr 5: Das Jahr des »Schurken«.* Ökologiker-Tragödien kommen ohne Schurken nicht aus. Das Repertoire auf dieser Bühne ist zwar begrenzt, wird aber immer wieder gerne hervorgekramt: die »ausbeuterische Wirtschaftsweise« des »reichen Nordens«, der Straßenverkehr, die Amerikaner und/oder die Russen, die Brasilianer und/oder die Chinesen. In jüngster Zeit sind noch die Globalisierung, Indonesien und der Flugverkehr hinzugekommen.

  Im heimischen Parlament wird spätestens jetzt ein »Waldschadensbericht« oder ein »Tag des Baumes« beschlossen. Es gilt der Grundsatz: Keine Problembewältigung ohne Ritual. Und die Ökologiker lassen sich nur allzu gern zu Priestern und Vestalinnen derartiger Rituale machen.

- *Jahr 6: Das Jahr des Skeptikers.* Etwa zum gleichen Zeitpunkt erheben sich warnende und skeptische Stimmen: Sind unsere Erkenntnisse zum Waldsterben eigentlich gesichert? Werden die Schlussfolgerungen nicht vielleicht doch dramatisiert? Müssten nicht einige Arbeitshypothesen überprüft werden? Derartige Verstöße gegen die »political correctness« treiben die selbst ernannten »Hüter der Wahrheit« zu Zornesausbrüchen. Der Lehrstuhl wird zur Kanzel, das Argument zum Bannstrahl. Die Skeptiker verstummen achselzuckend.

- *Jahr 7 und folgende: Die Jahre des Vergessens.* Es wird still um den Wald und sein vorgebliches Sterben. Frühere Prognosen werden klammheimlich verändert. So hatte die UNO 1986 noch behauptet, ein Viertel aller Bäume in Europa sei tödlich bedroht. 1998 aber hat es bei uns mehr Waldbestand gegeben als irgendwann sonst in den letzten 150 Jahren.

Die Karawane der Ökologiker mitsamt ihrem Gefolge aus Journalisten, Fotografen, Politikern, Bürokraten und blinden Anhängern ist längst zum nächsten Umweltthema weitergezogen – dorthin, wo Aufmerksamkeit, Schlagzeilen, Talk-Shows und Forschungsaufträge winken. Wer diesen Zug verpasst, ist arm dran. Das hat vor einigen Jahren Walter Homolka, seines Zeichens Geschäftsführer von Greenpeace Deutschland, erleben müssen. Als er seiner Klientel nicht mehr genügend Echo in der Öffentlichkeit verschaffte, wurde er gekündigt. Selten hat sich eine Lobby derart demaskiert, sind Ursache und Wirkung derart gründlich verwechselt worden.

»Je mehr die Wissenschaftler die Zusammenhänge entschlüsseln, umso unschlüssiger werden sie. Doch da die Politik für ihre Forschungsmillionen klare Aussagen erwartet, wird das Dilemma mit doppelbödiger Rhetorik umschifft. Auf Pressekonferenzen tut man so, als sei die Faktenlage klar, und dann werden die Aussagen ... in Fachaufsätzen still und leise relativiert. Schließlich hat man einen Ruf zu verlieren.«

Besser als das *Lexikon der Öko-Irrtümer* kann man Glanz und Elend der Ökologikerzunft kaum beschreiben.

Aber zurück zum »sauren Regen«. Mit den wirklichen Problemen des Waldes lässt man die Förster allein. Schließlich werden die dafür bezahlt – oder?

Der Fall Krümmel
oder: Wie Ökologiker sich verrennen können

Krümmel ist ein kleiner Flecken, wunderhübsch in der weiten Elbniederung gelegen, dort, wo sich der Fluss auf Hamburg zu bewegt. In dieser dünn besiedelten Gegend ist vor einigen Jahrzehnten ein Kernkraftwerk errichtet worden, das eine Leistung von 1260 Megawatt erzeugen kann, wenn es nicht wegen eines Störfalls oder einer der vielen Umweltprüfungen abgeschaltet ist. Rund 400 Menschen finden dort Arbeit und Brot. Krümmel und sein Kernkraftwerk sind seit langem Lieblingskinder der Ökologiker aus dem Dreieck Kiel–Bremen–Hamburg.

Katastrophenszenarien hat es hier immer wieder gegeben. Sie gipfelten in der Frage: Hält der Druckbehälter die Wucht eines abstürzenden Großraumflugzeuges aus? Wer auf die Angst der Menschen setzt, findet auch für die abwegigsten Hypothesen willig Gehör. Deshalb sind in den letzten Jahrzehnten die Sicherheitsstandards für Krümmel und die anderen deutschen Kernkraftwerke radikal in die Höhe getrieben worden. Man wird ohne Übertreibung sagen können, dass sie heute Weltspitze darstellen.

Besonders Frau Professor Dr. Inge Schmitz-Feuerhake, eine Bremer Physikerin, hat an Krümmel einen Narren gefressen. Seit mehreren Jahren versucht sie, durch ihre Studien den Betrieb dieses Kernkraftwerkes als extrem umweltschädlich und gesundheitsgefährdend hinzustellen.

Im November 1998 hat sie ihre (bislang) letzte »wissenschaftliche Expertise« vorgelegt. Ihre Behauptung: Spuren des Pluto-

135

nium-Spaltstoffes Americium 241, die sie in der Umgebung entdeckt hatte, sind auf das Kernkraftwerk zurückzuführen. Americium 241 ist ein schlimmer Krebserreger.

Einige Lokaljournalisten fallen auf diesen »sensationellen« Fund herein. Die Fachwelt aber reagiert Gott sei Dank rasch und hart. Dr. Gerald Kirchner von der Landesmessstelle der Universität Bremen: »Das Kernkraftwerk Krümmel scheidet als Verursacher mit Sicherheit aus.« Bei dem entdeckten Americium 241 handelt es sich wohl um Tschernobyl-Rückstände oder um den Fallout lange zurückliegender Kernwaffentests. Man findet diesen Stoff eben nicht nur in Krümmel, sondern überall im Norden.

Manfred Timm, Vorstandsvorsitzender der Hamburger Elektrizitätswerke, die Krümmel betreiben: »Leukämie wird mit Sicherheit nicht durch Krümmel verursacht. Das interne Emissions-Überwachungssystem, die ständige Kontrolle durch die Landesregierung von Schleswig-Holstein sowie alle Untersuchungsergebnisse des Öko-Instituts Darmstadt lassen keine andere Schlussfolgerung zu.«

Und der Hamburger Umweltsenator Porschke von den Grünen befindet lakonisch: »Der schwere Vorwurf hat sich nicht bestätigt.«

Daraufhin lädt das Kieler Energieministerium die Ökologikerin am 21. November 1998 zu einem klärenden Gespräch ein. Frau Schmitz-Feuerhake erscheint nicht.

Dann verliert sich die Spur dieser Affäre im medialen Desinteresse.

Insgesamt scheinen sich die Ökologiker beim Thema »Ausstieg aus der Kernenergie« ziemlich verrannt zu haben. Man erinnert sich noch an die Kurven, die Umweltminister Jürgen Trittin zu Beginn der Legislaturperiode gezogen hat. Wenig später hat dann Jürgen Loske, der Umweltsprecher der Grünen, in einem Interview mit der *Zeit* eingeräumt, dass noch auf fünfzehn Jahre hinaus Atomstrom in Deutschland produziert werden wird. (Mittlerweile sind daraus dreißig Jahre und mehr geworden.) Dann aber wird auch bei ihm eine grundlegende Schwäche ökologistischer Argumentation deutlich: Die Konsequenzen der eigenen Haltung sind nicht ausreichend durchdacht.

Langfristig soll die Sonnen- an die Stelle der Kernenergie treten. Ob das überhaupt geht und mit welchen Nebenwirkungen, ist bisher nirgendwo schlüssig nachgewiesen worden. Aber selbst Loske sagt, dass es bis dahin wohl fünfzig Jahre dauern werde. In der Zwischenzeit soll erhöhte Energieeffizienz das Problem lösen. Wer's glaubt ...

Zielkonflikte zwischen Ausstieg aus der Kernenergie einerseits und Klimaschutz andererseits räumen mittlerweile all jene Ökologiker ein, die nicht reine Traumtänzer sind. Ob dieser Konflikt über erneuerbare Energien, professionelle Energiechecks oder Expertenrat beim Energiesparen gelöst werden kann, ist wohl mehr als zweifelhaft.

Die »Ökosteuer« – eher eine Nullnummer

Ökologiker aus allen Parteien sind sich in den Grundsätzen einig:

- Der Verbrauch natürlicher Energieressourcen ist zu hoch. Er muss auf die Grenzen eines durchhaltbaren, langfristigen Gleichgewichts zurückgeführt werden.
- Dieses Ziel soll möglichst über »marktkonforme Mittel«, das heißt über höhere Energiepreise, erreicht werden.
- Im Gegenzug sollen die Nebenkosten des Faktors Arbeit gesenkt oder zumindest stabilisiert werden. Dies ist gut für Beschäftigung und internationale Wettbewerbsfähigkeit.

In der Theorie klingt das auf den ersten Blick ganz einleuchtend. Leider ist es nicht nur extrem unpraktisch, sondern schon vom gedanklichen Ansatz her unsauber. Darauf hatten Hans Apel und ich bereits in den Siebzigerjahren hingewiesen. Aber bekanntlich gilt der Prophet im eigenen Lande wenig.

Ordnungspolitisch grenzt es schon an Etikettenschwindel, wenn man eine höhere Besteuerung von Energie als »marktkonform« bezeichnet. Die Besteuerung verfälscht ja gerade den Marktmechanismus! Wie stark dies bereits der Fall ist, kann man an den Zapfsäulen der nächsten Tankstelle ablesen.

Wirtschaftspolitisch ist die Kombination aus Ökosteuer und Entlastung beim Faktor Arbeit wirkungslos. Sie wird weder Rückwirkungen auf den Energieverbrauch noch auf die Personalpolitik der Unternehmen haben. Dort, wo der Lohnkostenanteil hoch ist, kann sich die Wettbewerbsfähigkeit marginal verbessern. Sie verschlechtert sich aber dort, wo die Energiekosten von einiger Bedeutung sind. Wie die Rechnung unter dem Strich aussieht, weiß niemand.

Am auffälligsten aber ist der zwangsläufige Widerspruch zwischen ökologischer und fiskalischer Zielsetzung. Wenn die Ökosteuer den Energieverbrauch wirklich vehement abbremsen würde, wäre das Steueraufkommen entsprechend gering. Somit könnte der Faktor Arbeit nicht wirksam entlastet werden. Will man aber Geld in die Staatskasse bringen, darf die Ökosteuer den Energieverbrauch gar nicht wesentlich verringern! Also bleibt nur eine Zusatzbelastung in kleinen Schrittchen nach der Devise: »Wasch mir den Pelz, aber mach mich nicht nass.« Aus den widersprüchlichen Zielsetzungen von Ökologikern, Ökonomen und Haushältern, die nicht ausreichend gegeneinander abgewogen worden sind, ist eine Sackgasse entstanden.

Warum wir gegenüber den Ökologikern misstrauisch bleiben müssen

Die Ökonomen kennen den Spruch: »In the long run we are all dead.« – »Auf lange Sicht sind wir alle tot.« Die Ökologen haben diese einfache Erkenntnis in ein finales Schreckensszenario verwandelt.

Logisch betrachtet ist unsere Erde ein endliches System. Das bedeutet, dass irgendwann die natürlichen Ressourcen schwinden und das Überleben des Menschen nicht mehr gesichert erscheint. Der einfache Ausweg, den das berühmte Computerspiel *Civilization II* mit einer Expedition auf den Stern Alpha Centauri anbietet, ist eher unwahrscheinlich.

Nun liegt dieser angenommene Endpunkt der Menschheitsentwicklung in einer unbestimmten, ungemein fernen Zukunft. Wer den heutigen Erdenbewohnern die Verantwortung für eine Welt in vielen, vielen Jahrtausenden aufbürdet, argumentiert in der Konsequenz verantwortungslos. Denn er verstellt den Blick auf das heute Mögliche und ersetzt die ständige Suche nach praktischen Lösungen durch undifferenzierte Zukunftsangst. Darüber darf man sich auch nicht mit dem schönen Spruch hinwegtäuschen, dass wir die Erde nur von unseren Kindern geborgt haben.

Wer auf Angst setzt, macht sich als Helfer unbrauchbar. Das Gefährliche an der ökologistischen Argumentation ist, dass sie mit einfachen Tricks fast unangreifbar gemacht wird. Das sichert die Privilegien und hält das Machtkartell zusammen.

- *Trick 1:* Die These von der finalen Katastrophe wird durch praktische Gegenbeweise nicht ausgehebelt. Findet sich für ein Problem eine Lösung, wird flugs das nächste Problem nachgeschoben.
- *Trick 2:* Auf die gleiche Weise sichert man sich gegen Prog-

noseirrtümer ab. Was, eine Prognose war falsch? Nein, nur der Zeithorizont muss ein wenig verschoben werden. Eine solche Vorgehensweise würde man anderen Zünften niemals durchgehen lassen. Aber die arbeiten auch nicht mit Endzeitperspektiven (die Theologen einmal ausgenommen).

- *Trick 3:* Die Angst will den Erlöser, den Wunderheiler, den Schamanen. Sie will nicht den Lehrer oder den kritischen Aufklärer. Insofern ist Ökologismus anti-aufklärerisch. Der Erlöser wird nicht kritisiert; ihm wird gefolgt. Matthias Horx stellt dazu treffend fest: »Der Ökologismus hat gute Chancen, zur Zentralreligion der Jahrtausendwende zu werden. Er bietet schon heute alle spirituellen Hilfsmittel erfolgreicher Glaubenssysteme: Rituale (vom Fastenwandern bis zur Castor-Blockade), egalitäres Pathos (alles ist eine ›Menschheitsfrage‹), Endzeitgruseln und das Gefühl, einer verkannten Elite der Rechtgläubigen anzugehören.«

So sind auf dem wichtigen Feld des Umweltschutzes die Feuerwehrleute unversehens zu Brandstiftern geworden.

Im Vergleich zu anderen Spezialisten hat sich diese Entwicklung bei der Ökologikerzunft verblüffend rasch vollzogen. Die Attraktivität des Themas für die Medien, eine hohe Übereinstimmung mit dem »Zeitgeist« und verbreitete Pseudowissenschaftlichkeit haben dazu beigetragen. Noch wichtiger aber scheint die Tatsche zu sein, dass die Angst vor dem Weltuntergang stärker wirkt als die vor Krankheit oder Übervorteilung. Das Geschäft mit dieser Angst ist recht lohnend geworden. Uns allen aber ist damit nicht gedient.

Das Engagement der Ökologiker wie auch das anderer Bewegungen wird neuerdings gern unter dem Begriff »Zivilgesellschaft« zusammengefasst. Das ist ein typischer Euphemismus, Schönfärberei also. Haben wir denn bisher in einer Militärgesellschaft gelebt?

In Wirklichkeit ist »Zivilgesellschaft« nur eine schwache Übersetzung des aus dem Amerikanischen stammenden Begriffs der »civil society«. Als »civil« mögen sich diejenigen vorkommen, die seit einiger Zeit internationale Konferenzen systematisch nicht nur mit lautstarken Demonstrationen, sondern auch mit Steinwürfen, Barrikaden und dem Plündern von Geschäften bereichern. »Civilized«, zivilisiert also, sind sie ganz sicher nicht (worauf es wirklichen Aktivisten allerdings auch noch nie angekommen ist).

Wir sollten all das mit gelassener Aufmerksamkeit verfolgen. Aus so manchem Denkmalstürmer ist später ein Spießbürger geworden, aus so mancher Protestbewegung ein Machtkartell.

Das lehren uns nicht zuletzt die Ökologiker!

Kapitel 7

Vorsicht – Sozialmafia!

Als meine Mutter 60 wurde, hat sie vom Sozialamt unserer Heimatgemeinde einen freundlichen Brief erhalten. Darin waren all diejenigen Leistungen aufgeführt, die sie von nun an gratis in Anspruch nehmen konnte. Die Auflistung war lang und beeindruckend. Meine Mutter aber war zunächst einmal erschrocken.

Nie werde ich ihre erstaunte Frage vergessen: »Darf ich das denn alles wirklich ausnutzen? Das ist doch unanständig!«

Als ich 60 wurde, habe ich einen derartigen Brief nicht erhalten. Aber immerhin wurde ich darüber unterrichtet, dass meine Bahncard künftig nur noch die Hälfte kosten werde. Seitdem fallen mir Hinweise ins Auge, die mir verbilligte Eintritts- oder Fahrkarten in Aussicht stellen. Ich nutze dieses Angebot nicht und werde es auch nicht tun.

Eines aber habe ich gelernt: Auch wir, die wir zeit unseres Lebens auf Selbsthilfe gesetzt haben, können der allumfassenden und »liebevollen« Umarmung des Wohlfahrtsstaates kaum entgehen. Und deshalb ist die Überschrift dieses Kapitels, die ich dem *Spiegel* entlehnt habe, vielleicht gar nicht einmal so kühn.

Wie ist es dazu gekommen?

Fürsorge als Gegenstück zum Vorrecht

Als die Formen menschlichen Zusammenlebens differenzierter wurden, ist es nicht nur zur bereits beschriebenen »Aus-Zeichnung« mit Privilegien und Vorrechten gekommen. Es gab immer auch Gruppenmitglieder, die aus den verschiedensten Gründen daran gehindert waren, ihr Schicksal aus eigener Kraft zu meistern – Alte, Kranke, Krüppel, Behinderte. Sie mussten »durchgeschleppt« werden, was zuweilen durchaus wörtlich zu verstehen war.

Es gehört zu den ganz großen Leistungen der Menschen, dass dieses Problem nicht durch »Aussondern« oder Eliminierung angepackt wurde (obwohl auch diese fürchterlichen Mittel immer wieder eingesetzt worden sind). Wir haben vielmehr versucht, dieser »Differenzierung nach unten« mit dem Prinzip der Fürsorge beizukommen. Wir haben gelernt, die Schwachen nicht zurückzulassen, sondern ihnen beizustehen. Um überleben und sich entwickeln zu können, haben Gruppen und später ganze Gesellschaften immer beides gebraucht: Sie brauchten den Spezialisten, der mit Vorrechten ausgestattet werden musste. Sie brauchten aber auch Vorkehrungen gegen den inneren Zerfall. Und dazu gehörte es, für die Schwächeren zu sorgen, also den Grundsatz der Fürsorge zu entwickeln und durchzusetzen.

Dieses grundlegende Prinzip ist, wie alle anderen Prinzipien des menschlichen Zusammenlebens auch, mythisch und religiös überhöht worden. Wir erinnern uns, wie Äneas seinen alten Vater Anchises aus dem brennenden Troja getragen hat. Wir erinnern uns an die Geschichte vom barmherzigen Samariter oder an die heilige Elisabeth von Thüringen. Seine tiefste Ausprägung hat es im christlichen Postulat der Nächstenliebe gefunden, das sehr viel umfassender ist als »Fürsorge«.

Einer trage des anderen Last

Dass einer des anderen Last trage, kann man wörtlich verstehen: Simon von Cyrene trägt Jesu Kreuz ein Stück weit, um ihn zu entlasten. Auf einigen Bildern Pieter Breughels werden Behinderte gezeigt, die sich gegenseitig stützen und tragen. Und auch bei der häuslichen Krankenpflege kommt es zu ähnlicher Hilfe.

Diese Beispiele zeigen: Der Grundsatz der personalen Fürsorge hat eine tiefe und mächtige Wurzel – das Mitleid. Mitleiden zu können scheint eine der wesentlichen Fähigkeiten des Menschen zu sein. Im unmittelbarsten menschlichen Verbund, der Familie, hat sich diese Fähigkeit am stärksten herausgebildet.

Die aus Mitleid erwachsende Fürsorge hat allerdings über lange Strecken der Menschheitsgeschichte unterstellt, dass deren Gegenstand, nämlich die Schwäche des Anderen, entweder persönlich verschuldet, gottgewollt oder schicksalhaft war. Der Begriff der »Gerechtigkeit«, auch der sozialen Gerechtigkeit, hat damit nichts zu tun! Es geht nicht um Gerechtigkeit, sondern um Barmherzigkeit.

Und nicht ohne Grund lässt Jesus in der Bergpredigt seine beeindruckenden Thesen mit den Worten »Selig sind, die ...« und nicht »Gerecht ist, was ...« beginnen.

Es sollte noch lange dauern, bis die innere Verfassung der Gesellschaft selbst als Ursache für individuelle Schwächen ausgemacht wurde. Erst da ist der vieldeutige Begriff »soziale Gerechtigkeit« ins Spiel gekommen. Bis dahin sind aber mehrere Zwischenschritte gegangen worden.

Barmherzigkeit wird organisiert

Ganz in der Nähe meines Büros in Hamburg befindet sich das imposante Gebäude der Oberfinanzdirektion. Hier hat über Jahrhunderte hinweg das »Spital zum Heiligen Geist« gestanden. Wenn man eine alte Karte der Hansestadt betrachtet, stellt man fest, dass dieses Spital ganz in der Nähe der Stadtmauer und eines Tores erbaut worden war. Es hat im wahrsten Sinne des Wortes »in der Ecke gestanden«.

Nicht weit von Hamburg entfernt, in Lübeck, hat sich ein derartiges »Spital zum Heiligen Geist« noch erhalten. Auch dieser Gebäudekomplex steht ganz am Rande der alten Stadt, dort, wo die Straße nach Wismar abgeht.

So ist es mit fast allen alten Spitälern gewesen, ob in London, San Gimignano oder Wien. Das menschliche Elend im hohen Mittelalter hatte ein so entsetzliches Ausmaß angenommen, dass die direkte persönliche Fürsorge vorne und hinten nicht mehr reichte. In den Wirren der Kriege und Seuchen war auch der schützende Zusammenhalt der Familie oft verloren gegangen.

Die zwangsläufige Konsequenz: Barmherzigkeit musste organisiert werden. Dafür kamen in aller Regel nur christliche Orden oder Bruderschaften in Frage. Sie sind die frühesten Formen sozialpolitischer Organisationen gewesen, die Verwaltung der hinterlassenen Vermögenswerte inbegriffen. Im Unterschied zu manchen modernen Formen organisierter Hilfe kann man bei ihnen allerdings nicht von Privilegien sprechen – ganz im Gegenteil.

Dass ihre Pflegeeinrichtungen »in die Ecke gestellt« wurden, hatte nicht nur mit dem verständlichen Schutz vor Ansteckungsgefahren zu tun. Man wollte sich die Pest oder andere Seuchen nicht nur biologisch, sondern auch psychologisch vom Halse halten. Und organisierte Barmherzigkeit fördert Anonymität. Mit den damit verbundenen Problemen sind wir bis heute nicht fertig geworden, auch in unserem perfekten Wohlfahrtsstaat nicht.

Unter dem Strich aber sind beeindruckende Zeugnisse der Nächstenliebe entstanden. Denken wir nur an die Bodelschwinghschen oder Franckeschen Anstalten, an die Diakonie, die vielfältigen Stifte, Beginenhöfe, Lehrlingsheime und Pilgerherbergen.

»Der Stärkere trage des Schwächeren Last«

Organisierte Barmherzigkeit beinhaltet immer auch das Opfer der Wohlhabenden für die Bedürftigen. Und, vielleicht noch wichtiger: Dadurch wird das Gefühl für den Zusammenhalt derjenigen geweckt, die sich in einer gleichen Lebenslage befinden. Mit der aufkommenden Industrialisierung seit Beginn des 19. Jahrhunderts hat sich das noch verstärkt. So hat sich aus dem Grundsatz der Barmherzigkeit allmählich das Prinzip der Solidarität entwickelt.

In der jüdischen Gemeinschaft der Diaspora oder in der Verfolgung der Entrechteten bildete sich die Bereitschaft, füreinander einzutreten, bereits früh heraus. Die christliche Tradition ist hier, abgesehen von der Urkirche, eher einen Umweg gegangen, nämlich über den Glauben an die erlösende Wirkung guter Taten und die aktive Vermittlerrolle der katholischen Kirche. Füreinander einstehen, das ist aber nichts anderes als Solidarität.

Mit diesem Prinzip treten nun zusätzliche Überlegungen neben das unmittelbare Motiv des Mitleids, aus dem der Grundsatz der Fürsorge gewachsen war. Diese Überlegungen haben mit der Einsicht in ein gemeinsames Schicksal zu tun, sei es die Gemeinde, das Volk, die Nation oder die Klasse.

Solidarität heißt im Kern, dass der Stärkere für den Schwächeren einzutreten habe. Dabei können »Stärke« und »Schwäche« durchaus relativ sein. Beispielsweise muss Solidarität nicht immer etwas mit Einkommenshöhe oder Vermögensumfang zu tun haben. Und Stärke kann ganz bewusst auch im Zusammenhalt der Schwachen gesucht werden. Begriffe wie »Genosse«, »Kamerad« oder »Kollege« erinnern an diese Wurzel der Solidarität, auch wenn sie heute eher gedankenlos verwendet werden.

Dieses Prinzip der Solidarität hat immer wieder bewunderungswürdige Leistungen hervorgebracht. Wo das Gefühl des unmittelbaren Zusammenhalts durch den Moloch des modernen Wohlfahrtsstaates noch nicht abgetötet worden ist, gibt es sie bis heute.

Solidarität in größerem Zusammenhang zu verwirklichen, das bedarf allerdings der Organisation. Und so sind die großen Institutionen der frühen Sozialbewegungen des 19. Jahrhunderts fast gleichzeitig mit ihrer Idee entstanden. Das gilt für das Kolpingwerk wie für die Diakonie, für die Raiffeisengenossenschaft wie für die Gewerkschaften, für das Zentrum ebenso wie für die Sozialdemokratie.

Sozialpsychologisch gesehen hatten all diese Zusammenschlüsse von Anfang an das Zeug dazu, zu Machtkartellen zu erstarren. Über eine lange Zeit ist das allerdings nicht geschehen. Zum einen waren kaum Privilegien zu vergeben, die zu sichern sich gelohnt haben würde. Zudem bildete die anfangs klare Ausrichtung an ethisch überzeugenden Grundsätzen ein Gegengewicht gegen die Beanspruchung irgendwelcher Vorrechte.

Solidarität als organisierte Selbsthilfe, das musste dem Obrigkeitsstaat des 19. Jahrhunderts ein Dorn im Auge sein. Denn der war nicht auf Solidarität, sondern auf Gehorsam aufgebaut. In mehreren Ländern ist diese unerwünschte Entwicklung deshalb mit staatlicher, zuweilen sogar mit militärischer Repression bekämpft worden. So auch im Deutschen Reich des Otto von Bismarck. Ihm waren Sozialdemokratie und Zentrum fast gleichermaßen zuwider, störten sie doch die »gottgewollte« Ordnung der Privilegierten und ihrer Organisationen.

Bismarck allerdings hat über die auch von ihm angewandte Repression in Form des »Kulturkampfes« und der »Sozialistengesetze« hinausgedacht. Er kam auf die aus seiner Sicht geniale Idee, die Peitsche der Unterdrückung mit dem Zuckerbrot des materiellen Ruhigstellens zu verbinden. Das Zauberwort hieß »Sozialversicherung«. Und damit waren, ohne dass dies damals irgendjemand ahnen konnte, die Keime des Wohlfahrtsstaats und der ihn tragenden Machtkartelle geboren.

Die Prinzipien der Fürsorge und der gemeinsamen Selbsthilfe wurden allmählich an den Rand gedrängt. Ins Zentrum rückte jetzt die staatlich verordnete Sozialleistung.

Sensation im Reichstag

Am 17. November 1881 kommt es im Reichstag zu einer Sensation. Reichskanzler Otto von Bismarck verliest eine »Kaiserliche Botschaft« (deren Inhalt und Text wohl weitestgehend von ihm stammen). Darin wird ein System gesetzlich geregelter Pflichtversicherungen angekündigt, deren Leistungen von Arbeitgebern, Arbeitern und Staat zu finanzieren seien.

Mit bemerkenswerter Offenheit nennt Bismarck die Motive, die ihn zu diesem revolutionären Schritt bewogen haben. Es geht ihm darum, »in der großen Masse der Besitzlosen die konservative Gesinnung zu erzeugen, welche das Gefühl der Pensionsberechtigung mit sich bringt« (!!).

Das ist sie, die Kombination aus Peitsche und Zuckerbrot! Bismarck, den angesichts der unerträglichen Ausbeutung weiter Bevölkerungskreise durchaus auch moralische Argumente geleitet haben können (allerdings wohl kaum in der Hauptsache), verfolgt mit der Sozialversicherung ein ganz und gar reaktionäres Gesamtkonzept. Das sollten die heutigen Apologeten und Lobpreisenden des damaligen Entwurfs ab und zu bedenken.

»Tout Berlin« ist entsetzt, die Junker, die Industriellen, die mächtigen Vertreter einer ständisch organisierten Gesellschaft, die auf die erst 1869 im Norddeutschen Bund erlassene Handwerksordnung mächtig stolz waren. Bismarck – ein verkappter Kommunist?

In den Salons, an den gehobenen Biertischen gärt es gewaltig. Als sie ihn darauf ansprechen, gibt der Reichskanzler eine Antwort, die Iring Fetscher dem Staub der Archive entrissen hat: »Der Staatssozialismus paukt sich durch. Jeder, der diesen Gedanken aufnimmt, wird durchkommen.« Das ist von lapidarer Kürze und hellseherischer Kraft.

Instinktiv und mit der nachtwandlerischen Sicherheit eines Menschen, der das wirkliche Leben als Herr über ein großes Landgut und eben nicht in den Studierstuben schwärmerischer Theoretiker kennen gelernt hatte, ist Bismarck auf einen wesentlichen Grundzug unserer Massengesellschaft gestoßen: Der Hang zur sozialen Sicherheit verdrängt bei der Mehrheit der Menschen in der Regel alle anderen gesellschaftlichen Regungen und Aspirationen.

Bismarck wendet diesen Grundzug der ständischen Ordnung konsequent auf die Industriegesellschaft an. Er tut es so erfolgreich, dass Wilhelm II. nur dreißig Jahre später den fürchterlichen Spruch wagen kann: »Ich kenne keine Parteien mehr, ich kenne nur noch Deutsche.«

Rosa Luxemburg und wenige andere haben sich dagegen aufgelehnt. Wo aber blieben all diejenigen, die sich so gerne auf Goethe, Kant und Marx beriefen?

Wer einmal den kleinen Finger reicht ...

Der Grundgedanke einer Massenversicherung auf gesetzlicher Grundlage, getragen von einem übermächtigen Sicherheitsbedürfnis, hat eine atemberaubende Wirkkraft entwickelt. Das belegt die folgende Zeitreihe:

- 1881: Grundlage der gesetzlichen Rentenversicherung.
- 1883: Gesetzliche Krankenversicherung.
- 1884: Gesetzliche Unfallversicherung; die »Wiege« der Berufsgenossenschaften.
- 1889: Gesetzliche Alters- und Invaliditätsversicherung. Der »Rentenfall« für Arbeiter trat mit Vollendung des 70. Lebensjahres ein, ein Alter, das die allermeisten Beitragzahler nicht erreichten.
- 1911: Rentenversicherung für Angestellte, die man damals sinnigerweise noch »Privatbeamte« nannte. Hier wird das Rentenalter auf 65 Jahre festgesetzt. Außerdem werden Hinterbliebenenrenten eingeführt.
- 1916: Das Rentenalter für Arbeiter wird auf 65 Jahre heruntergesetzt. Mitten im Ersten Weltkrieg musste das Zuckerbrot wohl etwas üppiger ausfallen ...
- 1927: Gesetzliche Arbeitslosenversicherung.

Mitte der Dreißigerjahre plant die »Nationalsozialistische Betriebszellenorganisation« eine einheitliche Staatsbürgerversorgung nach dem Fürsorgeprinzip. Nur wenig später, während des Zweiten Weltkriegs, schlägt die »Deutsche Arbeitsfront« ein steuerfinanziertes Altersversorgungssystem vor. Die heutigen Verfechter derartiger Ideen dürften sich dieser Vorbilder nicht bewusst sein.

Doch weiter im Text:

- 1938: Öffnung der Rentenversicherung für selbständige Handwerker.
- 1939: Gesetzliche Unfallversicherung für Landwirte.
- 1941: Rentner werden in die Krankenversicherung aufgenommen.

Nach dem Zweiten Weltkrieg erhält der Sozialstaat Verfassungsrang. Artikel 20 des Grundgesetzes legt fest: »Die Bundesrepublik Deutschland ist ein demokratischer und sozialer Bundesstaat.« Vom »Wohlfahrtsstaat« ist allerdings nicht die Rede!

Und es geht weiter:

- 1957: Dynamisierung der Altersrenten; Rentenversicherung für Landwirte.
- 1961: Bundessozialhilfegesetz.
- 1972: Einführung der flexiblen Altersgrenze; Rentenversicherung für alle Selbstständigen.
- 1994: Pflegeversicherung.

Diese Aufzählung ist weit davon entfernt, vollständig zu sein. Eines aber belegt sie nachdrücklich: Auf seinem langen und siegreichen Marsch hat sich der Wohlfahrtsstaat nicht ein einziges Mal umgeschaut. Zug um Zug sind seine Leistungen ausgedehnt worden.

Die Balance wird zu den Machtkartellen hin verschoben

So wenig der Wohlfahrtsstaat aus dem Leben der modernen Massendemokratien noch wegzudenken ist, so sehr hat sich die Behandlung sozialer Fragen vom Grundsatz der individuellen und kollektiven Eigenverantwortung hin zur Fremdbestimmung verlagert. Es ist eine gefährliche Verschiebung der Balance zwischen Bürger und Machtkartellen eingetreten. Das Argument des wirklichen Schutzes der Schwachen und Besitzlosen ist dabei immer mehr in den Hintergrund gerückt. Stattdessen machen heute Begriffe wie »Vollkasko-Mentalität« die Runde.

Von der organisierten Behebung wirklicher Missstände, von dem Kampf um den Kern sozialer Gerechtigkeit sind wir unmerklich zur Überorganisation ausufernder Transfermassen gekommen. Diese Entwicklung ist so lange kaum wirklich wahrgenommen worden, wie hohem Wirtschaftswachstum und einer ausgewogenen Alterspyramide begrenzte Leistungen gegenüberstanden.

Doch diese glücklichen Umstände sind nicht mehr gegeben. Und deshalb wird sich der Wohlfahrtsstaat in seiner bisherigen Ausprägung nicht mehr halten lassen. Er muss explodieren! Er wird nach meiner Überzeugung deshalb explodieren, weil die Kombination aus Anspruchshaltung und Machtkartell wirkliche Reformen zu lange blockieren wird.

Es sind also nicht technische Gründe für diese Blockade verantwortlich. Die eigentliche Wurzel liegt vielmehr in einem System, das sich nicht die Eigenverantwortung, sondern die Bevormundung des Bürgers auf die Fahne geschrieben hat. Diese Überorganisation und Verkrustung des Wohlfahrtsstaates ist die Domäne der Machtkartelle, von denen hier die Rede sein soll. Deren Tätigkeitsfeld wird immer größer. Das Sozialbudget, also alle Ausgaben des Staates und der Versicherungsträger für die soziale Sicherung, hat 1960 in der Bundesrepublik Deutschland bei 21,7 Prozent des gesamten Staatssektors gelegen. Daraus waren 1997 34,4 Prozent geworden. Und während die Arbeitgeber- und Arbeitnehmeranteile an der gesetzlichen Krankenversicherung 1960 noch 8,4 Prozent des Bruttoein-

kommens ausmachten, beliefen sie sich 1999 auf 13,5 Prozent.
Diese Reihe ließe sich fast beliebig fortsetzen.

Über allem thront das BMA

Ein bezeichnendes Beispiel für den wuchernden Wohlfahrtsstaat und die zu seinem Management notwendige Superbüro-
kratie liefert das Bundesministerium für Arbeit und Sozialord-
nung, kurz BMA genannt.

Hier ein schematischer Vergleich, wie es sich seit 1953, also
seit dem Ende der ersten Regierungsperiode von Konrad Adenauer, entwickelt hat:

	1953	1999
Minister	Anton Storch	Walter Riester
Staatssekretäre (beamtet)	1	2
Staatssekretäre (parlamentarisch)	–	2
Abteilungen	4	8
Unterabteilungen	11	18
Referate	63	99

Eine frappante Entwicklung, bei der man gar kein böswilliger
Spötter sein muss, um sie als Wildwuchs zu bezeichnen. Heute
ist das BMA größer, als es die gesamte Reichsverwaltung unter
Bismarck gewesen ist (wenn man den militärischen Bereich
einmal herausnimmt)!

Nun wird man einwenden, dass dieses Ministerium heute wesentlich mehr Aufgaben zu bewältigen habe als vor gut vierzig Jahren. Das ist richtig, dokumentiert aber doch nur den anscheinend unaufhaltsamen Vormarsch der Sozialpolitik.

Selbstverständlich ist auch richtig, dass es heute Aufgaben zu bearbeiten gilt, die 1953 noch nicht auf der Tagesordnung gestanden haben. Europäische und internationale Institutionen und Regelungen fordern ihren Tribut.

Aber nicht nur der Sozialstaat ist explodiert, sondern auch die Sozialbürokratie. Hierfür einige Beispiele:

- Für Personal, Inneren Dienst und Rechtsfragen ist im BMA 1999 eine Unterabteilung mit sechs Referaten notwendig gewesen. 1953 haben hierfür noch zwei Referate ausgereicht.
- Anton Storch ließ die internationale Sozialpolitik in einem Referat bearbeiten. Heute ist daraus eine Abteilung mit zwei Unterabteilungen und elf Referaten geworden (wobei zugegebenermaßen der Löwenanteil auf europäische Fragen entfällt).
- Renten-, Unfall- und Arbeitslosenversicherung beschäftigen bei Walter Riester praktisch zwei Abteilungen, drei Unterabteilungen und 17 Referate. 1953 ist das grundsätzlich gleiche Arbeitsgebiet von weniger als zwei Abteilungen, zwei Unterabteilungen und elf Referaten bearbeitet worden.
- Die Kriegsopferversorgung war seinerzeit eine ganz vordringliche Problematik. Es verwundert nicht, dass es hierfür eine eigene Unterabteilung mit fünf Referaten gegeben hat. Aber es muss schon sehr verwundern, dass dafür heute, mehr als fünfzig Jahre nach Kriegsende, immer noch eine halbe Unterabteilung mit drei Referaten benötigt wird.

Auch diese Aufzählung ließe sich noch ein Weilchen fortsetzen.

Zu einem wahren Wasserkopf haben sich die so genannten

Stabstätigkeiten entwickelt, in denen wir in der Regel die parteipolitischen Freunde des jeweiligen Ministers wieder finden. Das ist nun keineswegs eine Eigenart von Walter Riester (der hat all das von Norbert Blüm übernommen) oder des BMA (im Innenministerium beispielsweise sieht es keine Spur anders aus). Anton Storch hat weder einen zweiten beamteten Staatssekretär noch gar zwei Parlamentarische Staatssekretäre nötig gehabt. Das Haus war übersichtlich, und um den Bundestag hat er sich selbst gekümmert. Die Medienangelegenheiten sind seinerzeit durch ein einziges Referat erledigt worden, das dem Abteilungsleiter »Innere Verwaltung« unterstand. Heute ist daraus eine »Gruppe« mit einem Gruppenleiter und drei Referaten geworden, die selbstverständlich dem Minister direkt zugeordnet ist.

Man kann es drehen und wenden, wie man will: Die Sozialpolitik ist seit 1953 kaum besser geworden. Die Sozialbürokratie aber wuchert weiter. Wie kann man von ihr durchgreifende Reformen erwarten, wo doch die Privilegien und die materiellen Interessen von vielen Tausenden öffentlich Bediensteter auf dem Spiel stehen?

In den Sozialministerien der Länder oder in den Sozialbehörden der Kommunen sieht es um keinen Deut besser aus. Hier schafft sich ein System seine Aufgaben selber – nicht zuletzt zur Absicherung seiner eigenen Bedeutung und zum Sichern der eigenen Vorrechte.

An Arbeit herrscht Mangel.
Und Mangel muss verwaltet werden

Ich kenne kein Land, in dem der Arbeitsmarkt sich völlig selbst überlassen bleibt. Und das ist auch gut so. Aus überzeugenden humanen, sozialen, rechtlichen und politischen Gründen muss hier eingegriffen und gestaltet werden. Die Frage allerdings ist: Müssen Eingriffe in den Arbeitsmarkt in bürokratische Monstrositäten ausarten?

Die Arbeitsverwaltung ist jedenfalls längst zu einem Dinosaurier geworden. Von der Bundesanstalt für Arbeit in Nürnberg über die Landesarbeitsämter bis hin zu den örtlichen Arbeitsämtern ist ein engmaschiges Netz geknüpft. Werfen wir nur einen Blick auf die Bundesanstalt selbst. Sie gliedert sich in fünf Abteilungen (darunter das Institut für Arbeitsmarkt- und Berufsforschung), elf Unterabteilungen und 49 Referate oder »Arbeitsbereiche«. Hinzu kommt noch eine ganze Reihe von Stabsstellen.

Die Bundesanstalt selbst hat keine politische Aufgabenstellung, zumal sie ein Organ der Selbstverwaltung ist. Deshalb heißt sie ja auch »Anstalt«, was wohl eine eher fiktive Unabhängigkeit vom Staat suggerieren soll. Für Analyse und Forschung gibt es das Institut; der gewaltige Rest tut nichts anderes als verwalten. Und das bedeutet: Er hält das Schwungrad am Laufen.

Ein Rattenschwanz von Institutionen

Natürlich ist es mit den Ministerien oder mit den Einrichtungen der Arbeitsverwaltung längst nicht getan. Ich halte jede Wette: Niemand in Deutschland hat einen exakten Überblick über all die Institutionen, die sich des sozialen Wohls der Bevölkerung »annehmen«.

Da gibt es den Verband deutscher Rentenversicherungsträger, selbstredend in Landesverbände untergliedert. Da gibt es die ganz eigene Welt der Berufsgenossenschaften, von denen ich allein 39 gezählt habe. Da gibt es eine merkwürdige Fortentwicklung der ständisch gegliederten Gesellschaft, nämlich die Einrichtungen der berufsständischen Versorgung. Im Bereich der Medien sind mir Institutionen wie die »Verwertungsgesellschaft Wort« oder Versorgungswerke der Bühnen, der Kulturorchester oder der Presse aufgefallen. Außerdem dürfen wir ja auch den Riesenstrauß »Freier Träger« nicht übersehen, auf den ich noch zurückkommen werde. Und in den Arbeits- und Sozialgerichten hat sich die Sozialpolitik einen ganz eigenen Zweig der Gerichtsbarkeit aufgebaut, tief gegliedert und mit Appellinstanzen bis hin auf Bundesebene.

Ich habe einmal versucht, mir für meine Heimatstadt Hamburg einen Gesamtüberblick über soziale Einrichtungen und Institutionen sowie über die Zahl der in ihnen Beschäftigten zu verschaffen. Damit bin ich kläglich gescheitert. Es sollte mich allerdings nicht wundern, wenn mehr Menschen in diesem Bereich arbeiten als im Hamburger Hafen.

Ein Netz von Machtkartellen

Wer viel Geld zu verteilen hat, der hat in aller Regel auch Macht. Wer die materiellen Lebensumstände von Millionen Menschen direkt beeinflussen kann, der hat in aller Regel ebenfalls Macht.

Beides trifft auf die großen sozialen Institutionen in reichem Maße zu. Dass Macht ausgeübt wird, ist daher nicht zu bestreiten. Diskutiert werden kann selbstverständlich darüber, mit welchem Ziel und auf welchen Wegen dies geschieht.

Nicht zu bezweifeln ist auch, dass diese Macht mit Vorrechten ausgestattet ist. Dazu gehören ein hohes Maß an beruflicher Sicherheit, ein breites Anwendungsgebiet für gut bezahlte Forschungsaufträge, internationale und europäische Ansätze für das eigene Tun und vor allem ein beinahe schon institutionalisiertes gutes Gewissen.

Aus der Kombination von Macht und Privilegien aber erwachsen eben auch im sozialen Bereich Machtkartelle.

Den ungemein komplizierten Aufbau der staatlichen Sozialpolitik habe ich bereits grob skizziert. Bei den Einrichtungen der »selbstverwalteten« sozialen Sicherung sieht es um keinen Deut anders aus: Berufsgenossenschaften, Krankenkassen oder Arbeitsämter samt ihren »Ablegen« wie Kurzentren, Rehabilitationseinrichtungen oder Pflegeheime sind überregulierte bürokratische Superbehörden.

Das Ganze lässt sich ohne Schwierigkeiten auf die internationale Ebene übertragen. Zwar verfügt die ehrwürdige Internationale Arbeitsorganisation (ILO) in Genf traditionell nicht über nennenswerte Mittel. Ihre Aufgabe liegt woanders: in dem sehr schwierigen Versuch, weltweit soziale Mindestnormen durchzusetzen und Verständnis für neue soziale Probleme zu wecken. Aber eine imposante Behörde mit kompliziertem »Innenleben« ist sie allemal.

Die Europäische Union verfügt über beides – über gesetzgeberische Kompetenz und nicht unbeträchtliche Finanzmittel. Wen wundert es, dass sich hier über die Jahrzehnte ein hübsches Machtkartell herausgebildet hat?

Neben diesem »staatlichen Bereich« steht die imposante Phalanx der »Freien Träger«. Kirchliche Sozialarbeit, die Freien Wohlfahrtsverbände, das Rote Kreuz, private Initiativen und wohltätige Stiftungen – sie sind im Kern immer noch Manifestationen der alten Prinzipien von Fürsorge und Solidarität.

Dass sich aber auch hier Machtkartelle gebildet haben, hat mehrere Gründe:

• Ihre innere Organisation hat sich zunehmend differenziert und bürokratisiert.
• Ihre Tätigkeit ist in das Korsett gesetzlicher Regelungen ge-

zwängt worden; einigen von ihnen sind staatliche Aufgaben übertragen worden.

- Die Zahl der in diesen Einrichtungen Beschäftigten ist ebenso erheblich wie der Umfang der von ihnen (direkt oder indirekt) eingesetzten Mittel.

Immer wieder kommt es bei den freien Verbänden zu Machtmissbrauch, der sich in aller Regel in einer nicht sachgerechten Verwendung der überantworteten Mittel äußert. Dann wird »Skandal!« gerufen – manchmal etwas übereilt. Offenbar gehen wir davon aus, dass die Mitarbeiter einer modernen Einrichtung der Massenwohlfahrt noch von dem gleichen Ethos geleitet werden müssten wie die Barmherzigen Schwestern der mittelalterlichen Hospitäler. Das ist weltfremd. Wo Macht ist, ist auch die Versuchung, sie zu missbrauchen. Das ist bei einem Wirtschaftsverband nicht anders als beim Bayerischen Roten Kreuz, bei Misereor oder anderswo.

Um die Verfehlungen Einzelner geht es nicht, es geht um ein Geflecht von staatlichen und privaten Machtkartellen, das Hunderttausenden Arbeit, individuelle Selbstbestätigung und gesellschaftliche Geltung verschafft.

Diese Hunderttausende (allein im Bereich der Sozialen Sicherung sind es mehr als 350 000 Beschäftigte!) leben nicht nur mit und für den Wohlfahrtsstaat. Sie leben auch *von* ihm – und gar nicht einmal schlecht.

Sie tun dies mit einem dreifachen Sicherheitsnetz:

- Ihre Arbeit ist nach Ansicht einer breiten Bevölkerungsmehrheit in allen modernen Gesellschaften wichtig und unverzichtbar. Ob dies in jedem Einzelfall wirklich zutrifft, wird schon gar nicht mehr hinterfragt.
- Wie weit sich die praktische Arbeit auch immer von den ursprünglichen Beweggründen entfernt haben mag – man kann

sich auf diese Beweggründe weiterhin berufen. Das schafft Motivation und Sicherung.

- Die heute vorherrschende Sozialgesetzgebung ist dermaßen kompliziert, dass sich kaum jemand die Mühe macht, sie auch nur einigermaßen zu verstehen. Wir finden hier die alten »Geheimlehren« der Sterndeuter und Alchimisten in modernem Gewand wieder. Darin liegt ein ganz wesentliches Machtinstrument der sozialpolitischen Profis.

Natürlich ist der Bereich des Sozialen durchgängig professionalisiert und »akademisiert« worden. Das gilt keinesfalls nur für Pflegeberufe oder für Versicherungsmathematiker. Was früher der Fürsorger oder der Wohlfahrtspfleger war, das ist heute der »Sozialarbeiter« (eine schöne Wortschöpfung), der die Fachhochschulreife erwerben, sechs Semester studieren und ein Jahr Praktikum ableisten muss, bevor er sich so nennen darf.

Ob das wirklich der Qualität dieser Sozialarbeit oder nur der besseren Einstufung in den öffentlichen Dienst zugute kommt?

Der Wohlfahrtsstaat prägt Mentalitäten – verdirbt er auch den Charakter?

Kurz nach dem Fall der Mauer, im Dezember 1989, saß ich in Gütersloh in einem italienischen Restaurant. Am Nebentisch, durch ein Holzgitter optisch ein wenig abgesetzt, hatten drei Männer Platz genommen. Der eine war gerade zwei Tage zuvor aus der DDR nach Westfalen gekommen, die beiden anderen hatten die gemeinsame Heimatstadt in Thüringen bereits vor längerer Zeit verlassen.

Ich hörte ihr Gespräch mit, zunächst nur mit einem Ohr, dann jedoch mit wachsender Aufmerksamkeit. Die Unterhaltung drehte sich ausschließlich um die Frage, wie der Neuankömmling von den vielfachen Segnungen des Wohlfahrtsstaates am besten profitieren könne (von einigen hatte ich bis zu diesem Zeitpunkt überhaupt noch nicht gehört). Eine Lehrstunde für Trittbrettfahrer!

Mir ist deutlich in Erinnerung geblieben, wie der »Neue« immer wieder ungläubig sagte: »Aber dafür muss ich doch etwas tun?« Die beruhigende Antwort war stets die gleiche: »Nein, das gibt es hier alles umsonst. Nur anstellen musst du dich ab und zu.«

An diesem Abend ist mir klar geworden, was das Bedenklichste am modernen Wohlfahrtsstaat ist: Er verändert die Mentalitäten. Und deshalb scheint mir auch glaubwürdig zu sein, was der frühere Hamburger Bürgermeister Henning Voscherau einmal erzählt hat: Er kenne in einigen Stadtteilen Familien, die bereits in der dritten Generation Sozialhilfeempfänger seien.

Dieser Gang der Dinge ist fast zwangsläufig: Aus Fürsorge (Barmherzigkeit) und Solidarität (gemeinsamer Wille zur Selbsthilfe) haben sich staatliche Bevormundung (Otto von Bismarcks Sozialgesetze) und eine Auffassung von sozialer Gerechtigkeit entwickelt, die ausschließlich auf den Anspruch fixiert ist und die genauso geforderten Pflichten bewusst unterschlägt.

Über das letzte halbe Jahrhundert hinweg haben sich auf diese Weise Mentalitäten verändert. Diese Veränderung hat auch das Vokabular der »Gralshüter des Wohlfahrtsstaates« geprägt. Wagt jemand das offensichtliche Anspruchsdenken zu kritisieren, wird ihm unterstellt, er wolle »wohlerworbene Besitzstände« (was für ein verräterischer Begriff!) angreifen. Wenn ein Politiker vorschlägt, die komplizierten Regelungen der praktischen Sozialpolitik »umzubauen« (von »Abbau« zu sprechen, traut sich ohnehin niemand), muss er sehr aufpassen, dass ihm nicht ein »feiger Anschlag auf den Sozialstaat« oder »soziale Kälte« unterstellt werden.

Ich kenne keinen anderen Fall in der modernen Geschichte, in der ein ganzer und dazu noch ein so wichtiger Bereich der Gesellschaft rundheraus tabuisiert wird – und zwar von jenen, die schon aus eigenem Interesse an Änderungen gar nicht interessiert sein können. Das ist Privilegiensicherung und Machtkartell in Perfektion.

Zu Hilfe kommt den Spezialisten der Sozialpolitik dabei ein einfacher, aber sehr gewichtiger Umstand: In der heutigen Massendemokratie lassen sich Wahlen ohne die Empfänger sozialer Leistungen nicht gewinnen. Damit meine ich nicht etwa die Ärmsten der Armen. Sozialtransfers reichen bis weit in die Mittelschichten hinein. Sie beeinflussen damit entscheidend das Wahlverhalten der »Mitte«, um die sich nicht nur nach Meinung der Politologen alles dreht.

Deshalb, aber auch aus ihrer Geschichte heraus, sind die meisten der heutigen Volksparteien »sozialdemokratische« Parteien. Hierin liegt ein historischer Sieg der SPD. Ich frage mich allerdings, ob sie sich dessen uneingeschränkt freuen sollte.

Der permanente Blick auf die Mitte produziert immer auch Mittelmaß. Im Bereich des Sozialen wird dann ein Neidkomplex gepflegt, der allmählich zum Bestandteil der »political correctness« zu werden droht. Im Ergebnis könnte der Wohlfahrtsstaat über eine Veränderung der Mentalitäten auch den Charakter verderben.

Einer »Sozialmafia« kann das nur recht sein, nützt es doch der Dauerhaftigkeit ihrer Privilegien. Eine vernünftige Sozialpolitik wird allerdings rechtzeitig Stoppzeichen setzen.

Noch ist völlig offen, welche der beiden Seiten siegen wird.

Kapitel 8

Machtkartelle vernetzen sich

Machtkartelle im Gesundheitswesen

Mein Vater ist praktischer Arzt in einem kleinen Landstädt-chen gewesen. Ich weiß nicht, in welchen Kammern, Verbän-den oder anderen Institutionen er Mitglied gewesen ist. Kurz nach dem Krieg war er der einzige Arzt am Ort; dazu gab es eine Apotheke, einen Zahnarzt, eine Hebamme und einige Kilometer weiter ein kleines Krankenhaus, in dem er 1946 ge-storben ist.

So ist mir das Gesundheitswesen in meiner Jugend begegnet. Das direkte Vertrauensverhältnis zwischen Patient und Arzt war damals ungemein stabil. Wodurch hätte es auch erschüttert werden sollen?

Seither haben sich die Dinge gewaltig verändert. Natürlich hat sich die Medizin enorm fortentwickelt. Natürlich ist unsere ärztliche Betreuung heute viel besser, als sie es vor fünfzig Jah-ren war.

Wenn trotzdem Misstrauen und Unsicherheit vorherrschen, dann ist das auch darauf zurückzuführen, dass unser Gesund-heitswesen in einer Weise überorganisiert und verkrustet ist, die ihresgleichen sucht. Einerseits gehört das deutsche Gesund-heitswesen sicher zu den besten der Welt. Doch andererseits haben sich die einschlägigen Machtkartelle so sehr als Interessenvertretungen etabliert, dass der alte Eid des Hippokrates dahinter kaum noch zu erkennen ist.

Immer perfektere Gesetzestexte und Verwaltungsregeln haben dazu geführt, dass der Arzt und sein Team, das Krankenhaus, die Arzneimittelhersteller und die Kassen einen viel zu großen Teil ihrer Arbeitszeit für administrativen Leerlauf aufwenden müssen.

Sie haben sich permanent untereinander in der Wolle; alle gemeinsam streiten sie geräuschvoll mit den Gesundheitspolitikern. Die müssen versuchen, zwischen widerstreitenden Interessen auszugleichen – und schaffen es immer weniger, wie der Streit um die »Gesundheitsreform« belegt, der uns schon seit Jahren verfolgt und so aktuell ist wie nie. Ersatzweise wird reguliert und stranguliert. Mit der unglaublich raschen medizinischen Entwicklung kann das Gesundheitswesen wegen der eingebauten Bremsen nicht Schritt halten.

Die Machtkartelle des Gesundheitswesens streiten sich um den besten Platz im Spinnennetz. Wer im Einzelfall gewinnt, ist nicht auszumachen. Nur eines ist klar: Der Patient ist die Fliege im Netz, nicht eine der Spinnen.

Und diese Kartelle sind wirklich mächtig:

- Allein die Leistungen der Gesetzlichen Krankenversicherung belaufen sich auf über 250 Milliarden DM jährlich. In über 600 Kassen sind mehr als 50 Millionen Mitglieder zusammengeschlossen.
- Rund 290 000 Ärzte, 62 000 Zahnärzte, 52 000 Apotheker und 712 000 Angehörige des Krankenpflegepersonals kümmern sich um die Patienten.
- Die Bundesärztekammer steht an der Spitze von 17 Landesärztekammern und mehr als 30 Fachverbänden (von den 28 500 Internisten bis hin zu den 116 Fachärzten für Phoniatrie und Pädaudiologie). Angegliedert sind zudem noch

Fachberufe im Gesundheitswesen, die noch einmal in rund 50 Einzelverbände aufgeteilt sind.

- Der Deutsche Apothekerverband hat ebenfalls 17 Regionalorganisationen aufzuweisen.
- Auf der Seite der Krankenhäuser seien nur die Deutsche Krankenhausgesellschaft (rund 2200 Krankenhäuser mit rund 570 000 Betten) und ihre 16 Landesverbände, der Bundesverband Deutscher Privatkrankenanstalten (gut 600 Anstalten) sowie der Verband der Universitätskliniken (36 Einrichtungen mit rund 47 000 Betten) erwähnt.
- Schließlich kommen noch etwa 40 Organisationen der Gesundheitshilfe, Rettungsdienste und Ähnliches hinzu.

Sie alle ziehen an unterschiedlichen Strängen. Wen wundert es da, wenn unser Gesundheitsrecht an Unübersichtlichkeit kaum zu übertreffen ist? Wen wundert es, wenn alle Gesundheitsminister der letzten Jahrzehnte im Pulverdampf der politischen Gefechte früher oder später den Überblick verloren haben?

Wir haben uns im Gesundheitswesen ein vernetztes Machtkartell herangezüchtet, dessen wir nicht mehr Herr werden.

Wie noch zu zeigen sein wird, ist es leider nicht das einzige Beispiel. Es gibt mehrere vernetzte Machtkartelle, die alle ähnlichen Regeln gehorchen.

Machtkartelle müssen hierarchisch gegliedert sein

Damit die Dinge ihre Ordnung haben, damit man Privilegien einigermaßen ordentlich verteilen kann, damit sich Möglichkeiten zur Einflussnahme an möglichst vielen Stellen ergeben – aus all diesen Gründen kommen Großorganisationen in Gesellschaft, Wirtschaft und Kultur ohne innere Hierarchie nicht aus.

In der öffentlichen Debatte wird dieser Aspekt so gut wie nie erwähnt. All meine Erfahrung aber zeigt mir, dass er mindestens so wichtig ist wie all die Stellungnahmen und Einflussversuche, mit denen wir Tag für Tag überschwemmt werden. Ich will das am Beispiel der Gewerkschaften deutlich machen.

Der DGB – alles andere als ein Monolith

Ich habe meine einschlägigen Erfahrungen in den Jahren 1962 bis 1967 gesammelt. Seither ist viel Wasser den Rhein hinabgeflossen. Nach alldem, was ich so höre, haben sich die Dinge seither jedoch nicht grundlegend verändert.

Das Machtkartell der Gewerkschaften war bereits kurz nach dem Krieg wohlgegliedert. Das hat auch damit zu tun, dass unsere Gewerkschaften auf eine Organisationsgeschichte zurückgreifen konnten, die weit hinter 1933 zurückreichte.

Natürlich war der DGB bereits damals auf örtlicher (DGB-Kreise), regionaler (Landesbezirke) und bundesweiter Ebene (Bundesvorstand) organisiert. Er hat von Anfang an versucht, seine Stimme in der Kommunal-, Landes- und Bundespolitik zur Geltung zu bringen.

Allerdings ist der Einzelne ja nicht Mitglied des DGB, sondern einer Einzelgewerkschaft. Dort bezahlt er auch seinen Gewerkschaftsbeitrag. Und wo das Geld sitzt, da sitzt auch die Macht. Das ist beim DGB nicht anders als in der Wirtschaft. Es sind primär die großen Einzelgewerkschaften wie IG Metall, ÖTV oder – bei uns im Ruhrgebiet – die IG Bergbau und Energie gewesen, die den Gang der Dinge im DGB bestimmt haben. Sie saßen und sitzen in der internen Hierarchie ganz weit oben.

Den DGB-Vertretern auf allen Ebenen blieb in der Regel die Rolle eines Moderators mit Vorschlagsrecht. Das reicht dann völlig aus, wenn man auf die Kraft des eigenen Arguments und auf wechselnde Koalitionen zwischen den Einzelgewerkschaften bauen kann. Aber die »Ortskartelle« (so hießen die örtlichen Organisationen bei einigen Gewerkschaften wirklich!), Bezirke und Hauptvorstände haben immer darauf geachtet, dass die innere Hierarchie des DGB gewahrt wurde – und natürlich auch die zwischen ihnen selbst. Wie oft habe ich gehört: Ohne Frankfurt (Sitz der IG Metall) oder Stuttgart (Sitz der ÖTV) läuft das nicht.

Und wie die Kurfürsten bei der Kaiserwahl haben die Einzelgewerkschaften immer sauber darauf geachtet, dass ihre stärksten Leute nicht in die DGB-Vorstände gingen. Dass es dennoch hervorragende Vorsitzende wie Hans Böckler oder Ludwig Rosenberg gegeben hat, zählt zu den positiven Überraschungen, vor denen man ja bekanntlich nie sicher ist.

Eine solche ausgefeilte innere Hierarchie – die die römisch-katholische Kirche oder das Internationale Olympische Komitee genauso aufweisen wie der DGB – begegnet vorgegebenen äußeren Hierarchien. Aus diesem Zusammenstoß entsteht ein Kräftemessen, aus dem – je nach gesellschaftlicher Verfassung – entweder die überlieferten starren Hierarchien oder die jungen dynamischen Machtkartelle als Sieger hervorgehen.

Hierarchien zwischen den Machtkartellen

Früher war die Hierarchie für alle Bürger klar, übersichtlich und unnahbar. An der Spitze stand der Souverän: Kaiser, König oder Fürst. Seine Macht wurde durch drei Säulen abgesichert, die zweite Ebene der Hierarchie. Es waren dies:

• das Militär,
• die Bürokratie mitsamt der Justiz und (in vielen Fällen),
• die Kirche.

Die berufsständischen, wissenschaftlichen, kulturellen und sonstigen gesellschaftlichen Machtkartelle waren auf den unteren Ebenen dieser Hierarchie zu finden.

Dem Souverän ist das prächtig zupass gekommen. Möglicherweise hat er auch versucht, über eine solche Ordnung den Einfluss der Machtkartelle zu beschneiden. Das aber war an sich völlig unnötig. »Macht« wollten die Kartelle nämlich immer nur im eigenen »Monopolgebiet« ausüben, nicht in der Gesamtheit der Gesellschaft. Nur in Ausnahmezeiten haben das Militär oder die Priesterschaft den Versuch gemacht, die ganze Macht an sich zu reißen und einen neuen Souverän zu etablieren.

In der Regel aber haben klare Hierarchien durchaus im Interesse der »Teil-Mächtigen« gelegen. Sie haben systemstabilisierend gewirkt. Sie schufen einen klaren Rahmen, in dem man ungestört schalten und walten konnte. Die Machtkartelle sind fast immer »staatstreu« gewesen, denn der »Staat« sicherte über die Hierarchien ihre Privilegien.

Es ist deshalb nicht weiter verwunderlich, dass jemand wie Kaiser Wilhelm II. die Sozialdemokratie und die Gewerkschaften, also systemfremde Machtkartelle, als »vaterlandslose Gesellen« bezeichnen konnte. Es ist auch nicht weiter verwunderlich, dass mit dem Zusammenbruch des Kaiserreichs 1918/19 die »Stützen des Systems« über Nacht orientierungslos wurden. Viele haben sich in der Weimarer Republik dann in ein krass reaktionäres Verhalten gerettet.

Man arrangiert sich –
auch mit totalitären Ideologien

Adolf Hitler und die Nationalsozialisten haben sich, wenn dies Wirkung versprach, gerne sozialrevolutionär gegeben. In Wirklichkeit aber haben sie alles getan, um der alten Hierarchie die gewohnte Sicherheit zurückzugeben.

Diese sollte dafür einen teuflischen Preis bezahlen, und sie ist – von wenigen Ausnahmen abgesehen – nur zu gerne bereit gewesen, diesen Preis auch zu entrichten. Er bestand im Wesentlichen darin, mit dem »Führer« eine neue Art von Souverän durchzusetzen und damit ein System zu etablieren, in dem jede Form der Machtbalance bewusst aufgegeben wurde.

Militär, die »Reichskirche«, Bürokratie, Richterschaft – sie wurden formal in die alten Machtstellungen wieder eingesetzt. Dafür wurden sie zum »Führergehorsam« verpflichtet und auf ihre arische Herkunft hin überprüft.

Und die anderen – die Professoren, die Ärzte, ein großer Teil der Künstler, die Pädagogen und viele andere? Nun, halb zog es sie, halb sanken sie hin. Auch mein Vater hat brav seinen »Ariernachweis« abgeliefert und ist 1937 in die NSDAP eingetreten. Leider habe ich ihn zu dieser Zeit nicht mehr befragen können.

Die Unternehmen wurden zu erheblichen Teilen über Rüstungsaufträge abhängig gemacht und mitsamt ihren Belegschaften zur »Deutschen Arbeitsfront« verschmolzen. Keine Spur von »vaterlandslosen Gesellen«!

Es handelte sich um perfekt ausgedachtes System neuer Hierarchien, in dem sich die überkommenen Machtkartelle hinreichend sicher fühlen konnten. Wenn einer nicht parierte, gab es ja auch noch SA, SS und Gestapo, Terrorinstrumente, die direkt auf den »Führer« verpflichtet wurden. Interessanterweise hat nur die NSDAP selbst diese Hierarchie gestört. Sie war in gewissem Sinne »systemfremd«. Wenn das die Machtkartelle wirklich störte, wurden die Repräsentanten der Partei häufig genug zurückgepfiffen, an unschädliche Stellen versetzt oder in dramatischen Fällen, etwa bei Röhm oder Strasser, unschädlich gemacht.

In der DDR sowie in anderen kommunistischen Systemen ist nach dem Zweiten Weltkrieg etwas ganz Ähnliches versucht worden. Zwar sind dort einige der alten Machtkartelle aufgelöst oder ihrer Funktion enthoben worden. Dafür haben sich dann neue Hierarchien gebildet, die auf exakt gleiche Weise gesellschaftlich wirken sollten und oft auch so gewirkt haben. Der eigentliche »Souverän«, also das Zentralkomitee der jeweiligen Staatspartei und sein Generalsekretär, sind zwar viel rationaler vorgegangen als Diktatoren älterer Machart. Es hat keine Allmacht à la Adolf Hitler gegeben. Und auch auf die »Vorsehung« hat man sich nicht berufen, dafür aber auf die »unerbittliche Logik der Geschichte«, was nur eine andere Version des gleichen Unfugs ist.

Die neuen Machtkartelle, die dort gebildet worden sind, wurden gemeinhin als »gesellschaftliche Organisationen« bezeichnet. Wenn sie nie die Wirksamkeit der klassischen Machtkartelle erreicht haben, dann deshalb, weil die zu Grunde liegende Ideologie menschenfremd und die Zeit zu ihrer endgültigen Etablierung letztlich zu kurz bemessen war.

Machtknäuel statt Machthierarchien

In den modernen Massendemokratien, also auch in der Bundesrepublik Deutschland, haben sich diese fest gefügten Hierarchien in der Ordnung der Machtkartelle aufgelöst. Dies ist nach meiner Überzeugung einer der wesentlichen Fortschritte, die die Herrschaftsform der Demokratie mit sich gebracht hat.

Das bedeutet nun aber nicht, dass die bereits beschriebenen Machtkartelle sich nicht miteinander verzahnen würden. Nur geschieht das nicht mehr nach einem vorgegebenen Muster. Es bilden sich vielmehr je nach Sach- und Interessenlage »Machtknäuel« heraus (um den neumodischen Begriff des »Clusters« zu vermeiden), wie ich am Beispiel des Gesundheitswesens zu zeigen versucht habe. Die mannigfaltigen Querverbindungen zwischen Wirtschaft und Bürokratie, zwischen Universitätswesen und unternehmensorientierter Forschung, zwischen Standesorganisationen und Parteien bilden ebensolche Machtknäuel.

Dass eine derartige Verquickung nicht immer bei allen Beteiligten zu heller Freude Anlass gibt, ist klar. Manchmal entsteht sogar handfester Ärger.

So hatte die für die Universitätskliniken der Stadt Hamburg (UKE) zuständige Behörde 1988 einen langfristigen Liefervertrag über Strom und Wärme mit den Hamburgischen Elektrizitätswerken (HEW) ausgehandelt. Dessen Laufzeit beträgt 15 Jahre. In der Zwischenzeit aber sind die Stromtarife, auch als Folge von Deregulierung und Wettbewerb, mächtig ins Rutschen gekommen. Während das UKE immer noch 11 Pfennig pro Kilowattstunde bezahlen muss, zahlen andere Großabnehmer nur noch 4 Pf/kWh.

Das UKE wollte den Vertrag nachverhandeln. Das hat die Behörde abgelehnt. Dann haben die Kliniken für die Zeit nach 2003 eine Ausschreibung für Strom- und Wärmelieferung verlangt. Auch das ist von der Bürokratie abgelehnt worden. Jetzt schlägt das Amt einen neuen 20-Jahres-Vertrag zwischen UKE und HEW vor. Auf die Konditionen darf man gespannt sein – es geht hier immerhin um viele Millionen DM, mit denen letztlich das Gesundheitswesen belastet wird.

Neben solchen klassischen Formen der Vernetzung haben sich bei uns neuartige Formen der Verknüpfung herausgebildet, die es im Ansatz zwar bereits früher gegeben hat, die sich jedoch erst in den letzten Jahrzehnten zu schönster Blüte herausbildeten.

Ich meine die Übertragung staatlicher Aufgaben auf Machtkartelle.

Hurra, wir sind ein »Staatsorgan«!

Die Forderung nach der Zurückdrängung staatlicher Einflusssphären hat natürlich längst vehemente – und nicht immer ganz uneigennützige – Verfechter gefunden. »Man soll nicht alles den Beamten überlassen«, »die Macht des Staates muss zurückgedreht werden«, »lasst die Leute die Dinge doch in eigener Verantwortung erledigen« – diese und andere Sätze kann man immer wieder hören. Das Vertrackte ist, dass sich das alles zunächst sehr vernünftig anhört. Würden Staatsbedienstete unser Auto wirklich besser prüfen? Solche Argumente sind so lange nicht zu kritisieren, wie sie aufrichtig und ernst gemeint sind.

Aber sind diese Argumente ehrlich, sind sie zumindest vollständig?

In vielen Fällen spielt eindeutig die Absicht mit, über eine Verknüpfung von Gruppeninteresse und Allgemeininteresse die eigene Funktion praktisch unentbehrlich und damit auch die eigenen Privilegien unangreifbar zu machen. Damit wird eine Art »partieller Allmacht« geschaffen, die sich der Kontrolle durch den Einzelnen und die Gesellschaft noch mehr entzieht als der Staat selbst. Denn das Parlament kontrolliert wohl die Regierung, nicht aber die Berufsgenossenschaften. Und im Extremfall kann man sich eine Revolution gegen den Souverän vorstellen. Ein Aufstand gegen den TÜV aber ist undenkbar.

Oft sind es ganz banal erscheinende Aufgaben, die vom Staat

auf gesellschaftliche Machtkartelle übergegangen sind. Wir haben uns an diese Aufgabenverteilung längst so sehr gewöhnt, dass sie uns gar nicht mehr als etwas Besonderes auffällt: Den Berufsgenossenschaften sind Kompetenzen im Bereich des Arbeitsschutzes übertragen worden, den Schornsteinfegern solche auf dem Gebiet des Brandschutzes und der Luftreinhaltung. Der TÜV hat sich um Fragen der Verkehrssicherheit zu kümmern und die freiwillige Feuerwehr um die Vermeidung und das Löschen von Bränden. Den Organisationen der Ärzte werden Aufgaben auf dem Gebiet der Gesundheitsvorsorge und der vorbeugenden Zahnpflege anvertraut und so weiter und so fort.

Die Konsequenzen aus dieser Art Machtverquickung sind fatal. Es ist kaum übertrieben zu behaupten, dass ein Großteil dessen, was wir heute als »Überregulierung« beklagen, nicht dem Handeln des Gesetzgebers oder der Verwaltung, sondern der mehr oder weniger »segensreichen« Tätigkeit der Machtkartelle entspringt, die ein Interesse haben, dass ihre Aufgaben immer mehr ausgeweitet werden.

Wenn ein zaghafter Anlauf zur Deregulierung unternommen wird, dann sitzen die Kartelle natürlich mit am Tisch. Kommissionen werden eingerichtet, Experten werden befragt, Hearings werden veranstaltet. Wen wundert es, dass am Ende fast nichts dabei herauskommt?

Ladenschluss und kein Ende

Als ich 1973 aus Brüssel nach Deutschland zurückkam und meinen Dienst im Bundeskanzleramt aufnahm, dauerte es nicht lange, und die Presse begann sich für mich zu interessieren.

Herr Herchenröder, ein von mir hoch geschätzter Journalist

vom *Handelsblatt,* fragte mich, ob er ein Gespräch mit mir über meine Erfahrungen in Belgien führen könne. Ich habe begeistert zugesagt, denn mir lag damals noch viel an öffentlicher Geltung. Herchenröder wollte wissen, welche Brüsseler Besonderheiten ich am liebsten auch in Deutschland einführen würde. Ohne lange zu zögern, antwortete ich:»Ich würde sofort die Ladenschlussgesetzgebung aufgeben!« Wie hatte ich doch die völlig liberale Regelung in Belgien genossen!

Aber ach, wie gründlich bin ich damals vor die Wand gelaufen! Einige Tage später erschien das *Handelsblatt* mit einem Artikel auf der ersten Seite, der den Titel trug:»Kanzlerberater für Freigabe der Ladenöffnungszeiten.« Es dauerte nicht lange, und der Vorsitzende der CDU/CSU-Mittelstandsvereinigung, Herr Müller-Hermann aus Bremen, startete eine Kleine Anfrage im Bundestag. Gleichzeitig erreichten mich wütende Briefe aus dem Kreis der einschlägigen Gewerkschaften.

So schnell bin ich in meinem ganzen Leben noch nicht zurückgerudert!

Seit damals sind über 25 Jahre vergangen. Ein Ladenschlussgesetz gibt es immer noch. Bis vor kurzem hat die Allianz der beiden Machtkartelle aus Einzelhandelsverband und den Gewerkschaften jede durchgreifende Änderung verhindert. Und alle Bundesregierungen haben gekuscht, einschließlich aller der FDP angehörenden Wirtschaftsminister.

Seit kurzem ist der Einzelhandelsverband auf eine liberalere Linie eingeschwenkt, was die Union und die Liberalen dazu veranlasst hat, aus den Löchern herauszukommen. Die SPD aber muss auf die Gewerkschaften Rücksicht nehmen, will keinen Nebenkriegsschauplatz eröffnen, und so bleibt – fast – alles, wie es ist.

Das »Bündnis für Arbeit« –
ein Bündnis der Machtkartelle?

Im so genannten »Bündnis für Arbeit« fließen viele der bislang erwähnten Entwicklungen zusammen. Das gilt nicht nur für die Regierung Schröder. Bei Helmut Kohl ist es auch nicht anders gewesen.

Um ein derartiges »Bündnis« zusammenzubringen, muss zunächst ein Ziel gefunden werden, das allgemein als absolut vordringlich empfunden wird. Im Lauf der Geschichte mussten die »Errettung vor den Ungläubigen«, das »Wohl der Nation« oder die »Sicherung von Lebensraum« dafür herhalten, um die verschiedenartigsten Bündnisse zu schmieden. Was ist hier nicht alles bemüht worden!

Um nicht missverstanden zu werden: All diese Ziele sind von der jeweiligen Gesellschaft als vorrangig angesehen worden. Sobald diese Voraussetzung gegeben war, sind die Ziele durch Machtkartelle der unterschiedlichsten Zusammensetzung mit Beschlag belegt worden. Anschließend wurde der Anspruch formuliert, nur die Machtkartelle verfügten über die Mittel zur Erreichung der Ziele.

Genau dasselbe geschieht derzeit in Bezug auf das vorrangig empfundene Ziel einer besseren Beschäftigungslage im Lande.

Begreift man einen derartigen Prozess als soziologischen und sozialpsychologischen Vorgang, dann gibt es – bei allen Unterschieden in den Zielen und den eingesetzten Mitteln – keine grundlegenden Unterschiede zwischen Kreuzzug, Katastrophenhilfe, nationalistischer Großmannssucht und dem »Bündnis für Arbeit«. Allen gemein ist, dass sich nach allgemeiner Überzeugung so wichtige Ziele im Streit der Meinungen, Standpunkte und Interessen angeblich nicht optimal verwirklichen lassen.

Allerdings spricht so gut wie alle praktische Erfahrung gegen diese Annahme. Nur lässt sich gegen den Spruch: »Jetzt müssen alle gesellschaftlichen Kräfte zusammenstehen!« schwer argumentieren.

Aber sie stehen ja gar nicht zusammen. Denn wie sieht das »Bündnis für Arbeit« in Wirklichkeit aus? Wer sitzt dort eigentlich am Tisch? Nichts anderes als das »Kartell der Machtkartelle«!

Der »Souverän« ist gleich mehrfach vertreten – durch die Bundesregierung und, indirekt, durch die jeweiligen Bundestagsfraktionen und die sie bildenden Parteien. Im Kabinett oder in Koalitionsrunden haben sie sich vorher abgesprochen. Keine Spur von parlamentarischer Kontrolle oder Gewaltenteilung. Arbeitgeber und Arbeitnehmer sind im »Bündnis für Arbeit« durch ihre jeweiligen Spitzenverbände vertreten. Die sind nichts anderes als die Bündelung einzelner Machtkartelle. Auch die Bürokratie darf selbstverständlich nicht fehlen. Irgendwer muss ja schließlich formulieren und etwaige Beschlüsse umsetzen.

So werden einige Machtkartelle zum Teil des Souveräns, was am Sinn der Verfassung und am Wesen des gesellschaftlichen Machtausgleichs glatt vorbeigeht. Eine solche Konstellation bildet rasch ganz charakteristische Rituale aus:

- Die allgegenwärtigen Medien tragen die Drohgebärden der Teilnehmer bis ins letzte Wohnzimmer und schaffen zugleich einen gewissen Erfolgszwang. Arbeitgeberpräsident Hundt und IG-Metall-Chef Zwickel stehen sich hier in nichts nach.
- Da die jeweiligen Interessen sehr unterschiedlich sind, sind wirkliche Ergebnisse kaum zu erwarten.
- Darum weicht man also auf Nebenkriegsschauplätze aus, wo es leichter fällt, sich und seiner Gefolgschaft die eigene Tüchtigkeit nachzuweisen. Das Ergebnis: Alle Jahre wieder kommt es zu einer feierlich formulierten Bemühung um Aus-

bildungsplätze – an sich schon aus Eigeninteresse schiere Selbstverständlichkeit! Oder es wird über Monate hinweg um inhaltsleere Formelkompromisse zum Thema »Rente mit 60« gerungen.

- Am Ende des Palavers eskortiert man sich brav gegenseitig vor die Kameras.

Als sei das alles noch nicht bedenklich genug, bildet sich hier ein Superkartell heraus, dessen dubiosen Wirkungen sich all diejenigen nicht entziehen können, die am »Bündnis« nicht beteiligt sind: die jeweilige parlamentarische Opposition, die einzelnen Unternehmen und Arbeitnehmer, die freien Berufe, der für unsere Volkswirtschaft so entscheidende Service-Sektor und vor allem die Arbeitslosen, um deren Sache es doch in erster Linie geht oder gehen sollte.

Einzelne Teilnehmern erreichen sogar die Tabuisierung wichtiger Teilthemen. So haben sich die Gewerkschaften lange Zeit geweigert, die ökonomischen Rahmenbedingungen für Tarifpolitik überhaupt nur zu diskutieren. Als ob die zur Bewältigung der Beschäftigungsproblematik nicht von entscheidender Bedeutung wären!

Im Gegenzug hatte der Präsident der Arbeitgeberverbände zeitweilig daran gedacht, über das »Bündnis für Arbeit« einer Art Zwangsschlichtung näher zu treten – über die Köpfe der Betroffenen hinweg.

Und die Bundesregierung hat einmal vorgeschlagen, Strukturfragen eines langfristigen Steuerkonzepts im »Bündnis« diskutieren und konzipieren zu lassen.

Indem das »Bündnis für Arbeit« zu dem nach allgemeinem Verständnis derzeit wichtigsten gesellschaftlichen Problem Beschlüsse fassen kann, wird nun nach Teilen der Verwaltung auch noch der Souverän selber, nämlich das Parlament, im Ansatz entmachtet und zum Vollzugsorgan degradiert. Damit hat die Verquickung der Machtkartelle ihren bisherigen Höhepunkt erreicht.

An dieser Stelle lässt sich eine sehr ernüchternde Schlussfolgerung ziehen:

Je weiter eine Gesellschaft auf der Skala dieser Kartellierung vorangeschritten ist, desto weniger Potenzial für zukünftige Entwicklung ist vorhanden. Wir in Deutschland haben es auf diesem Weg bereits »weit« gebracht, befinden uns international aber leider in »bester« Gesellschaft.

Das Bild wäre jedoch nicht vollständig ohne zwei wesentliche Einflussgrößen: die Wirtschaft und die Medien, denen die nächsten beiden Kapitel gewidmet sind.

Kapitel 9

Die Unternehmen – ein Sonderfall?

Als der Zunftanzug zu eng wurde

Die toskanischen Bankiers des 15. und 16. Jahrhunderts sind mächtige Leute gewesen. Das hat für die Medici oder die Bardi in Florenz ebenso gegolten wie für die Chigi oder die Saracini in Siena. Und mit ihren Kollegen in Venedig, Mailand, Augsburg oder London hat es sich nicht anders verhalten.

Sie alle haben nicht nur Handelsgeschäfte finanziert, sondern auch Entdeckungsreisen, Kriege und Konzile. Sie haben Kaisern, Königen und Päpsten unter die Arme gegriffen. Den Künsten und Wissenschaften haben sie in einer Weise geholfen, dass ohne sie die Renaissance undenkbar gewesen wäre.

Diese Bankiers, aber auch ihre Nachbarn vom internationalen Großhandel, waren aus dem engen Anzug der lokalen Gilden und Zünfte längst herausgewachsen. Ihr Tätigkeitsfeld war nicht die Heimatstadt, sondern die gesamte damals bekannte Welt. Und sie haben erheblich dazu beigetragen, diesen Welthorizont kräftig zu erweitern.

Aber klug wie sie waren, haben sie sich formal aus dem sozialen Mief der Korporationen nicht verabschiedet. Sie sind bereit gewesen, die Rituale der Machtkartelle mitzuvollziehen. Und wenn zum Beispiel die Medici in ihrem Wappen immer noch die Kugeln der »Pillendreher« führten, dann haben sie in einer erstaunlichen Weise ebenso auf ihre eigentliche Herkunft verwiesen wie Jahrhunderte später die Bau- oder Werftunternehmer unserer Tage, die sich bei jeder Gelegenheit den Schutzhelm der Poliere oder Vorarbeiter anziehen.

Sie haben gewusst, dass die eigentliche Macht nicht beim Kapital lag, sondern bei den Schwertern, den Musketen oder den päpstlichen Bannbullen. Auch wenn einige Familienmitglieder Heerführer oder Päpste wurden, hat sich an diesem grundlegenden Tatbestand nichts geändert. Einige von ihnen haben das am eigenen Leib erfahren. Sie sind verbannt (und meistens reumütig zurückgebeten) oder schlichtweg umgebracht worden. Und wenn einer ihrer Großkunden Pleite machte, wie beispielsweise im 14. Jahrhundert der englische König Edward III., konnten sie auch nicht viel ausrichten.

Eines aber hat sie grundlegend von ihren Zeitgenossen unterschieden: Ihr wenn auch unausgesprochener Wahlspruch lautete: »Risico«, was auf Deutsch nichts anderes heißt als: »Ich wage.« Damit sind sie ungemein erfolgreich gewesen. Nicht von ungefähr ist die Fachsprache der Banker und Händler bis heute mit Begriffen und Wörtern italienischen Ursprungs durchsetzt.

Macht, vernünftig und zurückhaltend ausgeübt, haben sie gehabt. Auf Machtkartelle aber haben sie weitestgehend verzichtet. Kartelle haben sie nur punktuell und zeitlich begrenzt gebildet, wenn das für das einzelne Geschäft vorteilhaft erschien. Ansonsten haben sie sich immer dann zusammengetan, wenn Druck auf die Herrschenden notwendig wurde, um das eigene Imperium abzusichern. In einigen Fällen, so in Florenz, haben sie die Herrschaft gleich selbst übernommen.

Zielgerichteter Druck, um Interessen abzusichern, diesem Umstand werden wir später immer wieder begegnen.

»Gewinn ist Gott wohlgefällig«

Die risikofreudigen Unternehmer der frühen Neuzeit hatten allerdings ein großes Problem. Ihre eigentliche mentale Triebfeder war der wirtschaftliche Erfolg, wie er sich insbesondere im Gewinn niederschlug. Für dieses Gewinnstreben eine ethisch-moralische Rechtfertigung zu finden, das ist schwer gewesen.

In der katholischen Welt spielte damals das »kanonische Zinsverbot« eine wichtige, wenn auch abnehmende Rolle. An sich sind von ihm nur die Juden als Nicht-Christen ausgenommen gewesen. Letzteren waren Geldgeschäfte gestattet. Dafür aber waren sie rechtlos, waren de facto »Eigentum« ihrer jeweiligen Schutzherren, die mit ihnen nach Gutdünken verfahren konnten und das auch immer wieder getan haben. Ein Jude hatte nicht die geringste Gewissheit, einen gewährten Kredit auch zurückzuerhalten – es sei denn um den Preis eines neuen Kredits (Ähnlichkeiten im heutigen Kreditverkehr mit praktisch bankrotten Staaten sind nicht beabsichtigt).

Der frühe katholische Unternehmer aber hat seine Geschäfte mit schlechtem Gewissen betrieben, was der Heuchelei Tür und Tor öffnete. An sich gab es aus diesem Dilemma nur zwei Auswege. Entweder hat man sich über so genannte gute Taten einen gewissen Ausgleich im Rennen um einen Platz im Paradies verschafft. Oder aber man hat seine Tätigkeit formal in den Dienst eines »Souveräns« gestellt. Dann konnte man nichts mehr falsch machen, war dessen Macht doch von »Gottes Gnaden«.

Welche Blutspuren Spanier und Portugiesen unter diesem Deckmäntelchen bei der Eroberung Lateinamerikas hinterlassen haben, gehört zu den finstersten Seiten des christlichen Abendlands.

Erst die Reformation und das Aufkommen neuer christlicher Glaubensrichtungen haben das alles gründlich geändert. Im niederländischen Calvinismus, in den Überzeugungen der Reformierten in Deutschland, bei den französischen Hugenotten, aber auch bei einigen Lehren auf den Britischen Inseln rückte statt der »guten Tat« die »Gnade Gottes« in den Mittelpunkt des Glaubens. War der geschäftliche Erfolg, also der Gewinn, etwa nicht ein besonderes Zeichen der Gnade Gottes?

Diese These verschaffte dem frühen Kapitalisten endlich die ersehnte moralische Rechtfertigung. Damit wurden individuelle und gesellschaftliche Energien freigesetzt, die sich der gequälten Motivation der katholischen Konkurrenz als deutlich überlegen erweisen sollten. Dieser für die Entwicklung der modernen Wirtschaft entscheidende Umstand ist durch große Gelehrte, nicht zuletzt durch Max Weber und Alfred Müller-Armack, immer wieder beschrieben worden.

Bis in die Gegenwart hinein ist dieser Faktor wirkkräftig geblieben. Wenn zum Beispiel Reinhard Mohn, der Seniorchef des Hauses Bertelsmann, den Gewinn der Firma nicht als eigentliches Ziel unternehmerischen Handelns, sondern als »Maßstab des Leistungsbeitrags für die Gesellschaft« bezeichnet, dann schwingt da noch etwas mit von der religiösen Tradition des reformiert-calvinistischen Ostwestfalen.

Befeuert von dieser individualistisch fundierten Triebfeder haben England und die Niederlande allmählich Spanien und Portugal als Kolonialmächte entthront. Und nach der Entdeckung Amerikas büßte Venedig seine führende Rolle schrittweise ein. Das zielgerichtete Handeln des einzelnen Unternehmers war wirksamer als die zentral und bürokratisch geplanten und durchgeführten Unternehmungen der katholischen Herrscherhäuser.

Diese neue Schicht großer Unternehmer stand untereinander in deutlichem Wettbewerb. Aber wenn es zur Absicherung ihrer Position staatlicher, insbesondere militärischer und diplomatischer Macht bedurfte, wurden punktuell Kartelle geschmiedet.

Es sind seit 1602 holländische Kaufleute gewesen, die die Niederlande in Indonesien oder der Karibik dazu gezwungen haben, Kolonialmacht zu werden. Die »East Indian Company« ihrer englischen Kollegen hatte bereits zwei Jahre zuvor die Grundlage für das asiatische Kolonialreich der britischen Krone gelegt. Bremische und hamburgische Kaufleute haben Bismarck und Wilhelm II. dazu bewogen, sich vom afrikanischen Kuchen ein Stück abzuschneiden. Und die unrühmliche Rolle, die die USA bis in die Gegenwart hinein in Süd- und Mittelamerika spielen, lässt sich ohne »United Fruit« oder die Kupferbarone überhaupt nicht erklären.

Das 19. Jahrhundert und die Rationalität der Unternehmer

An der Wende zum 19. Jahrhundert ist die nächste Stufe in der Entwicklung des modernen Unternehmertums festzustellen. Ihr Merkmal ist durchgreifende Rationalität.

Es kommt zu einer wissenschaftlich-technischen Revolution, die das Maschinenzeitalter einläutet. In deren Gefolge bildet sich das anonyme Kapital heraus, das die Akkumulation ungeheurer Geldmengen befördert und gleichzeitig die Haftung der eigentlichen Akteure minimiert. Ist es nicht bezeichnend, dass die Aktiengesellschaft im französischen Sprachraum bis heute »Société Anonyme« heißt?

Es kommt zu der medien- und kommunikationstechnischen Revolution, die wir, der gängigen Geschichtsschreibung folgend, mit den Namen Morse (Telegraf), Bell (Telefon) und Edison (praktische Nutzung der Elektrizität) verbinden. Viele weitere bahnbrechende Entwicklungen wären hier zu nennen, wenn es nicht zu weit führen würde.

Entscheidend ist, dass unternehmerisches Handeln mittlerweile die notwendige wissenschaftliche Untermauerung durch die Nationalökonomie erfahren hatte.

Es wird wohl kein Zufall sein, dass die moderne Nationalökonomie sich zuerst in London und Edinburgh herausgebildet hat. »Enlightenment«, also »Aufklärung«, merkantile Interessen und technische Revolution sind hier eine glückliche Verbindung eingegangen. Zumindest sind sie in ein fruchtbares dialektisches Verhältnis zueinander getreten.

Das Produkt hieraus, der politökonomische Liberalismus, ist die wichtigste Triebfeder der Moderne geworden. Auch seine Gegner, ob sie nun auf der sozialistischen, etatistischen oder schlicht reaktionären Seite des Zauns gesessen haben, haben sich von ihm nie frei machen können. In der jüngsten Zeit hat er als »Neoliberalismus« fröhliche, wenn auch deutlich verzerrte Urständ gefeiert.

Von der »sozialen Marktwirtschaft« sind beide weit entfernt. Der klassische Liberalismus kam für die soziale Marktwirtschaft zu früh; seine zeitgenössische Variante negiert sie schlicht und ist deshalb im eigentlichen Wortsinn »reaktionär«.

Die Verknüpfung eines aus der »Aufklärung« herrührenden rationalen Denkens mit wissenschaftlich-technischer Innovation, der eher ökonomistischen Denkweise des Liberalismus, neuen Finanzierungsformen und wagemutigem Unternehmergeist ist bis heute unschlagbar geblieben. Auch wenn wir zu Zeiten des »Kalten Krieges« manchmal gezittert haben: Angesichts dieser ungeheuren Erfolgsgeschichte hatten andere gesellschaftliche Entwürfe wie der Kommunismus niemals eine Chance.

Allmählich bildeten sich im frühen Industriezeitalter aus unterschiedlichen Motiven auch Unternehmervereinigungen heraus. Sie haben jedoch bis heute nie den Grad an innerer Geschlossenheit erreicht, der die Organisationen des ständischen Zeitalters auszeichnete. Ein wichtiger Grund dafür liegt auf der Hand: Der Unternehmer bedarf der sozialen Kontrolle durch seinesgleichen nicht, um Erfolg zu haben und Errungenes abzusichern. Eine solche Kontrolle wäre dem Geschäft eher abträglich.

Da traf es sich gut, dass die rasch einsetzende Verstädterung dem Einzelnen den Weg in die Anonymität ermöglichte und ihn damit von dieser Art Kontrolle zusätzlich befreite. So gibt es zwar eine »Fleischergasse«, aber keine »Fabrikantenstraße«.

Im 19. Jahrhundert ist das unternehmerische Kartell, auch das der Macht, die Ausnahme geblieben. Die frühen Kapitalisten haben den Erfolg über rasches Wachstum und eine Unternehmenskonzentration gesucht, der die Herausbildung von Kapitalgesellschaften nach dem Grundsatz der »beschränkten Haftung« erheblichen Vorschub leistete.

Und wenn es doch zur Kartellbildung kam, dann wurde sie aus den genau gleichen Gründen gesucht, wie sie schon für die frühe Neuzeit entscheidend waren. Der viel größeren Dimension der Geschäfte wegen hat man immer wieder versucht, politische Macht und auch den Staat in die Rolle einer Dienstmagd drängen. Die Eroberung des amerikanischen Westens oder der russischen Weiten, aber auch das von Fritz Stern so glänzend beschriebene komplizierte Verhältnis zwischen Otto von Bismarck und seinem »Hausbankier« Bleichröder sind hochinteressante Beispiele dafür. Hier liegen die Ursprünge dessen, was vor einigen Jahren einmal unter dem Begriff »Stamokap-Theorie« gehandelt worden ist.

Die unselige Verquickung zwischen der erfolgsorientierten Unternehmerschaft und den etablierten Hierarchien hat dabei zuweilen eindeutig aggressive Züge angenommen, wie die Analyse fast aller zwischen 1850 und 1945 ausgefochtenen

Kriege zeigt. Ähnliches lässt sich bis in unsere jüngste Vergangenheit hinein beobachten. Ob es sich um die Kriege in und um Katanga (wo sich eines der reichsten Kupfervorkommen der Welt befindet) oder Biafra (dem Nigeria seinen Ölreichtum verdankt), ob es sich um Konterrevolutionen wie die des chilenischen Generals Pinochet handelt: Stets haben im Hintergrund die Interessen von Großunternehmen eine entscheidende Rolle gespielt.

Unternehmen und ihre Machtbalancen

Für den unternehmerischen Alltag hat sich im 19. und 20. Jahrhundert ein kompliziertes System interner und externer Machtbalancen herausgebildet. Es basiert im Wesentlichen auf den Erkenntnissen der ökonomischen Theorie, der Entwicklung des Wirtschaftsrechts, der allgemeinen Durchdringung der Gesellschaft mit demokratischen Grundsätzen sowie den Prinzipien eines zeitgemäßen Unternehmer- und Führungsverständnisses.

Diese Machtbalance ist aber von derjenigen, die an der Wiege der eigentlichen Machtkartelle gestanden hat, durchaus verschieden. Natürlich üben Unternehmen Macht aus. Sonst wäre eine Machtbalance ja auch überflüssig. Und nicht ohne Grund stellt unser Grundgesetz das Eigentum nicht nur unter Schutz, sondern nimmt es auch in die Pflicht. Andererseits plädiere ich sehr dafür, die Dinge auseinander zu halten.

Wenn wir nämlich Macht und Herrschaft als die »Chance auf Gehorsam« begreifen wollen, um Max Weber noch einmal zu zitieren, dann wird die Macht eines einzelnen Unternehmens größer sein als die eines einzelnen Beamten oder Rechtsanwalts.

Es geht mir aber nicht um die Macht als solche, sondern um

die Möglichkeiten ihrer Ballung über Machtkartelle. Es geht mir um den Zusammenhang zwischen Privileg und Gegenleistung (dieser Zusammenhang gilt für das einzelne Unternehmen nicht). Es geht mir um die Sanktionsmechanismen für den Fall, dass die Gegenleistung nicht »stimmt«. Und im Bereich der unternehmerischen Wirtschaft übernimmt zunächst einmal der Markt diese Aufgabe.

Markt und Wettbewerb sorgen also für eine im Prinzip ungemein wirkungsvolle externe Machtbalance im Unternehmensbereich. Beide sanktionieren im Prinzip sofort.

Nun sind Unternehmen immer wieder versucht, diesen Sanktionsmechanismus außer Kraft zu setzen, zumindest aber seine Wirkung zu verringern oder zu verzögern. Zu diesem Zweck nehmen sie auch direkt Einfluss auf den politischen Entscheidungsprozess. Ihre Verbände mischen sich, wie andere Verbände auch, in die Wirtschafts-, Sozial- oder Steuergesetzgebung ein. Und wenn es um Subventionen oder ähnliche Tatbestände geht, sind Unternehmen durchaus nicht zimperlich.

Nun ist gesellschaftliche Einflussnahme auf politische Entscheidungen nichts Verwerfliches. Politik kann ja nicht darin bestehen, unterschiedliche Interessen zu leugnen. Ihre Aufgabe ist vielmehr, sie zu bündeln und zwischen ihnen einen fairen Ausgleich zu schaffen.

Ärgerlich wird es nur, wenn dies nicht offen geschieht oder die meist unnötige Drohkulisse der »Arbeitsplatzvernichtung« aufgebaut wird (wobei Management und Betriebsräte häufig Hand in Hand arbeiten).

Jenseits von dieser Art der Einflussnahme sind Unternehmen versucht, marktbeherrschende Stellungen aufzubauen oder Kartelle zu bilden. Deshalb gibt es Kartellämter oder ähnliche Aufsichtsorgane. Über deren Durchsetzungsfähigkeit kann man im Einzelfall immer wieder streiten. Im Zeitalter der Globalisierung haben sie auf weltweiter Ebene ihre Struktur noch nicht gefunden. Insgesamt aber ist die Macht der Kartell- und Konzentrationskontrolle beträchtlich. Sie wird viel häufiger durch das Eingreifen des politischen oder bürokratischen Machtkartells begrenzt als durch den erfolgreichen Widerstand der betroffenen Unternehmen.

Daneben gibt es eine vielfältige interne Machtbalance in einem Unternehmen. Gesellschafterversammlung, Aufsichtsrat, Vorstand, Betriebsräte, Wirtschaftsprüfer, staatliche Aufsicht und – indirekt – die interessierte Öffentlichkeit und die Medien bilden dieses Geflecht der Balance. Im Allgemeinen funktioniert es durchaus zufrieden stellend.

Ein Unternehmen ist jedoch kein rationales, sondern ein soziales Gebilde. In ihm arbeiten Menschen mit all ihren Schwächen und Unzulänglichkeiten. Futterneid, zuweilen manische Selbstüberschätzung der Bosse, falsche Führungsmodelle, Übergewicht der Strukturen über die Ziele – all das lässt sich in einem Unternehmen ebenso finden wie in einer Innung oder in einem Ministerium. Es gibt jedoch einen gewaltigen Unterschied: Der Markt bestraft soziales und psychologisches Fehlverhalten innerhalb eines Unternehmens unweigerlich und zumeist relativ rasch.

Wie sich ein derartiges Fehlverhalten auswirken kann, wie fast alle eingebauten Sicherungen durchbrennen können, davon erzählt das nächste Beispiel.

Der Fall Holzmann

Der Einsatz gewaltiger, häufig anonymer Kapitalien, die schwierige Problematik unterschiedlicher Haftung, die Führungsnotwendigkeiten großer Unternehmen und die Verantwortung für viele Tausend Arbeitnehmer haben bei Kapitalgesellschaften also eine in sich hoch komplizierte, interne und externe Machtbalance geschaffen. Was passiert, wenn trotzdem die Sicherungen eine nach der anderen durchbrennen?

Genau das ist im Fall des Bauunternehmens Philipp Holzmann AG geschehen. Das rund 150 Jahre alte und weltweit tätige Unternehmen mit knapp 30 000 Mitarbeitern und einer jährlichen Bauleistung von zuletzt rund 12 Milliarden DM war nach dem Rückgang der Baukonjunktur in den neuen Bundesländern in erhebliche Schwierigkeiten geraten.

Vor einigen der damit verbundenen Existenzprobleme waren Vorstand und Aufsichtsrat intern und auch extern gewarnt worden. Deshalb ist zu Beginn des Jahres 1998 der Vorstandsvorsitzende ausgewechselt worden. Sein Nachfolger Binder kam zwar nicht aus der Branche, war aber als harter »Aufräumer« bekannt. Wohlgemut hat er noch im Sommer 1999 den Sanierungsbedarf bei Philipp Holzmann als »im Wesentlichen« abgeschlossen bezeichnet.

Am 13. und 14. November 1999 platzt die Bombe. Der Vorstand gibt ein neues, bislang nicht bekanntes Defizit in Höhe von insgesamt 2,4 Milliarden DM bekannt. Die Finanzierungslasten summieren sich damit auf 4,6 Milliarden DM, wozu noch rund 4 Milliarden DM an Bürgschaften kommen. Philipp Holzmann ist völlig überschuldet. Ein Insolvenzverfahren steht ins Haus und damit der Verlust vieler Arbeitsplätze sowie der eigentlichen Kapitalsubstanz der Aktionäre. Der Aktienkurs bricht sofort und total ein.

Nun kommt es zu hektischen Sanierungsbemühungen, die den Zusammenbruch vielleicht doch noch verhindern sollen. Nach und nach kommen jetzt die erstaunlichsten Dinge ans Tageslicht:

• Dieses neue Defizit ist vom 1998 neu eingesetzten Wirtschaftsprüfer gegen Ende des Sommers 1999 aufgedeckt worden. Voraufgegangene Warnungen der zuständigen Manager waren auf Vorstandsebene abgeblockt worden und, wie behauptet wird, mit der Trennung von diesen Warnern beantwortet worden. Ein klassischer Fall von »Realitätsverweigerung«!

Die bis 1998 tätigen Wirtschaftsprüfer hatten das Ausmaß der wirklichen Probleme nicht erkannt. Nach bis heute unwidersprochenen Hinweisen aus Fachkreisen haben sie die Holzmann-Bilanz testiert, obwohl beispielsweise in diesem Unternehmen eine hoch riskante Rückstellungspolitik oder die Aktivierung von Verwaltungsgemeinkosten an der Tagesordnung waren. Fazit: Die *Sicherung Wirtschaftsprüfer* hatte nicht voll und nicht rechtzeitig funktioniert. Seit Mitte Januar 2000 ermittelt nun die Staatsanwaltschaft Frankfurt gegen die Wirtschaftsprüfer.

- Der starke Mann im Aufsichtsrat war Carl L. von Boehm-Bezing, im Hauptberuf Vorstandsmitglied der Deutschen Bank, eine durchaus übliche Kombination.

Weniger üblich ist der Umstand, dass die Deutsche Bank nicht nur Hausbank bei Holzmann ist, sondern an dem Unternehmen schon seit mehr als einem halben Jahrhundert eine Beteiligung hält (zum Zeitpunkt des Desasters immerhin 15 Prozent). Die Experten des Bankhauses gingen bei den Experten des Bauriesen ein und aus. Es hat – allerdings dementierte – Gerüchte gegeben, nach denen sich das Finanzinstitut in die Abwicklung einzelner Großprojekte eingeschaltet habe. Wer will die Hand dafür ins Feuer legen, dass bei dieser Konstellation jeder Interessenkonflikt vermieden werden konnte?

Nach dem ominösen 14. November soll der Aufsichtsratsvorsitzende den Vorstandschef davon abgehalten haben, vor Analysten in London über die Schwierigkeiten zu berichten (und das, obwohl Holzmann immerhin ein börsennotiertes Unternehmen war).

Insgesamt wird man mit Fug und Recht sagen können: Die *Sicherung Aufsichtsrat* hatte nicht voll und nicht rechtzeitig funktioniert. Mittlerweile ist Boehm-Bezing aus dem Holzmann-Aufsichtsrat zurückgezogen worden.

- Der größte Einzelaktionär bei Philipp Holzmann war und ist die belgische Gevaert N.V., im Aufsichtsrat durch den exzellenten Deutschlandkenner André Leysen vertreten. Sie hat bis zum Kapitalschnitt 30 Prozent der Unternehmensanteile gehalten. Es wäre interessant herauszufinden, wer die Belgier seinerzeit dazu bewogen hat, sich auf ein derartig riskantes und labiles Engagement überhaupt einzulassen.

Am 21. Dezember 1999 stellt Leysen fest: »Holzmann ist vielleicht in ein schwarzes Loch der *corporate governance* gefallen.« Am 3. Januar 2000 legt er nach: »Es erfordert für einen Aufsichtsratsvorsitzenden, der aktives Mitglied eines Bankvorstandes ist, eine fast ›übermenschliche‹ Abgewogenheit, um bei der Entscheidungsfindung Interessenkonflikte zu vermeiden.« Im Rückblick auf eine kurz zuvor durchgeführte außerordentliche Aktionärsversammlung bemerkt er bitter: »Herr von Boehm-Bezing hat am 30. Dezember seinen *exit* verpasst.« Er werde nunmehr mit dem Vorstandsvorsitzenden der Deutschen Bank über die weiteren Schritte direkt reden.

Das bedeutet: Im Krisenfall hat auch die *Sicherung Großaktionäre* nicht funktioniert.

Jetzt soll auf die Schnelle saniert werden. Die erste Verhandlungsrunde einer Bankengruppe scheitert in der Nacht vom 21. auf den 22. November. Von insgesamt notwendigen 3 Milliarden DM legt die Deutsche Bank zwar rund die Hälfte auf den Tisch, aber andere Kreditinstitute ziehen nicht mit.

Deutliche Vorwürfe werden gegen die Commerzbank erhoben. Hat sie sich vielleicht sperrig gezeigt, weil sie als Hausbank des Konkurrenten Hochtief an einer Rettung von Holzmann kein Interesse hat? Die Vorwürfe werden entschieden zurückgewiesen, und kurz darauf wird Folgendes bekannt: Der Holzmann-Vorstand hat unmittelbar vor dem 14. November seine Kreditlinie bei der Commerzbank in Höhe von 50 Millionen DM ausgenutzt. Die Deutsche Bank soll demgegenüber ihre Kredite bei dem Bauunternehmen in den voraufgegangen Monaten kontinuierlich zurückgefahren haben.

Als nichts mehr geht, muss die Politik mit an den Tisch. In der Nacht vom 22. zum 23. November wird erneut verhandelt – in Anwesenheit des hessischen Ministerpräsidenten Roland Koch und des Staatsministers im Bundeskanzleramt Hans Martin Bury. Auch dieser Rettungsversuch scheitert. Es kommt – noch – nicht zur Bildung eines Notkartells zwischen Unternehmen und Politik.

Am 23. November leitet der Vorstand das Insolvenzverfahren ein. Das hat unmittelbar Auswirkungen auf Baustellen, Subunternehmer und Lieferanten. In Berlin führt der Betriebsratsvorsitzende ein Gespräch mit dem Bundeskanzler.

Am 24. November gewähren die Banken einen Sonderkredit, um zumindest die Kosten des Insolvenzverfahrens zu decken. Die Konkurrenz gibt Holzmann kaum noch Chancen für den Sanierungsfall.

Der Bundeskanzler schaltet sich direkt ein. Am 25. November findet ein allerletzter Rettungsversuch in seiner Anwesenheit statt. Er gelingt, die Arbeitnehmer jubeln, die Banken zollen Anerkennung, die Presse ist begeistert. Das Kartell zwischen Wirtschaft und Politik steht. Hieran ist vernünftigerweise nur wenig zu kritisieren; die Prozesse aber müssen offen gelegt werden.

Die Arbeitnehmer hatten in einem ersten Anlauf als Sanierungsbeitrag einen Lohnverzicht von 6 Prozent und eine Verlängerung der Arbeitszeit angeboten. Wenigstens sie haben die

Loyalität zum Unternehmen bewiesen, die den anderen Beteiligten abhanden gekommen war.

Doch nun zeigen andere Machtkartelle ihre Zähne. Die Gewerkschaft bezieht zunächst Front gegen den Betriebsrat, weil dessen Sanierungsangebot nicht mit den Tarifverträgen und dem geltenden Tarifrecht in Einklang zu bringen sei. Ähnliche Bedenken äußert der Verband der Bauindustrie. Dann kommt es zu einer verwässerten Lösung, die allen Beteiligten erlaubt, was in dieser Phase am wichtigsten ist: ihr »Gesicht zu wahren«. Aber selbst diese Lösung wird von dem anderen Machtkartell, nämlich vom Arbeitgeberverband des Baugewerbes, verworfen. Damit wackelt wiederum die Unterschrift der IG Bau, die an die Zustimmung der Arbeitgeberverbände gekoppelt war.

In der Zwischenzeit haben sich die Dinge beruhigt. Im Vorstand und an der Spitze des Aufsichtsrats haben sich personelle Änderungen ergeben. Der Wirtschaftsprüfer ist ebenfalls ausgewechselt worden. Und auch für den Sanierungsbeitrag der Arbeitnehmer ist eine allseits akzeptable, allerdings verwässerte Lösung gefunden worden.

Den Fall Holzmann habe ich mit Bedacht so ausführlich in Erinnerung gerufen. Er zeigt:

- Die innere Machtbalance in Unternehmen ist nicht krisenfest. Das kann sie auch nicht sein, weil im Ernstfall die einzelnen im Unternehmen vertretenen Gruppen und die hinter ihnen stehenden Machtkartelle das Eigeninteresse über die Loyalität stellen.
- Die äußere Machtbalance, die eigentlich der Markt liefern sollte, kann ausgehebelt werden. Voraussetzung dafür ist, dass der »Streitwert« hoch genug ist, äußere er sich nun in Verlustbeträgen, Arbeitsplätzen oder politischem Stimmenpotenzial.

- Die Politik ist bereit, sich auf Notkartelle einzulassen. Sie muss die Verantwortung schultern, die andere nicht übernehmen wollen. Sie muss, auch durch die Medien gedrängt, jederzeit Handlungsfähigkeit nachweisen. Und ihre Vertreter müssen den Einfluss des jeweils eigenen Machtkartells bedenken.

Privatfernsehen:
Wenn der Staat zur Kartellbildung auffordert

Wenn Markt und Wettbewerb die wesentlichen Elemente der äußeren Machtbalance im Unternehmensbereich sind, ist es nicht weiter erstaunlich, dass es immer dann zu Kartellen kommt, wenn die Politik Markt und/oder Wettbewerb außer Kraft setzt. Die Landwirtschaft ist ein hinlänglich bekanntes Beispiel dafür.

In jüngerer Zeit hat die Medienpolitik wettbewerbsfeindlich, konzentrationsfördernd und kartellbildend gewirkt. Hier sind denn auch ausgesprochene Machtkartelle entstanden.

Als ich im September 1983 mein Amt im Vorstand der Bertelsmann AG angetreten habe, gab es noch kein Privatfernsehen in Deutschland. Wenn man von grenznahen Einstrahlungsgebieten ausländischer Sender und den lokalen Programmen der ehemaligen Alliierten einmal absieht, haben ARD und ZDF seinerzeit über ein Monopol verfügt.

Es zeichneten sich jedoch zwei wichtige technische Entwicklungen ab, die den Weg für ein konkurrierendes Privatangebot frei machen konnten: die schrittweise »Verkabelung« und das Aufkommen der ersten »Rundfunksatelliten«.

Das hat die Politik in den für Medienfragen allein zuständigen Bundesländern vor einige Schwierigkeiten gestellt:

- Es drohte Ungemach für den öffentlich-rechtlichen Rundfunk. Mit ihm aber hatte man sich einigermaßen arrangiert; man hatte entscheidenden Einfluss auf alle wichtigen Personalentscheidungen; aus den Überschüssen ließ sich so manches interessante Projekt finanzieren.
- Man konnte sich, ganz im Unterschied zum Pressewesen, eine markt- und wettbewerbsorientierte Ordnung der neuen Fernseh- und Hörfunklandschaft überhaupt nicht vorstellen. Im Kern aber hatte man besonders vor einem Angst: Ein Machtkartell drohte ins Wanken zu kommen.
- Was sollte aus den etablierten Medienstandorten werden? Würden die neuen Anbieter ihre Imperien anderswo aufbauen? Würden sie damit Wirtschaftskraft und Talent aus den alten Hochburgen von ARD und ZDF abziehen?

Den erschreckten Medienpolitikern in den Staats- und Senatskanzleien sind damals zwei Umstände zu Hilfe gekommen: Das Bundesverfassungsgericht bestätigte in mehreren Urteilen die Sonderstellung von ARD und ZDF – und es gab noch viel zu wenige Übertragungsmöglichkeiten. Kabel und Satellit standen erst am Anfang; terrestrische Kanäle waren angeblich überhaupt nicht vorhanden (was sich rasch als Irrtum herausstellen sollte).

Das hat die Politiker in den Achtzigerjahren enorm erleichtert. Sie konnten nämlich einen vorgeblichen Mangel verwalten, und mit Mangelverwaltung kannte die Politik sich aus.

In der Folge ist zwischen den Bundesländern eine Reihe von so genannten Staatsverträgen abgeschlossen worden. Darin wurden die Wettbewerbs- und damit die Existenzbedingungen für das Privatfernsehen im Detail festgelegt. Die meisten der ursprünglichen Bestimmungen waren ökonomisch widersinnig; viele von ihnen sind seither aufgegeben worden – offen oder unter der Decke.

Was für unsere Betrachtung wichtig ist: Die Staatsverträge haben die Medienunternehmen in Zwangskartelle gepresst. An sich überflüssige und kaum zu bewältigende Anteilsgrenzen in den einzelnen Sendern wurden ergänzt durch Vorschriften über das, was gesendet werden durfte. Eine kräftige unternehmerische Führung oder gar das Ausüben verlegerischer Verantwortung war unter derartigen Bedingungen nicht möglich.

Was nun die Medienunternehmen selbst angeht, so will ich deren Reaktionen am Beispiel des Hauses Bertelsmann schildern:

• Eine grundsätzliche Entscheidung zu Gunsten einer Beteiligung am privaten Rundfunk ist recht rasch gefällt worden. Dafür waren keinesfalls in erster Linie verlegerische oder publizistische Gesichtspunkte maßgeblich. Wir waren vielmehr sicher, dass privates Fernsehen in ganz erheblichem Umfang Werbegelder an sich binden würde. Da mussten wir einfach dabei sein, wenn wir das Feld nicht der Konkurrenz überlassen wollten – zu Lasten der eigenen Produkte (und hier insbesondere der Zeitschriften).

• Wir mussten deshalb zähneknirschend die Fesseln und Knebel der Staatsverträge hinnehmen. Wir haben Führungsstrukturen und Gesellschafterkonstruktionen akzeptiert, an die wir im normalen Mediengeschäft nicht im Traum gedacht haben würden. Noch auf Jahre hinaus habe ich in Vorstand und Aufsichtsrat die größte Mühe damit gehabt, meinen Kollegen dieses Wirrwarr überhaupt verständlich zu machen.

• Ich musste mich ständig auf Tour begeben, um Übertragungsmöglichkeiten und Lizenzen zu ergattern, möglichst geeignete Partner zu finden (was nicht immer gelungen ist) oder einen zu großen Standortehrgeiz bei meinen Gesprächspartnern aus der Politik abzubremsen.

Auf diesem Wege haben wir auch gelernt, über Kontakte und Gespräche mit unseren Konkurrenten ein Mindestmaß an Vernunft in die Dinge zu bringen und die gröbsten Erpressungsversuche abzuwehren. Mit anderen Worten: Wir haben ein zielgerichtetes und zeitlich begrenztes Machtkartell gebildet.

So haben Massendemokratie und moderner Verwaltungsstaat ein drittes Motiv für die Herausbildung von unternehmerischen Machtkartellen geliefert: Neben rein ertragsorientierte Gründe, neben den Versuch, gemeinsam die Politik unter Druck zu setzen, tritt der staatliche Zwang zur Kartellbildung. Er ist bis heute in mehreren Wirtschaftszweigen spürbar.

Allerdings gilt eine wesentliche Einschränkung. Machtkartelle der beschriebenen Art setzen nämlich voraus, dass sich auf der nationalen Ebene Partner, also andere Machtkartelle finden lassen, die bereit sind, das Spiel mitzuspielen. Heute aber hat das unternehmerische Geschehen zunehmend die Grenzen nationalen Handelns überwunden und eine neue, globale Wirklichkeit geschaffen.

Kapital ist scheu wie ein Reh

Ende 1998 hat das Volumen im weltweiten Handel mit Futures, Optionen, Swaps und anderen Derivaten 64 Billionen US-Dollar betragen. Das entspricht etwa dem Achtfachen des Bruttosozialprodukts der Vereinigten Staaten von Amerika.

Das Sozialprodukt Montenegros dürfte sich 1999 auf rund 600 Millionen US-Dollar belaufen haben. Das entspricht etwa 1 Promille des täglichen Devisenhandels rund um die Welt. Dieser Devisenhandel ist jetzt nur noch zu rund 1 Prozent mit Warengeschäften unterlegt. 1980 sind es noch 30 Prozent gewesen.

1999 ist der Börsenkurs vieler Traditionsunternehmen um

mehr als 100 Prozent gestiegen. Durch den Merger zwischen dem Medienunternehmen Time Warner und dem Internetgiganten AOL soll ein Unternehmen mit einem Börsenwert von rund 350 Milliarden US-Dollar entstehen. Das wäre mehr als der Börsenwert von Bayer, BASF, Allianz, Siemens, VW und Deutscher Bank zusammengenommen!

Das sind Zahlen, die der normale Menschenverstand nicht mehr nachvollziehen kann. Sie machen klar: Das global operierende Finanzkapital läutet – in Verbindung mit der Informations- und Kommunikationstechnologie – eine neue Etappe der Weltwirtschaft ein. Künftig werden viele überlieferte Regeln nicht mehr gelten. Die Macht dieses Kapitals und der hinter ihm stehenden Unternehmen stellt alles bisher da Gewesene in den Schatten. Herbert I. Schiller, ein kritischer amerikanischer Nationalökonom, hat dazu – vor zwölf Jahren (!) – einmal angemerkt: »Obwohl niemand vorgeschlagen hat, dass transnationale Unternehmen die Welt regieren sollten, hat sich auch noch kein anderer Kandidat gemeldet.« Was er wohl heute sagen würde?

Im Zusammenhang dieses Buches ist Folgendes wichtig:

- Global operierende Unternehmen und weltweit agierendes Kapital schreiben ihre Spielregeln weitgehend selbst. Nationale Regierungen können derartige Spielregeln nicht mehr aufstellen und durchsetzen – auch die in Washington nicht. Internationale oder auch nur europäische Organisationen aber sind längst noch nicht so weit. Auf sie kann nicht gewartet werden. Die Spielregeln werden deshalb bis auf weiteres von den Gesetzen des Marktes diktiert.
- Dieser Markt macht es erforderlich, dass Investitionen in Menschen, Maschinen, Strukturen und Vermögensanlagen dort stattfinden, wo sie den höchsten Ertrag versprechen. Das als »Spekulation« zu verteufeln ist unsinnig. Warum soll-

te Kapital an Stellen wandern, wo es nur mäßig bedient wird? Die Kapitalgeber würden sich bedanken.

- Deshalb ist das Betätigungsfeld für Finanz- und Sachkapital zunehmend die ganze Welt. Es gilt der Spruch: »Kapital ist scheu wie ein Reh.« Diese extrem hohe Kapitalmobilität erzeugt soziale und auch gesellschaftliche Friktionen. Es ist aber grundfalsch, hierfür die Kapitalgeber verantwortlich zu machen. Die eigentlich Verantwortlichen sitzen in der Politik, die ihre »Spielwiesen« behalten will und deshalb nicht für einen transnationalen Ordnungsrahmen sorgt.

Im Unternehmensbereich ist heute eine merkwürdige und beunruhigende Situation eingetreten: Die interne Machtbalance in den weltweit agierenden Firmen funktioniert mehr oder weniger. Die äußere Machtbalance aber ist weitgehend abhanden gekommen.

Das globale Kapital hat es nicht mit einem globalen Souverän und den von ihm abhängigen Machtkartellen zu tun. Es ist selber Souverän geworden.

Auch deshalb stellen die Unternehmen einen Sonderfall dar, der allerdings in Zukunft deutlich ernster genommen werden sollte als bisher. Das kann aber nicht durch allgemeine Kapitalismusschelte oder das Wecken von Neidkomplexen passieren. Es geschieht vielmehr dadurch, dass die Regierungen ihre Bürger über internationale Zusammenhänge offen aufklären. Und es geschieht dadurch, dass die dringend notwendigen Rahmenbedingungen für unternehmerisches Handeln weltweit geschaffen werden. Um es verkürzt auszudrücken:

- Es gibt globale Probleme.
- Probleme müssen gelöst werden.
- Und globale Probleme müssen global gelöst werden.

Kapitel 10

Die Medien oder: Gute Nachrichten sind keine Nachrichten

Als die Herrschaftsverhältnisse noch klar waren und Macht-kartelle noch unangefochten wirken konnten, war auch die Rolle der damaligen Medien klar vorgezeichnet. Diese alten Zeiten sind allerdings nicht auch gute Zeiten gewesen, was den Informationsstand anging. Neugierde, diese allzu menschliche Eigenschaft, hatte sich auf das persönliche Umfeld zu konzen-trieren. Über die Fürstenfamilie wurde man dann unterrichtet, wenn wieder einmal ein Krieg, eine Hochzeit oder eine Erbfol-ge anstanden.

Amtliche Verlautbarungen wurden am »Schwarzen Brett« beim Rathaus angeschlagen oder vom Ratsboten, der sich mit einer großen Schelle Aufmerksamkeit zu verschaffen wusste, laut verlesen. Letzeres habe ich während unserer kriegsbeding-ten Evakuierung im ländlichen Thüringen selber noch erlebt.

Für die religiösen Inhalte sorgte der Sonntagsgottesdienst. Die Priester mussten es besser wissen, konnten sie doch lesen und schreiben. Und vielleicht hatten sie später sogar eine Ga-zette abonniert.

Was sonst noch in der weiten Welt passierte, das erzählten ei-nem dann, natürlich mit den dazugehörenden Übertreibungen, die Bänkelsänger per Bildtafel und Zeigestock.

Mehr brauchten unsere Vorfahren nach Meinung der Herrschenden auch nicht zu wissen. Zusätzliches Wissen hätte ja doch nur den ruhigen Gang der Dinge und die gewohnten Herrschaftsverhältnisse bedroht. Unruhe und Aufstände hat es trotzdem in Hülle und Fülle gegeben. Aber dafür war dann das »Hörensagen« ursächlich und nicht etwa die *Tagesschau*.

Von Pressefreiheit war damals noch nicht die Rede. Die Medien waren schlicht und einfach Transmissionsriemen zwischen Herrschenden und Beherrschten. Von wenigen Literaten abgesehen waren es lediglich die Hofnarren, die den Herrschenden ab und zu den Spiegel vorhalten konnten. Die Macht war intakt. Sie wollte und brauchte sich keine unbequemen Fragen stellen zu lassen.

Seither sind wir viel weiter gekommen, was unsere Kenntnis der Welt und die Unterrichtung über sie angeht. Wer möchte auf sein Zeitungsabonnement verzichten, für viele von uns immer noch das wichtigste »Tor zur Welt«? Gewiss sagen wir uns manchmal: »Papier ist geduldig.« Und dennoch schleppen wir nicht nur eine Art Urvertrauen in die gedruckten Medien mit uns herum, sondern haben es in der Zwischenzeit auch auf Radio und Fernsehen übertragen. Zu Recht?

Zwar herrscht heute, im Zeitalter der Massendemokratie, der Grundsatz der Informations- und Pressefreiheit, einer der größten Fortschritte der jüngeren Geschichte. Gerade wegen der Bedeutung dieses Prinzips aber muss die Frage gestellt werden: Gehen wir verantwortlich damit um? Oder laufen die Medien auf ihre Weise nicht häufig Gefahr, aus Mangel an Mut, aus Gefallsucht der in ihnen Tätigen oder aus kommerziellen Motiven in die alte Rolle des Hofnarren zurückzufallen, also den Tonangebenden allzu sehr zu Diensten zu sein?

Erhebliche Zweifel an der glaubwürdigen Unterrichtung durch die Medien sind angebracht – und diese Zweifel haben sehr viel mit der Professionalisierung und Spezialisierung der berichtenden Zunft und der hinter ihnen stehenden Unternehmen, Sender und Verlage zu tun. Auch in den Medien gibt es Feuerwehrleute, die sich ungerührt als Brandstifter betätigen!

Journalisten und Redakteure müssen zunächst einmal aus der Fülle der Informationen eine Auswahl treffen. Damit verkürzen sie die Wirklichkeit. Das ist unvermeidlich und normal. Arg wird es dann, wenn dies – aus welchen Gründen auch immer – in bewusster Einseitigkeit geschieht.

Journalisten und Redakteure werden immer auch Wirkung mit dem erzielen wollen, was sie tun – über das Wort, den Ton oder das Bild. Auch das ist unvermeidlich und normal. Arg wird es dann, wenn über dem Effekt die Sache selbst vernachlässigt wird.

Diese Prozesse sind leider in vollem Gange. Und das nicht erst seit heute.

Große Schlagzeilen machen große Neuigkeiten

Als kaum zehn Jahre nach dem Krieg in Deutschland die erste große Boulevardzeitung auf dem Markt erschien, da sangen die Spötter nach einer altbekannten Melodie: »Von den Seiten tropft das Blut – aber trotzdem: *Bild* ist gut!«

Als jugendlicher Hitzkopf habe ich fest an die tiefe Wahrheit dieser Sentenz geglaubt. In Wirklichkeit hatte die *Bild*-Zeitung nur eine Weisheit radikal umgesetzt, die Orson Welles in dem Filmklassiker *Citizen Kane* so formuliert: »Große Schlagzeilen machen große Neuigkeiten.« Damals habe ich mich damit getröstet, dass es sich dabei nur um einen Einzelfall handele, der mein Vertrauen in die Presse nicht erschüttern konnte.

Zum ersten Male stutzig wurde ich während meiner Diplomarbeit, die die soziologische Untersuchung des Redakteursstabs einer Kölner Tageszeitung zum Gegenstand hatte. Ein gewaltiger Fragebogen musste sinnvoll ausgewertet werden. Der enthielt unter anderem folgende Frage an diese Redakteure: »Für wen schreiben Sie eigentlich?«

Dumme Frage, dachte ich. Für den Leser natürlich. Umso größer war meine Verblüffung, als sich aus der Auswertung der Fragebögen ergab, dass die Mehrzahl der Befragten angab, in erster Linie für ihre Kollegen zu schreiben.

Dem eigenen Berufsstand zu imponieren wäre wichtiger, als den Leser zu informieren!? Ich muss zugeben, damals ist ein ganzes Stück staatsbürgerlicher Naivität bei mir verflogen. Später ist mir dieses Befragungsergebnis von Journalisten wiederholt bestätigt worden.

Worte und Bilder können lügen

Heute weiß ich natürlich besser Bescheid in einer Welt, in der man mit dem geschriebenen Wort nicht nur achtlos, sondern auch verfälschend umgehen kann. Das habe ich am eigenen Leib erfahren: Ende der Siebzigerjahre wurde gegen eine Reihe von Bonner Politikern, darunter auch gegen mich, ein staatsanwaltschaftliches Ermittlungsverfahren wegen des Verdachts auf Bestechlichkeit eingeleitet. Es ging um die so genannte Flick-Affäre. Natürlich hat sich die Presse dieses Themas sofort und »liebevoll« angenommen. Ich habe insgesamt 56 Artikel gesammelt, in denen die Kritik an uns in Aufforderungen zum Rücktritt, ja sogar zum Freitod mündete, ganz nach dem Motto, im alten Preußen habe man in derartigen Fällen zum Revolver gegriffen. Als die Staatsanwaltschaft ihre Ermittlungen einige Monate später mit dem ausdrücklichen Hinweis einstellte, der Anfangsverdacht sei unbegründet gewesen, habe ich alle 56 Journalisten persönlich angeschrieben. Ein einziger von ihnen hat sich damals bei mir entschuldigt. Eine korrigierende Berichterstattung ist in keinem Fall erfolgt.

Dass man aber nicht nur mit dem Text, sondern vielleicht noch besser mit dem Bild manipulieren kann, wissen wir spätestens seit dem berüchtigten Badehosen-Foto des Reichspräsidenten Friedrich Ebert. Einen älteren Herrn im Badekostüm zu zeigen, der in knietiefem Wasser steht, das hatte damals Symbolwert für alle, die mit der Demokratie im Allgemeinen und mit der Weimarer Republik im Besonderen nichts am Hut hatten. Noch eindeutiger verhält es sich mit den kruden Bildfälschungen der Stalinzeit. Leider sind derartige »Korrekturen« auch heute noch durchaus an der Tagesordnung. Nur die Technik der Fälscher hat sich vervollkommnet, sozusagen professionalisiert.

Das ist der einfache Grund dafür, warum heute kein Politiker mehr die Augen schließt, wenn ein Fotograf irgendwo in der Nähe ist. Wer weiß, wann ein derartiger Schnappschuss als Beweis für angebliche Amtsmüdigkeit verwendet wird?

Eine Ausstellung mit dem Titel »Bilder, die lügen«, die 1998/99 im Haus der Geschichte in Bonn zu sehen war, hat dazu reichhaltiges Anschauungsmaterial geliefert. Ob eine Wasserlache vor einem ägyptischen Tempel rot retuschiert wird, um die Blutrünstigkeit von Terroristen gebührend zu unterstreichen, ob geldgierige »Reporter« ganze Bildartikel zum Thema »Neonazis« mit gestellten Fotos bestücken, ob zwölf Blätter aus der unsagbaren Welt der Frauenzeitschriften über das Baby der Prinzessin Stephanie von Monaco berichten – eine jede mit einem anderen Säugling auf dem Titelbild: Es scheint fast alles möglich zu sein. Das Bild stößt nur selten an seine Grenzen – wie bei der bis heute ungelösten Schicksalsfrage, ob beim Treffer der Engländer im Weltmeisterschaftsfinale 1966 der Ball nun im Tor war oder nicht.

Es gibt natürlich auch subtilere Formen der Verfälschung. Roger de Weck, der Chefredakteur der *Zeit*, hat einmal von den Redaktionen gesprochen, die sich »im Buhlen um die Promis verbeugen und verbiegen«. Damit aber gerät die journalistische Unabhängigkeit genauso in Gefahr, wie sie von manchen zielgruppenorientierten Medien aufs Spiel gesetzt wird, die mit Blick auf ihre Anzeigenkunden zu Gefälligkeitsartikeln neigen.

Die Welt der Abziehbilder

Das »Ab-Bild« bestimmt unsere Sicht der Welt. Das erfahren wir jeden Tag. Dieses Abbild ist längst ein Abziehbild geworden. Wenn es uns durchs Fernsehen gegenübertritt, gilt das in besonderem Maße.

Längst sind aus »Abendnachrichten« die *Tagesschau* oder *Heute* geworden. Seit einigen Jahren versuchen private Sender mit Bezeichnungen wie *Newsshow* oder *Hit News* unsere Neugier auf ihre Informationsprogramme zu lenken. Der Glaubwürdigkeit des bebilderten Wortes hat das kaum Abbruch getan. Immer wieder kann man beobachten, wie in einer Diskussion die Richtigkeit der eigenen Argumente mit dem Hinweis unterstrichen wird: »Das habe ich erst gestern im Fernsehen gesehen.«

Wir sehen alle gerne hin, besonders wenn der Blick durchs Schlüsselloch geht. Voyeure sind wir alle – ob sich nun der Gegenstand unserer Begierde im buntgedruckten Magazin oder auf dem Fernsehschirm präsentiert. Deshalb wird der tote Ministerpräsident Uwe Barschel auflagenfördernd auf die Titelseite des *Stern* gerückt. Und deshalb ist kein Unglück zu schlimm oder zu banal, um nicht in die Abendnachrichten auch von ARD/ZDF zu kommen, natürlich blutig bebildert.

Auf die Spitze getrieben wird der Voyeurismus durch TV-Sendungen wie *Big Brother*. Zunehmend überschreiten der schlechte Geschmack und das zynische Spiel mit niedrigen Instinkten die Schwelle der Peinlichkeit.

Unser Medienfutter wird von den Medienmachern vorgekaut

Idealisten glauben, dass sich über eine umfassende Information durch die Medien unsere Weltsicht und unsere Einsicht in wichtige Zusammenhänge erweitern und verbessern. Optimisten nehmen darüber hinaus an, dass dies die allgemeine menschliche Vernunft fördere. Ganze Berge von Doktorarbeiten sind über diese Zusammenhänge verfasst worden. Die Wirklichkeit sieht (leider!) etwas anders aus. Hierzu zunächst folgende Beobachtung: Heiner Hug, der langjährige Nachrichtenchef des Deutschschweizer Fernsehens, hat vor einiger Zeit ein vorzügliches Buch mit dem Titel *Wir, die Geier* auf den Markt gebracht. Darin beschreibt er, wie Information im Fernsehen entsteht (und mutatis mutandis ließe sich das durchaus auf andere Nachrichtenmedien auch anwenden). Er formuliert in lapidarer Kürze, worum es wirklich geht: »Die Zuschauer glauben, einen Überblick über das zu erhalten, was auf der Welt geschieht. Irrtum: Sie erfahren das, was man für sie ausgewählt hat.«

Wenn die Redakteure einer Nachrichtensendung im Fernsehen zu ihrer Vorbereitungssitzung zusammenkommen, hat meistens eine Nachwuchskraft aus den verschiedenen Pressediensten bereits die Neuigkeiten ausgewählt, die sie für berichtenswert hält. Standardfrage des Chefredakteurs: »Und welche Bilder haben wir dazu?« Gibt es einmal keine – was heute eher selten ist – dann wandert die betreffende Meldung entweder gleich in den Papierkorb (das Ereignis findet also nicht statt) oder es reicht gerade noch für die Rubrik »Kurzmeldungen«.

So wird der Bildredakteur zum Entscheidungsträger. Das engt die Möglichkeiten des Journalisten, wichtigen und komplizierten Nachrichten nachzugehen, zusätzlich ein.

Mit der Auswahl beginnt die Kalamität. Diese Auswahl ist

ungemein schwer zu treffen. Die drei größten Nachrichten-
agenturen der Welt – *Associated Press* (AP), *Reuters* und
Agence France Press (AFP) – verbreiten Tag für Tag mehr als
30 Millionen Wörter über ihre diversen Kanäle. Das sind gut
80 000 Seiten Text! Und selbst *dpa* bringt es noch auf 350 DIN-
A4-Seiten täglich für ihren innerdeutschen Dienst.

Da Auswahl Verkürzung bedingt, ist hier eine besondere
Verantwortung gefragt. Dass man ihr gerecht werden kann, be-
zeugen zahllose Beispiele. Es liegt also nicht primär am Aus-
wahlprozess, wenn es zur Verzerrung kommt, sondern am
Ethos der an ihm Beteiligten.

Emotionen verkaufen sich besser als Fakten, Vorurteile besser als Urteile

Wenn wir uns informieren, dann geht es nicht nur um unseren
Kopf, also nicht nur um nüchterne Erkenntnis. Es geht auch um
unser Gemüt, um Emotion. Die Bänkelsänger haben das bereits gewusst, die Regisseure einer Fußballübertragung wissen
es ebenso wie die Nachrichtenleute in den Medien.

Heiner Hug schreibt dazu:»Es gibt sieben ›chemische
Grundelemente‹. Sie lösen immer eine Reaktion aus: Macht,
Karriere, Liebe, Sex, Betrug, Scheitern, Schadenfreude. Je
mehr dieser Stoffe zusammenkommen, desto mehr braust es im
Topf (der Nachrichtensendungen oder -seiten).« Man könnte
spannende Ungewissheit, Mitleid und Neid hinzufügen und
hätte zehn solcher Elemente.

Das Problem ist: Weder sind wir uns der Vermischung von
Informationsbedürfnis und Voyeurismus genügend bewusst,
noch halten die »Berichterstatter« beide Sphären sauber von-
einander getrennt.

Schauen wir uns sorgfältig in der Welt um, dann stoßen wir

auf eine große Anzahl blutiger Konflikte und Kriege. Die meisten werden von den Medien totgeschwiegen. Lange galt das selbst für den Kosovo, und es gilt heute wieder für Ostafrika. Wir erfahren von diesen Konflikten nichts, und deshalb existieren sie für uns nicht. Hier gilt:»Wir wissen nur das, was wir sehen.« Es sind nur einige wenige Konflikte, die in Fernsehen, Hörfunk und den Bilderblättern Platz finden. Mit ihnen hofft man angesichts einer beschränkten Aufnahmefähigkeit des Publikums noch durchzudringen und wirklich Geld verdienen zu können. Auf dem Höhepunkt der Intifada stand hinter fast jedem Steine werfenden Palästinenser ein Kamerateam. Und in den dramatischen Wochen des Kosovo-Konflikts haben sich mehr als 2000 Journalisten vor Ort aufgehalten. Der Kosovo, wohlgemerkt, ist kleiner als Schleswig-Holstein!

»Und wenn es keine deftigen Kriege gibt? Dann sucht man eben welche.« So weit Heiner Hug. In Ruanda oder Burundi, in Kolumbien oder Kambodscha lässt sich doch immer etwas finden. Und wenn gar nichts hilft – Sierra Leone (wo liegt das eigentlich genau?) taugt dann immer noch.

Kein Wunder, dass auf diesem Hintergrund abgewogene Urteile nicht blühen können, dass rasche Vorurteile und grobe Klischees aber prächtig gedeihen. Hug gibt ein bezeichnendes Beispiel:»1997 geriet die Schweiz in den internationalen Holocaust-Strudel. Große, seriöse Fernsehstationen nahmen sich des sonst vergessenen Landes an. Erstaunlich die Berichterstattung: Sie triefte vor Klischees. Wir erschraken. Da kamen der Käse und die Fahnenschwinger, die Schokolade, die Banken und das Matterhorn. Und wir? Wenn wir über Amerika oder Asien berichten – wie viele Klischees tischen wir dann auf?«

Dasselbe Vorgehen trifft auch uns. Wir ärgern uns – zu Recht! –, wenn noch der kleinste Vorfall aus dem rechtsradikalen Lager auf die Titelseite etwa der *International Herald Tri-*

bune gelangt. Wir sind sauer, wenn wir andauernd nur nach Neonazis gefragt werden oder wenn das vielseitige kulinarische Angebot unseres Landes konstant auf Sauerkraut und Bier reduziert wird. Aber wie gehen wir selber vor, wenn wir uns Urteile über Italiener, Türken, Chinesen oder »Yankees« bilden?

Am schlimmsten ist es meistens dann, wenn journalistische Schlüssellochgucker sich über unser Privatleben hermachen. Kaum noch ist von der Achtung der Menschenwürde und den sich daraus ableitenden Persönlichkeitsrechten die Rede. Mit der oft heuchlerischen Berufung auf die »Informationsfreiheit« wird die Nase in alles, aber auch wirklich in alles gesteckt. Ein Unternehmer mit Freundin am Karibikstrand? Auf die Titelseite damit! Ein Politiker lässt sich scheiden? Prima, das reicht allemal für einen Sonderbeitrag (schließlich ist er doch eine Person öffentlichen Interesses, oder nicht?).

Im Exzess haben wir das alles am Beispiel von Prinzessin Diana miterlebt. Sie ist kein Einzelfall gewesen, wie wir wissen.

Zumindest indirekt hat all dies durchaus mit meinem Thema der Machtkartelle zu tun: Wer sich mit billigem Voyeurismus zufrieden gibt, verstellt sich den Weg zu rationalem Betrachten der Realität und damit auch zur kritischen Auseinandersetzung mit ihr. Er wird zur leichten Beute derjenigen, die ihre Privilegien hüten wollen und zu diesem Zweck ihre Umwelt mit »Brot und Spielen« von den eigentlich wesentlichen Geschehnissen ablenken.

Wer möchte nicht ein Promi sein?

Viele Persönlichkeiten des öffentlichen Lebens, viele Galionsfiguren unserer Amüsiereliten suchen mit Fleiß genau das Rampenlicht, über das sie sich dann weidlich entrüsten. Was für ein Gedränge, wenn ein Pressefotograf oder eine Fernsehkamera in der Nähe ist! Welch grenzenlose Bereitschaft zum »Outing« in einer der vielen Talk-Shows, jenen Hochämtern des psychischen Voyeurismus! Dass daraus ein schrankenloser Freibrief zum Schnüffeln unter jedermanns Rock gemacht wird, das ist trotzdem ein Ärgernis.

Das liegt gar nicht in erster Linie an persönlichem Fehlverhalten des einzelnen Journalisten, Fotografen oder Interviewers. Dass derartiges Verhalten von den Betroffenen meist gar nicht mehr als bedenklich empfunden wird, hat einen einfachen Grund: Es hat System.

Bettina Gaus, selbst eine seriöse Journalistin, hat dazu in der *Hamburger Morgenpost* Folgendes geschrieben: »Politiker machen für den Verfall der Sitten gerne beutehungrige Sensationsreporter verantwortlich. Eine erfrischend schlichte Schuldzuweisung. Medien und Politiker benutzen sich gegenseitig ... ›Unter der Wächterfunktion der Medien hatten wir bislang etwas anderes verstanden als das Belagern von Hauseingängen‹, schrieb Wolfgang Schäuble ... Recht hat er. Auf die Möglichkeiten der Gestaltung von Politik sind die Auswirkungen der medialen Omnipräsenz verheerend.«

In der Tat, Medien und die Vertreter der Machtkartelle sind heute aufeinander angewiesen. Letztere freuen sich, wenn sie in Presse und Fernsehen präsent sind. Was sie zumeist übersehen, ist, dass Medienlob immer eine Kehrseite hat, nämlich den unweigerlich eines Tages folgenden Verriss. Die Medienmacher gehen mit diesem Instrumentarium souverän um.

Im Sommer und frühen Herbst 1999 ist es Gerhard Schröder – oder vielmehr: seinem Bild in den Medien – richtig schlecht gegangen. Damals hatte ihn auch die Satire entdeckt. Bei RTL lief zeitweilig eine Comedy-Sendung mit dem Titel: *Wie war ich, Doris?* Schröder hat sich mächtig und auch vernehmlich darüber geärgert, einen angedeuteten Senderboykott eingeschlossen. Als die *Gala* dem Chefredakteur des Senders im September die Frage stellte: »Ist der Kanzler für Sie verzichtbar?«, hat dieser eine fast klassische Antwort gegeben: »Diese Frage stellt sich nicht. Wir rechnen damit, dass die Politiker mit uns zusammenarbeiten. Auch der Bundeskanzler wird sich wieder beruhigen.«

Die Inszenierung der Wirklichkeit

Die medientechnische Entwicklung der letzten Jahrzehnte hat zu einer beispiellosen Ausweitung des Medienangebots geführt. Vor gerade einmal 15 Jahren musste sich ein Fernsehzuschauer in Hannover oder Ingolstadt noch mit drei Programmen zufrieden geben. ARD, ZDF und das für diese Region bestimmte »Dritte Programm« machten die TV-Welt aus.

Heute stürmen auf die meisten Deutschen – und in Belgien, den Niederlanden oder den USA sieht es auch nicht anders aus – weit mehr als 30 Programme ein. Die bevorstehende Digitalisierung sowie andere technische Entwicklungen lassen weit mehr als 100 Angebote durchaus möglich erscheinen. Und was für das Fernsehen gilt, gilt für die Publikumszeitschriften ebenso. Es reicht ein Besuch im Pressekiosk eines größeren Hauptbahnhofs, um sich von der Explosion des Angebots zu überzeugen.

Diese Entwicklung zwingt die wirtschaftlich, verlegerisch und journalistisch Verantwortlichen dazu, mit immer lauterem Feldgeschrei auf den Markt zu treten, damit der Kunde überhaupt noch erreicht werden kann. Es ist wie in einem großen Saal voller Menschen. Wenn wir uns alle gleichzeitig unterhalten, schwillt der Lärmpegel kräftig an, ohne dass wir mehr verstehen als vorher. Und da sich die Produkte in allen Mediengattungen immer ähnlicher werden (wer kann denn schon das Rad neu erfinden?), muss eben noch lauter geschrien werden.

214

Warum die Wirklichkeit inszeniert werden muss

Die Kunst der Mediengewaltigen besteht nun gerade darin, alle Mittel einer raffinierten, hochprofessionellen Inszenierung einzusetzen, um im allgemeinen Trubel Gehör zu finden. In der Welt eines Fernsehsenders oder eines Zeitschriftenverlages gibt es kein Eckchen mehr, das nicht von einschlägigen Fachleuten auf seinen Beitrag für die beabsichtigte Gesamtwirkung hin untersucht und umgekrempelt worden wäre. Das gilt nicht nur für die Gestaltung der Titelseite oder für die Erkennungsmelodie eines Radiosenders. Auch das Vokabular – also die eigentliche Botschaft – wird rigoros in den Dienst einer derartigen Inszenierung gestellt. Der Journalist wird zum Stichwortgeber oder zum »Vorbeter« degradiert.

Über die Medien konditioniert uns so das Vordringen eines hochspezialisierten Profitums. Diese Manipulation geschieht in voller Absicht und aus kaltem Kalkül.

Der klassische Journalist hat entweder für eine nüchterne Nachrichtenagentur gearbeitet oder er ist Einzeltäter gewesen. Er hat für seine Beiträge mit seinem Namen gehaftet. Zwar gibt es das auch heute noch. Dominierend ist aber das Medienprodukt – sei es ein Wochenmagazin oder ein Fernsehfeature – als marketingorientiertes »Gesamtkunstwerk«. Da würde allzu viel Individualität ebenso stören wie der dröge Text der Agenturen.

Aus der individuellen Verantwortung des einzelnen Journalisten wird so die kollektive Verantwortung des Teams im Dienste der Auflage oder der Quote. Über diese Verantwortung wachen heute häufig eher die Fachjuristen als die Verleger. Man will sich doch schließlich keine Klage an den Hals holen!

Daraus ergibt sich ein zweiter Mechanismus: Vermehrtes Angebot bedeutet verschärfte Konkurrenz. Der Wettbewerb muss mit allen fairen und unfairen Mitteln ausgefochten werden.

Diese Konkurrenz beginnt bereits im einzelnen Medium selbst, im eigenen Blatt, im eigenen Sender. Wer bekommt die beste Platzierung für seinen Beitrag, wer die beste Sendezeit für sein Produkt?

Daraus entstehen Intrigen und lautstark ausgefochtene Hahnenkämpfe, die in allen, selbst in den kleinsten und unscheinbarsten Medienerzeugnissen zu finden sind. Dummerweise wird über fast nichts lieber berichtet als über das eigene Metier. Und dummerweise liest und hört und sieht das Publikum solche Berichte über die kleinen Prinzessinnen und Könige von Film und Fernsehen, die ihm täglich so nah scheinen, genauso gern wie über die skandalträchtige Welt des Hochadels. Und natürlich sind Verlage, Sender (auch öffentlich-rechtliche) oder Medienkonzerne ebenso interne Machtkartelle wie andere Unternehmen auch.

Ebenso intensiv wird um einzelne Produkte gestritten. Der Kampf zwischen den Fernsehsendern um attraktive Sportrechte ist legendär. Dasselbe gilt für populäre Filme, für die »Stars der Manege« (also die attraktiven Show- oder Talk-Showmaster), für das Exklusivfoto oder -interview oder für die Aufdeckung von Skandalen und Skandälchen. Auch in diesem Wettbewerb wird nichts dem Zufall überlassen. Die Profis haben hier längst ihre Herrschaft angetreten.

Das Belanglose wird zum Thema, am besten zum Drama

Bei dieser gigantischen Inszenierung der Wirklichkeit gedeiht ein Journalismus, der fast völlig ohne wirkliche Information auskommt. Wer die richtige »personality story« zur Hand hat, braucht sich in Strukturen, Interessen und Hintergründe nicht mehr einzuarbeiten. Wer eine Nase für »attraktive« Themen hat, ist fein heraus, ganz gleichgültig, ob diese Themen irgendeine objektive Bedeutung haben. Zunehmend ersetzt die pompöse Verpackung die solide Bearbeitung. Den Höhepunkt dieser fragwürdigen Entwicklung bilden die »Klatschreporter«. Dieser Begriff hat so sehr Eingang in unsere Alltagssprache gefunden, dass er wie eine veritable Berufsbezeichnung wirkt, was er natürlich nicht ist. Klatschreporter sind die Schlüssellochgucker par excellence, sind die, die den Menschenzoo mit Raritäten und Plunder füllen. Es gibt ja auch genügend Zeitgenossen, denen unwohl ist, wenn man bei ihnen nicht durchs Schlüsselloch guckt, die sozusagen um üble Nachrede bitten.

Was dabei herauskommt, zeigt ein Blick in die Klatschspalten einer x-beliebigen Tageszeitung. Willkürlich herausgegriffen hier das, was Beate Swietczak in der *Hamburger Morgenpost* vom 20. Januar 2000 in der Rubrik »Stadtgeflüster« für berichtenswert gehalten hat:

- Der krebskranke Fernsehschauspieler Michael Lesch outet sich. »Als Kind habe ich die Letzte Ölung bekommen. Damals hatten Ärzte einen Blinddarmdurchbruch falsch diagnostiziert.«
- Auf der Abschiedsfeier für Dagmar Berghoff sah die Speisefolge so aus: Krabbensuppe, Entenbrust, Fischragout und rote Grütze.
- Ex-Smokie-Frontman Chris Norman bekennt: »Lange Zeit habe ich mich gewehrt, meine alten Songs neu aufzunehmen. Aber das Ergebnis begeistert mich, weil der Groove aktueller klingt.«

Wen, außer die Betroffenen selber, interessiert das wirklich?

»Frontschweine« werden gebraucht!

Die Dummen sind diejenigen, die in diesem Kampf um Markt-anteile und Quoten an der »Front« stehen: die Reporter, die Kameraleute, die Fotografen. Sie sind gleichzeitig Jäger und Gejagte, Produkte eines professionell auf Aufmerksamkeit ge-trimmten Systems. Gelenkt von den Fachleuten in den Zentra-len, die gekonnt auf die einfachen Instinkte derjenigen speku-lieren, die ihnen den Rohstoff für die Sensation liefern.

Am einen Ende steht die verlässliche Erwartung, dass der Mensch für viel Geld auch vieles zu tun bereit ist. So soll der italienische Paparazzo Mario Brenna für den (in der Zentral-redaktion digital »verbesserten«) Schnappschuss eines angeb-lichen Kusses zwischen Lady Di und Dodo Al Fayed rund drei Millionen Pfund Sterling erhalten haben. Wie armselig nimmt sich dagegen das Einkommen eines Fotoreporters aus, der für den Lokalteil einer Tageszeitung arbeitet! Für knackige Exklu-sivberichte werden Spitzenbeträge bezahlt, für die alltägliche Informationsarbeit mageres Zeilenhonorar.

Wohin es führen kann, wenn Medienprofis sich in die Wolle kriegen, dafür mag Heiner Hug ein letztes Mal als Kronzeuge dienen: »Ein OPEC-Treffen in Wien: Ein Kameramann leert einem anderen eine Flasche Cola über den Kopf – er hatte ihm die Sicht versperrt. Ein Gipfeltreffen in Helsinki: Aus Rache sprayt ein Journalist Farbe in das Objektiv einer Fernsehkame-ra. In einer Hotelhalle im bosnischen Tuzla prügeln sich ein Deutschschweizer und ein Westschweizer Tagesschaujourna-list: Ein friedliebender Bosnier trennt sie.«

Die Vereinigung »Reporter ohne Grenzen« schätzt, dass im vergangenen Jahrzehnt mehr als 600 Journalisten in aller Welt getötet wurden. Ein erheblicher Teil von ihnen ist Opfer einer Unternehmensstrategie geworden, die Auflage und Quote um jeden Preis in die Höhe treiben will.

Den Tod eines *Stern*-Teams im Kosovo hat der *Spiegel* in seiner Ausgabe Nr. 25/1999 so kommentiert:

»In diversen Blättern räsonieren Kommentatoren, ob eine ›gute Geschichte‹ das Leben eines Reporters wert sei. Ist sie natürlich nicht. Aber genau der Preis wird immer wieder gezahlt. Nur Reporter können versuchen, zwischen Propagandalügen die Wahrheit über Konflikte zu erzählen. Dass manche von ihnen dabei sterben, ist zwangsläufig.«

Ja, so kann man es auch sehen.

Wem muss der Wurm gefallen – dem Fisch oder dem Angler?

Der ehemalige Chef des Kölner Privatsenders RTL, Helmuth Thoma, war für seine knappen und häufig treffsicheren Sprüche bekannt. Einer von den weniger überzeugenden musste immer dann herhalten, wenn es Kritik an der Programmpolitik gab. Er lautet:»Was wollen's denn? Der Wurm muss dem Fisch gefallen und nicht dem Angler.« So oder so ähnlich wird häufig argumentiert.

Doch das greift zu kurz. Es ist schließlich der Angler, der den Wurm auf die Angel spannt. Aus dieser Verantwortung, der Verantwortung des Journalisten für den von ihm bearbeiteten Inhalt, dürfen wir ihn nicht entlassen.

Roger de Weck hat dazu in der *Zeit* zutreffend festgestellt: »Wollen sie [die Journalisten] glaubwürdig sein, müssen sie ihre eigenen Mängel ebenso klar sehen wie die von Politik und Wirtschaft.«

Wenn wir uns die alte Frage stellen:»Cui bono?« – »Wem

nützt das alles?«, dann ist eine Antwort gewiss: Uns, die wir doch angeblich umfassend, zeitnah und vorurteilsfrei informiert werden sollen – uns nützt das alles überhaupt nicht. Achten wir also darauf, uns angesichts dieses gigantischen Medienzirkus nicht selbst wie die Feuerwehr als Brandstifter zu verhalten. Plappern wir nicht alles nach, reduzieren wir unseren Medienkonsum – denken wir selber!

Journalisten – Diener der Machtkartelle?

Journalisten als Medienknechte, als Diener der Machtkartelle zu bezeichnen wäre schlicht falsch. Eine solche Schlussfolgerung wäre auch unredlich. Es gibt ungemein viele Journalisten, Chefredakteure, Kommentatoren, Fotografen, Moderatoren und Reporter, die ihr Handwerkszeug ehrlich einsetzen. Sie verkürzen die Wirklichkeit, um sie zu verdeutlichen, nicht um sie zu verfälschen.

Überall dort aber, wo es um die kleine Gefälligkeit gegenüber den Mächtigen oder den Anzeigenkunden geht, wo man im Dienst der Gewinnsicherung auf die voyeuristischen Instinkte oder das pure Unterhaltungsbedürfnis des Publikums setzt – überall dort wird Wirklichkeit inszeniert, das heißt verdreht.

Dabei ist so gut wie immer Verbeugung vor der Macht im Spiel, nicht Verbeugung vor der Wahrheit oder doch zumindest vor der Wirklichkeit.

Häufig geht es um die Macht und den Profit des betreffenden Medienunternehmens selbst. Es geht aber auch um die Verbeugung vor großen Machtkartellen, insbesondere denen in Wirtschaft, Politik und Sport.

Wir alle, die wir mit dem gesprochenen oder geschriebenen Wort umgehen, wir alle, die wir Bilder zur Vermittlung von

Wirklichkeit einsetzen, wir alle, die wir um die Wirkkraft der Medien wissen, müssen deshalb diesen Versuchungen immer wieder entgegentreten.

Kapitel 11

Götterdämmerung

Machtkartelle beginnen zu bröckeln

Aus dem bislang Geschilderten mag sich der Eindruck ergeben, dass die Welt der Machtkartelle gut gefügt und fest verzahnt sei. Das ist richtig. Sie sind groß und mächtig geworden. Sie sind so groß geworden, dass sie unbeweglich sind. Noch glauben sie sich das leisten zu können, weil die Welt sich nach ihnen zu richten habe. Wie das aber bei starren Strukturen der Fall zu sein pflegt: Sie tragen den Keim der Veränderung, wenn nicht gar des Zerfalls bereits in sich.

Auch die Welt der Machtkartelle beginnt hier und da an den Rändern zu bröckeln. Wer genauer hinschaut, wird feststellen, dass all diese Machtkartelle Ausfluss von gesellschaftlichen Organisationsformen sind, die zu verlassen wir uns gerade anschicken. Sie passen nicht mehr so recht in eine Gegenwart und vor allem in eine Zukunft, die durch Phänomene wie Globalisierung, rasche Vermögensakkumulation erheblicher Bevölkerungsgruppen, Akademisierung, Internet oder den Vorrang des Ökonomischen geprägt sind.

Mit einem Wort: Sie reiben sich an der vor uns liegenden Dienstleistungs- und Informationsgesellschaft auf. Großunternehmen und Finanzkapital haben das hier entstehende Machtvakuum längst erkannt und nutzen es weidlich aus, wie ich darzulegen versucht habe. Wir stehen vor den ersten Anzeichen dafür, dass ein allerdings sehr langsamer Zerfallsprozess in Gang kommt, sowohl von innen heraus als auch auf äußeren Druck hin.

Nach meiner Überzeugung liegen die wesentlichen Ursachen dafür in den folgenden Faktoren:

• Die Machtkartelle drohen Opfer ihrer eigenen Erfolge zu werden. Sie ziehen Akademiker beiderlei Geschlechts geradezu magisch an. Das hieraus resultierende Überangebot führt zunächst zu einer weiteren Verschachtelung innerhalb des jeweiligen Kartells, dann aber unweigerlich zum Wettbewerb zwischen seinen Mitgliedern. Mit anderen Worten: Zugangskontrolle und Gebietsschutz funktionieren nicht mehr.

• Die Konsumgesellschaft nimmt, durch die Allgegenwart der Medien und der durch sie vermittelten »Leitbilder« noch verstärkt, zunehmend hedonistische Züge an. Der Hang zum Lebensgenuss verschärft den Drang zur raschen Einkommensmaximierung, ohne dass man andererseits die gewohnten Sicherheiten und Privilegien aufzugeben bereit wäre. Mit anderen Worten: Der »Ehrenkodex« der Machtkartelle geht allmählich flöten.

• Die rasche Globalisierung, die inzwischen über das Technische und Ökonomische weit hinausreicht, verstärkt den weltweiten Einfluss angloamerikanischer Vorstellungen und Verhaltensmuster. Die aber sind weit weniger durch gesellschaftliche Vermachtung geprägt als beispielsweise diejenigen Kontinentaleuropas oder Japans.

• In einigen Fällen erzwingt schlicht gesellschaftlicher Druck die Veränderung.

Dieser Zusammenhang soll an einigen Beispielen im Einzelnen erläutert werden.

Wie die Akademikerschwemme Mythen zerstört

Vor einigen Monaten habe ich mit meiner Familie Costa Rica besucht. Wir hatten uns einen Wagen mit einem Führer gemietet. Rodolfo stellte sich rasch als ein ungemein intelligenter und kenntnisreicher Zeitgenosse heraus.

Er hatte Architektur studiert und war mit allen Zeugnissen und formalen Attributen seines Standes wohl versehen. Nur hatte er in diesem kleinen lateinamerikanischen Land nicht die geringste Chance, in seinem Beruf zu arbeiten. Costa Rica ist stolz darauf, über das beste Bildungssystem südlich der USA zu verfügen. Dieses System aber produziert seit geraumer Zeit eine Akademikerschwemme, mit der der Arbeitsmarkt nichts anzufangen weiß. So kommt »akademisches Proletariat« zu Stande.

Wir wissen natürlich, dass Costa Rica kein Einzelfall ist. Und nicht immer findet sich eine materiell so akzeptable Ersatzlösung wie bei Rodolfo.

Was für Architekten in Costa Rica gilt, das gilt auch für die Ärzte in Deutschland. Der Mythos vom »Halbgott in Weiß« ist längst verflogen. Trotzdem genießt der Beruf des Mediziners in der Bevölkerung, aber auch bei Studenten hohes Ansehen. So kommt es zum Überangebot. Knapp 400 000 Ärzte zählt die Statistik. Viele von ihnen leben praktisch von der Hand in den Mund. Eine Umfrage bei 1700 Medizinern in Berlin hat ergeben, dass beinahe jeder zweite von ihnen seine Berufswahl inzwischen bereut.

In den Krankenhäusern finden wir Assistenzärzte ohne vernünftige soziale Absicherung. Viele niedergelassene Ärzte kommen, wenn man den Papierkrieg mit den Kassen oder den Kampf mit immer neuen Abrechnungsvorschriften mitzählt, auf einen Stundenlohn, der deutlich unter dem eines durchschnittlichen Handwerkers liegt. Und wenn, wie man neuerdings hört, auch die Chefärzte an den Krankenhäusern nur noch per Festgehalt entlohnt werden, könnten sie eine ähnlich bedrückende Stundenlohnrechnung anstellen.

Zusätzlich machen die Maschinen dem Arzt zunehmend Konkurrenz, wenn sie ihm auf der anderen Seite auch enorm helfen. Roboterisierte Systeme spielen eine ständig wachsende Rolle bei Hüftoperationen, in der Herzchirurgie, der Augenheilkunde oder der Molekularbiologie. Vollautomatische Diagnosesysteme könnten irgendwann in der Lage sein, die persönliche Beratung weitgehend zu ersetzen.

Schließlich kommt noch der zeit- und nervenraubende Umgang mit Patienten hinzu, die sich über die Medien die schlimmste Form der Bildung, die Halbbildung, zugelegt haben. Im Kern ist es bei den Juristen nicht anders. Dieser Berufsstand hat auf die drohende Nachwuchsschwemme zunächst mit einer geradezu unglaublichen Spezialisierung des Rechtssystems reagiert. Das hat zu einer völlig unübersichtlichen Fülle von Gesetzen und anderen rechtlichen Regelungen geführt. So hat das gesamte deutsche Baurecht vor 30 Jahren bereits 600 Seiten in den Gesetzbüchern gefüllt. Daraus sollen inzwischen mehr als 5000 Seiten geworden sein! Es wundert deshalb nicht, dass die Rechtsanwälte sich mit DATEV P bereits vor mehr als einem Jahrzehnt das erste computergestützte Informations- und Kommunikationssystem geschaffen haben.

Zwischen Spezialgesetzgebung, Spezialanwälten und Spezialgerichten (Verkehr, Scheidung, Finanzen, Wirtschaft, Patent usw. usf.) hat sich ein durchaus dialektisches Verhältnis ergeben. Man verschafft sich nämlich gegenseitig Arbeit und damit berufliche Entwicklungsperspektiven. Das führt unter anderem dazu, dass, wie Helmut Schmidt einmal bemerkt hat, in Hamburg heute mehr Richter zu finden sind als in ganz England. Und unser Rechtsstaat ist längst zum Rechtswegestaat geworden.

Als ich Ende der Fünfzigerjahre in Köln studiert habe, musste ich auch eine juristische Prüfung ablegen. Unter uns Studenten kursierte eine fiktive Prüfungsfrage:»A verkauft B eine Kuh. Wer hat Recht?«

Ich möchte fast wetten, dass auch diese Frage ihren ironischen Hintergrund längst verloren hat, der Verkaufsvorgang als solcher also justiziabel geworden ist. Gesunder Menschenverstand, Bürgersinn und die Einsicht, dass nicht alles im Leben rechtlich abgesichert werden kann – sie haben weitgehend abgedankt.

Und dennoch: Allmählich bricht der Wettbewerb sogar in die fest gefügte Phalanx des juristischen Berufsstands ein.

Ausgehend von den großen Kanzleien, in denen mehrere Dutzend bis einige Hundert Rechtsanwälte zusammenarbeiten, wird unternehmerisches Denken allmählich Branchenstandard. Wenn es um lukrative Großkunden und -prozesse geht, schauen sich diese Kanzleien den optimalen Auftritt bei den Werbeagenturen ab: Leistungen und Preise werden mittlerweile in Wettbewerbspräsentationen angeboten.»Mengenrabatte« sind durchaus an der Tagesordnung, selbst Dumpingpreisen, kommen vor.

Noch gilt das traditionelle ständische Werbeverbot. Niemand aber hindert einschlägig bekannte Zeitschriften daran, immer wieder die berühmt-berüchtigten »Ranglisten« aufzustellen. Auf denen muss an vorderer Stelle vertreten sein, wer nicht im Kleingeschäft hängen bleiben will. Und wenn gar nichts anderes hilft, werden bei der konkurrierenden Großkanzlei ganze Spezialistenteams abgeworben – genau so, wie es die Investmentbanken auch tun.

Diese Super-Kanzleien wachsen unermüdlich weiter. Erst vor wenigen Monaten ist aus der Fusion der drei Konglomerate Clifford Chance (Großbritannien) mit Roger & Wells (USA) und Pünder, Volhard, Weber & Axter (Deutschland) ein

Monstrum entstanden, das 31 Büros mit insgesamt fast 3000 Anwälten unter seinem Dach vereint und es auf einen Jahresumsatz von weit über 1 Milliarde Dollar bringt!

Die Zeiten, in denen es für das Einkommen des Juristen in einer Kanzlei in erster Linie auf die Jahre der Zugehörigkeit und andere Senioritätskriterien ankam, gehen unwiderruflich zu Ende. Der Wettbewerb wird über kurz oder lang Vergütungsformen erzwingen, die direkter am Erfolg orientiert sind.

Da ist es nur folgerichtig, wenn Spezialisten schätzen, dass derartige Rechtsanwaltskonglomerate in Zukunft mehr als 5 Prozent ihres Umsatzes für Marketing und Werbung ausgeben müssen (das »Werbeverbot« dürfte damit hinfällig werden).

Geschickte Einzelanwälte suchen sich neue Marktnischen. So gibt es mittlerweile in Deutschland eine ganze Gruppe von Juristen, die ihre Beratungsdienste über das Internet anbieten. Auf ihren Home-Pages sind die notwendigen Informationen inklusive der besonderen Serviceleistungen zu finden. Vertrackt ist die Bezahlung derartiger Dienste. Die Gebührenordnung stammt aus dem Jahre 1957, als es das Internet noch nicht gab. Die Anwaltsvertretungen haben eine Gesetzesnovelle angeregt, um dieses Schlupfloch im engmaschigen Privilegiennetz zu stopfen. Noch sieht das Bundesjustizministerium jedoch keinen dringenden Handlungsbedarf.

In der Zwischenzeit bastelt sich jeder »Online-Anwalt« sein eigenes Gebührenmodell. Der eine arbeitet mit Festbeträgen von 70 DM pro Beratung. Ein Zweiter lässt sich mit 3 DM pro Minute bezahlen. Der Dritte rechnet nach Tempo ab: Je mehr die Kundschaft auf Antwort drängt, desto teurer wird es.

Eine ganz ähnliche Entwicklung zeichnet sich für die Wirtschaftsprüfer ab.

Mit den Wirtschaftsprüfern ist das so eine Sache

An sich hätte mir das viel früher auffallen müssen. In den Siebzigerjahren habe ich den »Bund« in den Aufsichtsräten einiger Großunternehmen vertreten, an denen er damals noch beteiligt war, wie zum Beispiel bei der VEBA, VW oder bei der Servicetochter der Deutschen Lufthansa LSG. Bilanzen und Tätigkeitsberichte zu studieren, das war bereits eine eher trockene Pflichtaufgabe. Durch die Berichte der Wirtschaftsprüfer aber musste ich mich regelrecht durchackern, so langweilig und wenig aussagekräftig waren sie.

Wenn dann der Prüfer in einer Sitzung erschien, gab es wenige höfliche Fragen, und das war es dann auch schon. Natürlich wurde er auf ein weiteres Jahr bestellt.

Die Tätigkeit dieses Berufsstands kann aber viel bedeutsamer sein, als ihre Berichte nahe legen. Und das hätte mir in der Tat viel früher auffallen müssen.

Die Berufssatzung der Wirtschaftsprüferkammer legt in ihrem Paragrafen 1 fest, dass die Prüfer »unabhängig, gewissenhaft, verschwiegen und eigenverantwortlich« vorzugehen haben. An anderer Stelle heißt es: »Innerhalb und außerhalb ihrer Berufstätigkeit haben sie sich des Vertrauens und der Achtung würdig zu erweisen, die der Beruf erfordert.« Wirtschaftsprüfer legen also an sich selbst sehr hohe Maßstäbe an.

Dennoch ist der Berufsstand ins Gerede gekommen. Auch hier droht die Feuerwehr zum Brandstifter zu werden. Und wie so oft ist das Geld der auslösende Faktor. Bei einigen großen Firmenpleiten der letzten Jahre hat sich regelmäßig herausgestellt, dass die Wirtschaftsprüfer ihrer Kontrollaufgabe nicht voll und nicht rechtzeitig nachgekommen waren. Am Beispiel von Philipp Holzmann habe ich das ja dargestellt.

Das hängt im Kern damit zusammen, dass insbesondere zwischen den großen Wirtschaftsprüfungsgesellschaften ein harter

Wettbewerb um die lukrativen Aufträge ausgebrochen ist. Doch die sind zahlenmäßig begrenzt.

Wer nun der Firmenleitung akribisch genau auf die Finger sieht, der könnte einen dieser lukrativen Prüfaufträge verlieren. Das kann auf diskreten Vorschlag des Managements geschehen, passiert aber auch deshalb, weil zum Beispiel ein Bankenvertreter im Aufsichtsrat den Wert seiner Beteiligung am betreffenden Unternehmen nicht durch ein kritisches Gutachten gemindert sehen möchte.

Die Versuchung, nicht allzu genau hinzuschauen, nimmt also zu. Angesichts der Tatsache, dass ein einzelner Auftrag bis zu 30 Prozent des Prüfumsatzes ausmachen darf und zuweilen auch ausmacht, ist es nicht leicht, seine Unabhängigkeit zu behaupten. Erschwerend wirkt sich aus, dass die Prüfer sich zunehmend spezialisiert haben. Bau-Prüfer werden nicht über Nacht zu Bank-Prüfern. Und wenn man dann noch als besonders hartnäckig verschrien ist, hilft das nicht gerade bei der Einkommensoptimierung.

Mittlerweile ist der Wettbewerb unter den Prüfgesellschaften so hart geworden, dass Preisunterbietung an der Tagesordnung ist. Das wird hingenommen, um an begleitende Beratungsaufträge heranzukommen. Sie machen bei manchen dieser Gesellschaften mittlerweile die Hälfte des Gesamtumsatzes aus. Damit aber wird das ursprüngliche Berufsethos schleichend pervertiert.

Man kommt doch erst so spät an die Futterkrippe!

Hin und wieder entdecke ich an Autos, die vor mir an einer Ampel halten, merkwürdige Aufkleber.»Genuss sofort!« heißt es dort oder »Ich will feiern!« oder »Man gönnt sich ja sonst nichts«. Diese Sprüche verraten eine Menge für die Einstellungen weiter Bevölkerungskreise. Die Zunahme dieser hedonistischen Haltung, die sich mit zahllosen Beispielen belegen ließe, beißt sich mit den tradierten Wertvorstellungen der ständisch organisierten Machtkartelle.

Gleichzeitig sind die einschlägigen Berufe immer stärker akademisiert worden. Dafür haben objektive Gründe ebenso eine Rolle gespielt wie der Hang nach privilegienerhaltender Exklusivität. Seit neuestem stellen derartige Zutrittsbarrieren auch diejenigen vor ein Problem, die sie überwinden. Überlange Studienzeiten und der anschließende Aufbau einer beruflichen Position führen dazu, dass manch ein Arzt, Anwalt oder Beamter erst in seinem vierten Lebensjahrzehnt einigermaßen anständiges Geld verdient.

Man will aber mit den Yuppies aus den Investmentbanken, den Softwareschmieden und den Werbeagenturen mithalten. Das führt in zahllosen Fällen in die Überschuldung und steigert den schillernden Reiz, um des schnellen Geldes willen die Standesregeln zu vernachlässigen oder zu biegen. Dass dieses Verhalten Einzelner am Ende auch die Standesregeln selbst bröckeln lassen muss, ist eine beinahe zwingende Konsequenz.

Einige Beispiele belegen diese Entwicklung.

Den Schwurfinger abgehackt

1989 ist eine spezielle Unfallzusatzversicherung für Ärzte auf den Markt gekommen. Für eine Jahresprämie von rund 1000 DM werden Daumen und Zeigefinger versichert, ohne die sich Operationswerkzeug nur schwer führen lässt. Die Versicherungssumme beläuft sich auf eine Million Mark.

So weit, so gut. Doch seither sind erstaunliche Dinge passiert. Dutzende von Medizinern haben sich selbst verstümmelt, um diese Versicherungssumme kassieren zu können. Allein 1996 hat ein Hamburger Anwalt verschiedene Versicherungsunternehmen in Prozessen gegen 25 Ärzte vertreten. In der Hansestadt sind inzwischen 27 Fälle von Selbstverstümmelung nachgewiesen; in Düsseldorf haben gar 40 Mediziner das Messer gegen sich selbst gerichtet.

Was mögen diese Menschen antworten, wenn man sie bei einer Party auf die verlorenen Gliedmaßen anspricht? Sie haben sich ja schließlich die Finger abgehackt, mit denen sie ihren Berufseid geschworen haben.

In der Zwischenzeit sind die Versicherungsbedingungen geändert worden. Geld gibt es nur noch für die »Gebrauchshand«. Mal sehen, ob das hilft.

Amerika, hast du es wirklich besser?

Das Rechtswesen ist in den USA in vielerlei Hinsicht anders geregelt als bei uns. Das gilt nicht nur im Hinblick auf die eigenartige Stellung von Richtern und Geschworenen. Es gilt insbesondere für die Bedingungen, unter denen die Rechtsanwälte arbeiten.

Der »Lawyer« arbeitet in den USA in aller Regel nicht nach festgelegten Gebührensätzen, sondern mit einer Erfolgsbeteiligung. Sie kann bei Gerichtsverfahren bis zu 40 Prozent betragen, die sich wiederum nach der Höhe der Entschädigungssumme bemisst. Der »Streitwert«, der bei uns recht deutlich geregelt ist und vom Rechtsanwalt auch nicht frei vereinbart werden kann, existiert dort drüben überhaupt nicht.

Damit die Erfolgsbeteiligung möglichst hoch ausfällt, werden die Entschädigungssummen in schwindelnde Höhen getrieben. Das geschieht häufig nach dem Prinzip des »punitive damage«. Dieser »Straf-Schadensersatz« liegt irgendwo zwischen dem Zivil- und dem Strafrecht. Er soll nicht nur Schaden ersetzen, sondern auch Bestrafung ausdrücken und abschreckend wirken.

Die so eingeklagten Beträge sind aus unserer Sicht völlig absurd. So soll die Ford Motor Company 295 Millionen Dollar für den Unfall eines 15 Jahre alten »Bronco« zahlen. Der Wagen hatte sich überschlagen; drei Menschen starben, weil das Wagendach dieser Belastung nicht standhielt.

General Motors soll nach dem erstinstanzlichen Urteil eines kalifornischen Gerichts sechs Autofahrer mit 4,9 Milliarden Dollar entschädigen. Diese waren 1993 in ihrem 14 Jahre alten Chevrolet verletzt worden, als ein betrunkener Autofahrer auf sie auffuhr.

Den bisherigen Höhepunkt im Bereich des Straßenverkehrs markiert eine Klage der US-Umweltbehörde gegen Toyota. Der japanische Autobauer soll 58,5 Milliarden Dollar zahlen, weil 2,2 Millionen Toyotas angeblich die amerikanischen Vorschriften zur Abgaskontrolle nicht eingehalten haben!

Solche Beträge führen zu Mammutprozessen von erheblicher Dauer, wie sie für uns ganz ungewöhnlich sind. In Deutschland kann der Anwalt sein Einkommen über die Prozessdauer nicht optimieren. Nur arme oder beschäftigungslose Anwälte versuchen, ihre Mandanten durch alle Winkelzüge und Instanzen zu hetzen. In der Regel aber lohnt sich ein vernünftiger Vergleich.

Da wird in den USA ganz anders gestritten. Man darf nicht vergessen, dass alle irgendwie wichtigen Verfahren vor und mit Geschworenen verhandelt werden. Der Berufsrichter ist wenig mehr als ein Moderator. Die Geschworenen aber sind Laien, bestenfalls nach dem Zufallsprinzip ausgesucht und in komplizierten Entschädigungsfragen meist hoffnungslos überfordert. Sie gilt es mit dramatischen Schilderungen und einer hohen Überzeugungskraft auf die eigene Seite zu ziehen. Das ist keineswegs nur im Kino so, sondern auch in der Realität.

Die amerikanischen Anwälte lassen sich dabei auf ein hoch

riskantes Spiel ein. Verlieren sie den Prozess, bekommen sie nämlich nicht einen einzigen Cent. Das kann insbesondere kleinere Kanzleien durchaus in den Ruin treiben.

Deshalb ist seit einigen Jahren eine geradezu perverse Entwicklung eingetreten: Schadensersatz und Erfolgshonorar werden »syndiziert«. Das bedeutet, dass man sich auf dem Kapitalmarkt erst einmal die Mittel dafür besorgt, derartige Prozesse überhaupt beginnen zu können.

Nun wird auch vor amerikanischen Gerichten nichts so heiß gegessen, wie es gekocht wird. Die Geldstrafen entsprechen in der Regel längst nicht den geforderten Summen; sehr häufig kommt es zum Vergleich. Der hat den Vorteil, dass zwei Drittel der ausgehandelten Vergleichssumme hälftig auf die Anwälte beider Seiten aufgeteilt werden.

Dass ein Vergleich nicht immer billig ist, zeigt, dass sich die amerikanische Tabakindustrie in einem Vergleich mit den US-Bundesstaaten zu einer mehrjährigen Zahlung von insgesamt 209 Milliarden Dollar verpflichtet hat. Im Vergleich dazu sind die 10 Milliarden DM ein Klacks, die zur Beilegung des Streits um die Entschädigung derjenigen Zwangsarbeiter aus der Nazizeit gezahlt werden müssen, die sich durch US-Anwälte haben vertreten lassen.

Viele kluge Beobachter prophezeien, dass eine solche Erfolgsorientierung und ein unbedingtes unternehmerisches Denken über die Jahre auch bei uns Einzug halten könnten. Das Vordringen angloamerikanischer Rechtsvorstellungen und die Expansion internationaler Großkanzleien könnten dem wirksamen Vorschub leisten. Damit wäre die Axt an die Wurzel juristischer Standesvorstellungen gelegt.

Eine Frage der Ehre

Wie weit sich der berufliche Alltag vom Deal der »Standesehre« bereits entfernt hat, zeigt ein weiteres Beispiel aus dem medizinischen Bereich.

In Frankfurt am Main standen 1999 zehn Zahnärzte und Betreiber von Dentallabors vor Gericht. Für den Zeitraum von 1987 bis 1992 wurde ihnen Steuerhinterziehung in einer Höhe von mehreren Millionen Mark zur Last gelegt. In der Tat hatten sie zum Schaden der Allgemeinheit ein höchst lukratives Geschäft aufgezogen. Die Betreiber der Labors hatten Scheinfirmen gegründet, von denen die Zahnärzte Brücken, Kronen und Praxiszubehör zu überhöhten Preisen bezogen. So wurden Ersatzzähne, die in der Herstellung lediglich Pfennigbeträge kosten, für einen Preis zwischen 3 und 6 DM eingekauft. Das sicherte den Profit für die Laborchefs und ihre Scheinfirmen. Die Ärzte wiederum kamen auf ihre »Kosten«, indem sie einen Rabatt von 25 bis 30 Prozent auf den Rechnungsbetrag kassierten – bar auf die Hand, versteht sich.

Vor Gericht landeten all diese Äskulapjünger nur, weil sie ihr Geschäft an der Steuer vorbei betrieben hatten.

Ein zweiter Fall: Die ständische Berufsordnung der Ärzte sieht nicht vor, dass die Mediziner Provisionen von Geräteherstellern annehmen. Es heißt dort: »Es ist nicht gestattet, vom Hersteller oder Händler eine Vergütung oder sonstige wirtschaftliche Vergünstigung anzunehmen.«

Eine Reihe von Ohrenärzten muss diese Bestimmung überlesen haben. So ist in Hamburg zwischen Hals-Nasen-Ohren-Ärzten und Hörgeräteakustikern ein so genanntes »Abkommen zur Qualitätssicherung« geschlossen worden. Das läuft dann so: Die Hörgeräteakustiker verkaufen dem Schwerhörigen ein Gerät und schicken ihn dann zur »Anpassung des Geräts« an den Ohrenarzt zurück. Für wenige Handgriffe kassiert der dann 120 DM pro Ohr. Das hat es auch früher schon gegeben – nur eben honorarfrei.

Für Hörgeräte hat sich übrigens längst ein florierender Versandhandel etabliert, der entgegen allen Standesregeln die Fachärzte mit Provisionen von 200 bis 250 DM für ein Standardgerät und 300 DM für ein Gerät der Spitzenklasse lockt. Manche Ohrenärzte kassieren diese Provisionen direkt, andere fordern vom örtlichen Fachhandel pauschalierte Provisionen, die sich pro Monat auf mehrere Tausend Mark belaufen können. Der Anwalt eines der betroffenen Fachhändler wird im *Spiegel* mit der Äußerung zitiert:»Die Ärzte haben überhaupt kein Unrechtsbewusstsein.«

Nebenjobs können zum lukrativen Unfug werden

1983 bin ich in den Vorstand der Bertelsmann AG eingetreten. Mein Vertrag enthielt einige Klauseln, an denen ich zunächst einmal zu schlucken hatte:

• Die Übernahme von Mandaten in Bei- und Aufsichtsräten war grundsätzlich untersagt. Ausnahmen mussten vom Personalausschuss des Aufsichtsrats genehmigt werden. Einkünfte hieraus mussten mit den Vorstandsbezügen verrechnet werden.

• Vorträge und Veröffentlichungen waren zwar gestattet, es musste aber zuvor Einvernehmen mit dem Vorstandsvorsitzenden hergestellt werden.

Erst habe ich also geschluckt. Da mir der Sinn dieser Klauseln aber durchaus einleuchtete, habe ich sie akzeptiert und mich entsprechend arrangiert.

Kurz darauf wurde in einer der mir zugeordneten Druckereien im Rahmen einer kleinen Feierstunde eine neue Maschine in Betrieb genommen. Das Programm hatte ich mir nicht so genau angesehen, da ich für derartige Anlässe über genügend Routine verfügte.

Aber man lernt eben nie aus. Auf dem Flug nach Berlin setzte sich eine der bekannteren Nachrichtensprecherinnen des deutschen Fernsehens zu mir. Sie erklärte, dass sie besagte Feierstunde moderieren werde, und bat mich um ergänzende Informationen zu dieser Druckerei und zum Hause Bertelsmann.

Und dann hat sie hinzugefügt:»Hoffentlich erwische ich den Flieger um drei. Denn heute Abend muss ich wieder im Studio sein.«

So ist das in Deutschland! Die»Stützen der Gesellschaft« mokieren sich darüber, dass ein Handwerker nach Feierabend noch einem Nebenerwerb nachgeht. Aber die gleichen Zeitgenossen stopfen sich mit lukrativen Nebenjobs voll.

Da sind die Fernsehjournalisten, Talkshow-Gastgeberinnen und Sportkommentatoren, die auf allen möglichen Anlässen moderierend in Erscheinung treten (in vielen Fällen durch professionelle Agenturen vermarktet). Einige von ihnen sollen dem Hörensagen zufolge auf diese Weise mehr Geld verdienen als bei ihrem eigentlichen Arbeitgeber.

Da sind die Universitätsprofessoren, die jenseits ihrer eigentlichen Aufgaben so intensiv nach gut bezahlten Beratungsaufträgen jagen, dass sie für Forschung keine und für ihre Studenten kaum noch Zeit haben.

Da sind nicht nur Bankenvertreter, sondern auch Wirtschaftsanwälte und Vermögensberater, die die Aufsichtsräte deutscher Aktiengesellschaften gleich dutzendweise bevölkern. Das wäre dann nicht zu kritisieren, wenn sie nicht noch einem Haupterwerb nachzugehen hätten. Den haben sie aber auch noch. Folglich wird entweder dieser vernachlässigt, oder aber sie können den Aufsichtspflichten nicht mit der notwendigen Intensität nachgehen.

In unserem Zusammenhang ist von Bedeutung, dass alle diese Praktiken von dem fest gefügten »Ehrenkodex« traditioneller Machtkartelle wegführen und zu dem bereits erwähnten Abbröckeln der Machtstrukturen beitragen.

Erste Risse in der Mauer

Für mich war es seinerzeit fast eine Sensation, als die absoluten Gebietsmonopole für Apotheker und Schornsteinfeger aufgehoben wurden. Der Ständestaat geriet in Auflösung.

Wer weiß, vielleicht geschieht ein weiteres Wunder und die ehrwürdige Handwerksordnung wird so weit gelockert, dass das »Meistermonopol« eines Tages wegfällt? Einiges passiert immerhin bereits: Erst unlängst ist eine jahrhundertalte Standesregel der Juristen abgeschafft worden. Bis dahin galt: Ein Rechtsanwalt erwirkt keine Versäumnisurteile (wegen Prozessverlängerung oder -verschleppung) gegen Kollegen. Diese Regelung ist in § 13 der Anwaltsordnung niedergelegt, die erst 1996 noch einmal novelliert worden ist.

Als Anwälte den berufsständischen Anwaltsgerichtshof anriefen, hat der diese antiquierte Regel für rechtens erklärt. (So ist das eben bei der Eigengerichtsbarkeit der Machtkartelle!) Erst das Bundesverfassungsgericht hat diesen § 13 schlicht für verfassungswidrig erklärt.

Auch in das beinahe sakrosankte Werbeverbot für eine Reihe von Berufen kommt allmählich Bewegung. So hat beispielsweise der Bundesgerichtshof in einem Grundsatzurteil festgestellt, dass Ärzte, die in Telefonbüchern oder Zeitungen als »Ärztlicher Notdienst« oder »Notfalldienst für Privatpatienten« für sich werben, nicht gegen das Werbeverbot für Mediziner verstoßen.

Noch führt solcher Druck von außen in viel zu wenigen Fällen zu Veränderungen im Gefüge der Machtkartelle.

Die Feuerwehr wird zum Brandstifter

Es kommt also Unruhe in die fest gefügte Werteordnung zumindest einiger Machtkartelle. Aber noch sind die Kartelle weit davon entfernt, nun etwa abzudanken. Über einen langen Zeitraum hinweg dürfte ein instabiler Schwebezustand entstehen, der Prognosen zusätzlich erschwert.

Sicher ist nur: Die Machtkartelle werden alles tun, um ihre Position zu sichern. Das wird sie gegen äußeren Druck für eine ganze Weile immunisieren. Der Druck von innen wird da wesentlich mehr bewirken.

Bis es so weit ist, werden die Machtkartelle alles daran setzen, ihre Existenzberechtigung notfalls auch dadurch nachzuweisen, dass sie die Krisen provozieren, in denen sie sich dann als Retter in der Not aufspielen können. Sie werden zur »Feuerwehr als Brandstifter.«

Unser Vertrauen in die Spezialisten wird das jedoch nur allmählich ankratzen, denn es sitzt tief. Und wenn wir es eines Tages doch verlieren, stellt sich die Frage, wie wir eigentlich darauf reagieren wollen. Häufig ist Resignation unsere Antwort. Diese Antwort ist unzureichend. Wir sollten uns deshalb fragen, was wir gegen die Machtkartelle und ihre schleichende »Entartung« tun können.

Kapitel 12:

Wie können wir uns wehren?

Machtkartelle lassen sich nicht einfach aushebeln

Nötig ist ein tief greifender Neubeginn. In den »entwickelten«
Gegenden der Welt, also insbesondere in Deutschland, West-
europa, Nordamerika (in deutlich geringerem Ausmaß), Japan
und einigen anderen Ländern, droht uns nämlich eine Zukunft,
die durch eine zunehmende Lähmung in weiten Teilen der Gesellschaft gekennzeichnet ist. Diese Lähmung ist im Wesentlichen durch die Machtkartelle und ihr Zusammenspiel bedingt.
Wir haben es mit in sich verkrusteten und untereinander eng
verbundenen und verschworenen Funktionseliten zu tun. Diese Funktionseliten sind fest etabliert und nicht so leicht aus dem
Sattel zu heben.

Wir werden an der Nase herumgeführt

Nicht nur, dass sich die Machtkartelle resolut eingegraben haben, die Träger gesellschaftlicher Macht haben sich auch längst
Rituale geschaffen, die von den eigentlichen Fragestellungen
ablenken – und genau das sollen sie bewirken. Sie wollen in
Ruhe ihren Geschäften nachgehen. Und dabei wollen sie möglichst wenig gestört werden.

241

Die Kunst des Vernebelns beherrschen die Mächtigen meisterhaft. In Sachen »panem et circenses« – »Brot und Spiele«, haben wir die römischen Kaiser längst übertroffen. Über die bunte Bilderwelt der Medien wird das breite Publikum regelrecht betäubt. Die Talkshow ersetzt für viele ernsthafte Diskussion und häufig sogar den Biertisch. An die Stelle der sorgsamen Analyse ist der »Hintergrundbericht« getreten, an die Stelle der nüchternen Bewertung die hastig zusammengestellten »Sonntagsfragen« und »Ranglisten«. Und wenn wir immer noch unsicher sein sollten – TED hilft weiter!

Eine weltweite »Amüsierelite« hat die Funktion der Schranzen an den Höfen der früheren Könige übernommen. »Man sieht sich«: auf Golf- und Tennisplätzen, bei Wohltätigkeitsveranstaltungen, Bällen, Festivals und Galadiners – vor allem aber in einer schier endlosen Kette von Kongressen, Symposien, Tagungen und Konferenzen. Das Netz von Alibiveranstaltungen ist weltweit gespannt. Wohl deshalb greift der Manager im Flugzeug am liebsten zur *Gala* oder zur *Bunten*. Man will doch auf dem Laufenden bleiben!

Das beste Symbol für diesen »Wanderzirkus eigener Art« ist vielleicht die alljährliche Wallfahrt nach Davos zum »Weltgipfel«. Dort werden die kurzlebigen Schlüsselthemen und -begriffe formuliert, mit denen man dann für die nächsten zwölf Monate jedes gepflegte Partygespräch bestreiten kann. So kann man mit gutem Gewissen die Verwechslung zwischen Geschäftigkeit und Handeln weiter pflegen. Und zumindest für kurze Zeit darf sich dort jeder als »World Leader« fühlen.

Vor allem aber dienen derartige Veranstaltungen dazu, Privilegien abzusichern. Bewegt wird von diesen »Führern« mit klangvollem Namen und prächtigen Titeln in der Regel nicht mehr allzu viel. Soll überhaupt etwas bewegt werden? Offenbar reicht es schon aus, mächtig Staub aufzuwirbeln!

Die Netzwerke der Macht haben Löcher

Eigenartigerweise schafft diese geballte Präsenz aufpolierter, verkrusteter, bürokratisierter Macht, an der man schier verzweifeln möchte, ein erhebliches Machtvakuum. Bruno Bettelheim hat einmal bemerkt:»Wenn die Summe allen Zwangs zu groß wird, hört nicht nur der Mensch, sondern auch die Gesellschaft auf, sich weiterzuentwickeln, und die Gesellschaft erstarrt schließlich.« Ganz so einfach und linear verhält es sich jedoch nicht.

Machtkartelle jedweder Art beschäftigen sich zwar am liebsten mit sich selbst. Das schafft zunehmende Unbeweglichkeit und schließlich eine Starre, die an Dinosaurier erinnert. Es gibt aber immer wieder Felder, die die Mächtigen nicht, nicht mehr oder noch nicht besetzt haben. Auf diesen Feldern ackern und ernten andere Kräfte. Jedes Vakuum tendiert schließlich dazu, aufgefüllt zu werden.

Einige dieser Kräfte können durchaus positiv wirken. Andere stellen einen erheblichen Risikoposten dar. Bei wiederum anderen, wie den global operierenden Konzernen, wird eine Bewertung über die Auswirkungen ihrer Tätigkeit nur im Einzelfall möglich sein. Aber dass sie das Vakuum kräftig nutzen, kann ernsthaft nicht bestritten werden.

Junge Menschen lassen die Dinosaurier links liegen

Die meisten jungen Menschen verfügen über einen Überschuss an mentaler Energie und über ein Mindestmaß an Idealismus. Das ist ungemein positiv. Die Frage ist nur, in welche Bahnen beides gelenkt wird.

Parteien, Gewerkschaften, Amtskirchen, Standesorganisationen und andere Machtkartelle – sie alle erreichen die aktive

Jugend kaum noch. Junge Menschen umgehen alte Strukturen. Sie engagieren sich direkt: unternehmerisch, kulturell, sozial und gesellschaftlich. Dadurch wird kreative Energie freigesetzt. Sie schafft sich eine eigene Sprache, ein eigenes Umfeld, eine eigene Tradition. Damit werden Entwicklungen möglich, die wir nur deshalb noch nicht so recht begreifen, weil wir aus Bequemlichkeit die Ansätze, die sich dazu zeigen, einfach ausblenden. Auf lange Sicht werden die Dinosaurier zunehmend links liegen gelassen. Sie behalten ihre Funktionäre, verlieren aber zunehmend ihre Funktionen. Und gleichzeitig fangen sie von den Rändern her zu bröckeln an.

Das aber schert die Dinos (noch) nicht

Die Frage ist, ob dies zu einem wirklichen Neubeginn führen kann oder ob die Kartelle des Beharrens ihre Herausforderer und ihre Herausforderungen einfach »aussitzen«. Leider gibt es viele Hinweise dafür, dass das so ist. Und bisher haben sie das ja auch ganz gut geschafft. Das können wir derzeit an der Rentendebatte gut beobachten. Da wurden Ende 1999 gewaltige Scheingefechte um die Frage geführt, ob sich die Rentenerhöhung an der Entwicklung der Nettolöhne oder der Verbraucherpreise ausrichten sollte. Die Bedeutung dieser Frage ist jedoch vergleichsweise gering. Das viel wichtigere Problem, wie nämlich die Alterssicherung der Jungen später einmal wirklich aussehen soll, muss erst noch angegangen werden. Ob die sich abzeichnende Allparteienkoalition den Mut dazu hat, wird sich zeigen. Zu befürchten ist, dass sich die konservativen Sozialpolitiker verbünden und uns die nächste Pseudoreform bescheren. So sieht es jedenfalls Mitte des Jahres 2000 leider aus.

Irgendwann werden die Jungen vernehmlich aufmucken, so oder so. Aber einstweilen sitzen die Machtkartelle noch fest im Sattel.

Ein Machtvakuum lockt auch finstere Kräfte an

Wo alte Regeln nicht mehr beachtet und respektiert werden, wo sich gute Tradition durch Missbrauch selbst zerstört, da wird immer auch Raum für negative Kräfte frei. Diese Kräfte sind uns allen bekannt. Das international organisierte Verbrechen oder der weltweit agierende Drogenhandel gehören ebenso dazu wie radikal-fundamentalistische Strömungen, von denen heute keine der großen Weltreligionen mehr frei ist. Fundamentalisten sind durchaus kein Monopol des Islam! Es ist unübersehbar, dass diese negativen Kräfte in den letzten Jahrzehnten ständig an Einfluss gewonnen haben.

Verschärft wird diese Entwicklung dadurch, dass sich an verschiedenen Ecken unserer Erde staatliche Machtstrukturen schlicht und einfach aufgelöst haben. Ein totaler Verlust an Rechtssicherheit und persönlichem Schutz ist die Folge. Der moderne Staat war durch innere und äußere Souveränität über ein genau definiertes Territorium bestimmt. Wenn diese Autorität verloren geht, kommt es häufig zu einer Kriminalisierung und Brutalisierung der Politik sowie zu Ausbrüchen ethno-nationalistischer Gewalttätigkeit.

Wohlklingende Titel oder eine fortdauernde Mitgliedschaft in den Vereinten Nationen können nicht darüber hinweg täuschen, dass in einer Reihe von Staaten Räuberhauptleute und ihre entfesselte Gefolgschaft das Sagen haben. Das ist nicht so weit von uns entfernt, wie es scheinen mag. Denn ihre geistige Vorhut, Populisten jeder Couleur, hat sich längst auch dort eingenistet, wo man sich für besonders »zivilisiert« hält.

Kampf um die Zukunft:
Positiver Pakt oder negative Koalition?

Welche Entwicklung wird unsere Gesellschaft also nehmen? Diese Frage wird sich mit hoher Wahrscheinlichkeit zwischen zwei Szenarien entscheiden.

Variante 1:

Der Kampf um unsere Zukunft wird genau in diesem Dreieck aus überkommenen Machtkartellen, vorwärtsdrängender Kreativität und zerstörerischer Energie entschieden.

Notwendig wäre ein Pakt der ersten beiden Faktoren, also zwischen reformbereiter Tradition und verantwortlicher Dynamik. Notwendig wäre eine durchgreifende Erneuerung der modernen Dienstleistungs- und Industriegesellschaften aus Bürgergeist und liberaler Gesinnung.

Das hat mit Kapitalismus oder Sozialismus, aber auch mit anderen Ismen nichts zu tun. Der »real existierende Sozialismus« hat endgültig abgewirtschaftet. Er gehört der Vergangenheit an. Das heißt aber nicht, dass der Kapitalismus gesiegt hätte. Er ist bloß übrig geblieben. Aus sich heraus kann er eine gedeihliche Zukunft nicht sicherstellen.

Deshalb brauchen wir auch keinen »Dritten Weg« zwischen den beiden. Der würde allenfalls eine Verschlimmböserung bringen. Ein »Dritter Weg« birgt zudem die Gefahr in sich, dass er den Machtkartellen nur neue Argumente liefert.

Nein, wir bräuchten einen wirklich neuartigen Ansatz!

Variante 2:

Denkbar ist aber auch, dass Machtkartelle und Bürokratien so lange an ihren Positionen festhalten, bis sie vom Ansturm zerstörerischer Kräfte hinweggefegt werden. Eine lange Periode schlimmer Anarchie wäre die Folge. Das würde nicht sofort auf

breiter Front einsetzen, sondern sich nach und nach einschlei-
chen.

Dieses Szenario ist so unrealistisch nicht – leider! Wir leben ja
bereits in einer Welt, in der die schönfärberisch so genannten
rechtsfreien Räume ständig zunehmen.

Es ist also durchaus offen, wohin die Reise schlussendlich gehen wird.

Die herkömmlichen politischen Kräfte sind müde

Am Beginn des neuen Jahrhunderts ist nicht zu sehen, woher
die notwendige Erneuerung kommen soll. Die herkömmlichen
politischen Kräfte jedenfalls sind erkennbar müde geworden.
Der traditionelle *Liberalismus* als politische Kraft ist nicht
nur zu schwach, er hat weitgehend kapituliert. Wir konstatieren
eine Verengung auf »Wirtschaftsfreiheit« (wie wir sie nicht nur
bei einigen liberalen Parteien Europas, sondern auch bei den
Republikanern in den USA und den Konservativen in Großbritannien beobachten), die zudem noch am Interesse der eigenen
Klientel ihre Grenze findet. Das aber verzerrt die eigentliche
liberale Grundüberzeugung bis zur Unkenntlichkeit.

In Deutschland hat die FDP für diese Fehlentwicklung einen
hohen Preis bezahlen müssen, selbst wenn dies vorübergehend
vielleicht nicht so aussieht. Sie mag die augenblickliche Schwäche der Union für ein Weilchen ausnutzen – ihr politisches
Überleben aber erscheint alles andere als gesichert. Das ist
sehr bedauerlich, denn das Verschwinden einer liberalen Partei
wäre nur dann zu ertragen, wenn es genügend Liberale in den
anderen Parteien gäbe. Davon kann aber gar keine Rede sein.

Der *Sozialdemokratie* fehlt es ebenfalls an wirklicher Gestal-
tungskraft. Die ursprünglich beeindruckende Verbindung von
echter Solidarität mit emanzipatorischem Vorwärtsdrängen ist

in den Hintergrund gedrückt. Das gilt nicht nur für die SPD, sondern auch für andere sozialdemokratische und sozialistische Parteien in Europa. Sie beherrscht heute ein umfassendes Harmoniebedürfnis und Sicherheitsdenken.

Die SPD, meine Partei also, muss deshalb sehr darauf achten, vom Strom der realen Entwicklung nicht abgehängt zu werden. Geschähe das, dann wäre mit ihr im wahrsten Sinn des Wortes »kein Staat zu machen«, denn wie wollte sie die Zukunft gestalten?

Der Pragmatismus der gegenwärtigen Partei- und Regierungsführer hebt sich zwar wohltuend von allen Versuchen ab, die SPD ideologisch hinter »Godesberg« zurückzuführen. Allein mit Pragmatismus wird es aber nicht getan sein – wir wollen auch längerfristig wissen, wohin die Reise gehen soll. Eine ordentlich geölte Regierungsmaschinerie ist dafür kein Ersatz.

Von den *Konservativen* ist schon vom Grundsatz her kaum Erneuerung zu erwarten. Konservative taugen nun einmal nicht als mutige Erneuerer. Sie sind wenig mehr als der organisierte Politikflügel all der Kräfte, denen in erster Linie an der Bewahrung des Status quo liegt. Damit lassen sich ab und an zwar Wahlen gewinnen. Was aber würde sich bei einem erneuten Wahlsieg der Union wirklich ändern? Ein besseres Management überholter Strukturen reicht ja vorn und hinten nicht aus!

Ich schreibe dies in der Hoffnung, dass die Christdemokraten ihr selbst gemachtes Debakel rasch überwinden. Geschieht dies nicht, ist der Boden für rechten Populismus à la Haider bereitet! Das wäre nun ganz gewiss keine Lösung.

Ansätze zur Strukturveränderung

Auch wenn ich nicht glaube, dass wir auf absehbare Zeit zu wirklichen Veränderungen kommen werden, könnte es doch gelingen, den drohenden Erstarrungs- und Verfallsprozess wenigstens abzubremsen oder sogar zu stoppen, wenn er schon nicht zurückgedreht werden kann. Allerdings ist auch dies bereits schwer genug. Das mag eine kurze Liste denkbarer Maßnahmen zeigen, die weder Anspruch auf Vollständigkeit noch letztgültige Weisheit erhebt:

- Zeitliche Begrenzung aller politischen Wahlämter auf etwa acht bis zehn Jahre. Warum dürfen der Präsident der USA oder unser Bundespräsident nur auf zweimal vier beziehungsweise fünf Jahre gewählt werden, während ein deutscher Bundeskanzler, seine Minister und Parlamentarischen Staatssekretäre, aber auch der Vorsitzende des US-Senats theoretisch jahrzehntelang im Amt bleiben können? Eine solche Begrenzung vertrete ich seit mehr als 15 Jahren in Wort und Schrift. Erst in letzter Zeit scheint dieser Vorschlag Freunde zu finden.
- Komplettes Verbot der Parteienfinanzierung aus öffentlichen Kassen (mit Ausnahme einer klar definierten politischen Bildungsarbeit). Wenn die Wahlkämpfe weniger Anlass für »Materialschlachten« und mehr für Argumentationsaustausch böten wen würde das stören? Nun wird eingewendet, dass Spenden an die einzelnen Parteien ungleichgewichtig fließen. Damit wird aber auch unterstellt, dass Spenden an sich für das Überleben einer Partei unverzichtbar seien, was mit guten Argumenten bestritten werden kann. Warum soll man staatliche und private Mittel statt auf die Parteien nicht auf die wertvolle Bildungsarbeit der politischen Stiftungen und ähnlicher Institutionen

konzentrieren? Ein informierter Bürger kann auf dümmliche Plakate und Werbespots leicht verzichten! Hier hilft nur ein radikaler Schnitt. Eine Strafverschärfung bei Verstößen gegen das Parteiengesetz oder ein Spendenverbot für öffentliche Unternehmen lösen das Problem nicht!

• Glaubhafter Abbau jedweder unnötigen Regulierung sowie Öffnung aller Märkte, auch derjenigen der freien Berufe und des Handwerks, für den offenen Wettbewerb. Das ist bereits aus ökonomischen Gründen wichtig. Zugleich würde dadurch das Entstehen neuer Machtkartelle verhindert. Dynamische und kreative Kräfte können auf ständische Interessenvertretungen oder Ungetüme wie die Handwerksordnung leicht verzichten.

• Beschränkung des Innungs-, Zunft-, Kammer- und Verbändewesens auf direkte berufliche Interessen; komplette Rückübertragung öffentlicher Aufgaben auf den Staat oder deren Übertragung auf den Markt. Die Verantwortlichkeiten müssen klar sein, weil man die Kompetenzen nur so wirksam gewähren, aber auch ebenso wirksam wieder entziehen kann. Denkbar wäre beispielsweise, Kindergärten, Altenpflege, Sicherheit auf den Flughäfen, Auswahl von Arzneimitteln, Teile des Verkehrswegenetzes, die informationstechnische Infrastruktur im Bildungswesen und vieles andere mehr freien Trägern, spontanen Intiativen einzelner Bürger, lokalem Engagement oder den Marktkräften zu überlassen. Warum eigentlich rufen wir so oft zuerst nach »Vater Staat«, wenn es ein Problem zu lösen gilt?

• Weiter verbesserte Bildungssysteme und Erziehung zu Bürgersinn. Beides fördert das Selbstbewusstsein und den Mut gegenüber den »Mächtigen«. Dazu gehört auch eine Medienbildung, die den Einzelnen dazu befähigt, mit dem überbordenden Informations- und Unterhaltungsangebot kritisch und vor allem selektiv umzugehen.

Man mag einwenden, dass es sich hier nur um Einzelschritte mit ungewissem Ausgang handele. Dieser Einwand ist richtig. Aber ist es nicht besser, Einzelschritte zu tun als auf der Stelle zu treten?

Zudem sind alle systematischen oder gar ideologischen Ansätze entweder von Anfang an unrealistisch gewesen oder gescheitert. Wir können uns also bei den traditionellen politischen Kräften kaum Rat holen. Auch auf die großen Denker und Weisen können wir nicht setzen. Sie alle haben in einer Welt gelebt, die deutlich anders ausgesehen hat, wie der folgende kleine Überblick zeigt.

Lao-tse

Lao-tse schreibt im 80. Kapitel seines großartigen Hauptwerks Tao-Te-ching frei übersetzt Folgendes:

»Wenn ein Land weise regiert wird, sind seine Einwohner zufrieden. Sie freuen sich an der Arbeit ihrer Hände und verschwenden keine Zeit darauf, arbeitssparende Maschinen zu erfinden. Weil sie ihre Heimat zutiefst lieben, sind sie an Reisen nicht interessiert.

Die Menschen vergnügen sich an ihrem Essen, finden Freude daran, mit ihren Familien zusammen zu sein, verbringen die Wochenenden in ihrem Garten und entzücken sich an dem, was in ihrer Nähe passiert ...«

Es erscheint schon zweifelhaft, ob eine solche Idylle als Frucht höchster Weisheit überhaupt wünschenswert ist. Sie ist aber dort völlige Illusion, wo eine derartige Weisheit nicht herrscht – und das heißt leider überall.

Plato

Plato und seine auf den ersten Blick eindrucksvolle Ideenlehre des sittlichen Verfalls endet leider in zwei nicht gangbaren Wegen: jede gesellschaftliche Entwicklung mehr oder weniger brutal abstoppen oder das Heil von einem mythischen »Goldenen Zeitalter« erwarten. Das hat schon auf die Realität kleiner griechischer Stadtstaaten nicht gepasst, von unserer heutigen Wirklichkeit ganz zu schweigen.

Jesus

Jesus hat mit seinem heilserwartenden Ansatz von dem »Reich, das nicht von dieser Welt« ist, ganz sicherlich vielen Menschen Hilfe in ihrer Not gewährt. Einen unmittelbaren Ansatz zur praktischen Gestaltung der gesellschaftlichen Verhältnisse hat er nicht geliefert und wollte es wohl auch gar nicht.

Christliche Staats- und Gesellschaftsethik hat lange genug Zeit gehabt, die Dinge zum Besseren zu wenden. Sie hat Jahrhunderte unserer Geschichte bestimmt, ohne irgendeine Fehlentwicklung aufhalten zu können. Und mit der katholischen Kirche hat das Christentum eines der größten Machtkartelle der Geschichte hervorgebracht.

Marx und Engels

Marx und Engels haben ungemein wichtige Hinweise auf die Motorik gesellschaftlicher Entwicklung gegeben, auch wenn wir längst wissen oder wissen könnten, dass ihr Denkansatz zu eng ist. Wenn es sich um die Gestaltung der sozialen Verhältnisse oder gar um praktische Politik handelt, müssen der historische und der dialektische Materialismus scheitern. Sie sind in der Konsequenz menschenfremd, wenn nicht gar menschenfeindlich. Das haben wir im letzten Jahrhundert allzu schmerzlich erfahren.

Die Anarchisten

Proudhon, Bakunin und die Anarchisten haben zwar mit radikaler Konsequenz gegen jede Machtballung in Gesellschaft und Staat Position bezogen. Sie haben aber übersehen, dass Menschen sich arbeitsteilig organisieren müssen, wenn sie als Gesellschaft überleben wollen. Deshalb musste dieser anarchistische Ansatz in der Träumerei oder im Attentat enden.

Am Ende wird nichts anderes übrig bleiben als das, was der große Philosoph Karl Popper einmal »piecemeal engineering« genannt hat, also ein vielleicht planloses, aber doch verantwortliches Durchwursteln. Aber selbst ein aus Verantwortungsethik getragenes und an den praktischen Notwendigkeiten orientiertes Handeln wird, so steht zu fürchten, die existierenden Machtkartelle nicht rasch aufbrechen und in eine bessere Machtbalance zurückführen. Natürlich müssen wir immer wieder die Ärmel aufkrempeln – die Erfolgsaussichten sind aber alles andere als überragend.

Was in der Zwischenzeit bleibt, ist, dass wir uns als Einzelne nüchtern auf die Realität gesellschaftlicher Macht einstellen, ohne uns dabei selbst aufzugeben. Dann mag es uns auch gelingen, zusätzlichen Freiraum für die eigene Verwirklichung und Vervollkommnung zu erkämpfen.

Bruno Bettelheim hat dazu einmal festgestellt: »Die Fähigkeit, Entscheidungen zu fällen, ist leider eine Eigenschaft, die verkümmert, wenn man sie brachliegen lässt. Wenn der Mensch sein Freiheitsbewusstsein nicht entwickelt, kommt er aus der Übung und wird dadurch schwächer.«

Den steinigen Weg des Mutes und der Freiheit wählen

Hier ist der eigentliche Kampf zu kämpfen: Gegen das süße Gift der Sicherheit und Bequemlichkeit, für den steinigen Weg des Mutes und der Freiheit.

Bei diesem Kampf des Einzelnen gilt es zunächst einmal, offensichtliche Irrwege zu vermeiden. Zu diesen Irrwegen gehört eine idealistische Weltflucht. Man kann es natürlich mit dem bereits zitierten Lao-tse halten, der einmal geschrieben hat: »Übe die Regungslosigkeit, beschäftige dich mit Untätigkeit, finde im Verzicht Genuss – und du siehst das Große im Kleinen, das Viele im Wenigen.« Doch nur wenige werden es, selbst wenn sie sehr alt werden, zu diesem Grad weiser Selbstverleugnung bringen. Und erzwingen oder gar organisieren lässt sie sich schon gar nicht. Es wäre ja auch ein schrecklicher Gedanke, die windumtosten Hügel und Berge Tibets oder Wyomings mit Scharen meditationsgieriger Zeitgenossen bevölkert zu sehen. Eines aber ist dem Spruch des chinesischen Philosophen zu entnehmen: Halte Distanz zu den Dingen!

Ein Irrweg ist auch das Gegenteil dieser Position, eine vergnügungssüchtige Selbstflucht. Die Auto-Aufkleber »Genuss sofort!« sprechen hier ja eine deutliche Sprache. »Instant gratification« – ein grauenhaftes Motto, dem allerdings ganze Branchen glänzende Geschäfte verdanken. So verwandeln sich unsere Straßen und Flughäfen allmählich in Kleinausgaben der rue Faubourg St. Honoré, der Fifth Avenue oder der Königsallee. Die »Ideale« von Jetset und Amüsierelite bestimmen heute die Lebensführung von Millionen, die nicht merken, dass sie auf eine subtile, aber äußerst wirkungsvolle Weise betäubt und in den Dienst der Großunternehmen und der Machtkartelle gestellt werden: Die Kreditkarte wird zum Symbol des Triebes nach materiellem Genuss, die Gruppenreise zum Symbol eines geschickt kanalisierten Fernwehs, die nie gehörte CD-Sammlung oder nie gelesene Bibliothek zum Symbol kultureller Tünche.

Nein, man muss nicht überall dabei sein, um zu verstehen. Und man muss die Nase nicht in alles stecken, um Witterung aufzunehmen. Das gilt genauso für das Schielen auf die angeblichen Vorteile anderer Kulturen. So ein bisschen Zen oder Buddhismus, Ganzheitslehre oder verbissen eingeübte Selbsterfahrung – das soll wirklich helfen? Nein, ich meine, es verstellt nur den Blick für die wirklichen Herausforderungen, die die eigene Zivilisation für uns bereithält.

Ähnliches gilt für die einfältige Flucht ins Privatleben. Wir können der Allgegenwart der Machtkartelle nicht dadurch entgehen, dass wir von ihr sozusagen »Urlaub machen«. Urlaubszeiten dauern nämlich nicht unendlich lange.

Greifen wir zur List der Vernunft!

Ich schlage vor, dass wir den Kampf gegen die »Übermacht der Macht« mit der List der nüchternen Vernunft führen. Es mag altmodisch sein, aber ich bin überzeugt, dass wir es selbst in der Hand haben:

• Der Mensch kann entscheiden. Deshalb muss er sich mit dem Phänomen der Freiheit auseinander setzen. Er muss seine Autonomie wollen, also die Fähigkeit, »innerlich über sich selbst zu bestimmen«, »eine bewusste Suche nach einem

255

sinnvolleren Leben« aufzunehmen, wie es Bruno Bettelheim einmal formuliert hat.

- Der Mensch muss die Konsequenzen dessen wollen, was er will. Er lebt nun einmal mit anderen Menschen zusammen. Deshalb muss er sich mit dem Phänomen der Verantwortung auseinander setzen.

- Die menschliche Gesellschaft hat dieses Spannungsverhältnis zwischen Freiheit und Verantwortung in Strukturen umgewandelt, die den jeweiligen Platz des Einzelnen, der politisch-staatlichen Ordnung und der zwischen beiden angesiedelten sozialen Institutionen einigermaßen definieren.

- Die hieraus resultierende Machtbalance muss ständig überprüft und angepasst werden – und zwar in Richtung auf den Einzelnen, auf das Individuum hin. Jede andere Macht in der Gesellschaft ist nur »geliehen«!

- Dieser Machtbalance steht ein tief sitzendes Bedürfnis des Einzelnen entgegen, nämlich das Bedürfnis nach Sicherheit. Es ist dieses Sicherheitsbedürfnis, das zum Entstehen und zur Stärkung der Machtkartelle geführt hat. Weil wir Menschen so viel gewonnen haben, indem wir weite Bereiche unseres Lebens den Sachverständigen zur Verwaltung überlassen haben, erliegen wir auch leicht der Versuchung, die Experten immer weiter über Dinge entscheiden zu lassen, die in den Bereich unserer persönlichen Freiheit gehören. Genau dieser Versuchung müssen wir widerstehen.

Wir müssen erkennen, dass sich Freiheit und Verantwortung einerseits und Sicherheit andererseits im Wege stehen. Wo Sicherheit sich durchsetzt, wird Freiheit auf- und Verantwortung abgegeben.

Wenn wir uns also gegen die Machtkartelle, jene »Sachwalter der Sicherheit«, wehren wollen, müssen wir bereit sein, diese Sicherheit gegen ein Stück mehr Freiheit und Selbstverantwortung einzutauschen. Das ist ein sehr schwieriger Weg, aber es ist der einzig menschenwürdige.

Davon ausgehend lassen sich einige Spielregeln für unseren Umgang mit gesellschaftlicher Macht entwickeln. Wir brauchen nicht auf die großen Reformen zu warten, die möglicherweise gar nicht kommen.

Wie wir mit der »List der Vernunft« gegen die Machtkartelle antreten können, dazu möchte ich acht Regeln anbieten.

1. Stärken wir unsere Urteilskraft!

Bruno Bettelheim hat geschrieben:

»Der abendländische Mensch ist nicht mehr gewillt, sein Bewusstsein anderen anzuvertrauen. Er ist davon überzeugt, dass nur er allein es entwickeln, besitzen und wahren kann. Damit wird aber die Frage, wie weit der Mensch sein Leben vom Staat bestimmen lassen soll, zu einem sehr persönlichen Problem.

Dieser Stand der Entwicklung ist nun eben zu einem Zeitpunkt erreicht, wo die modernen Wissenschaften den Organisatoren der Gesellschaft politische, wirtschaftliche, soziale und psychologische Mittel zur Manipulierung des Menschen in die Hand gegeben haben, die man in ihren Folgen noch vor wenigen Jahrzehnten als Fantasterei bezeichnet hätte.«

In der Tat, die Befreiung unseres Bewusstseins aus den Fesseln der mittelalterlichen Fremdbestimmung fällt mit ungeahnten Möglichkeiten zur Manipulierung eben dieses »befreiten« Bewusstseins zusammen.

Wir müssen deshalb wissen, dass die Mächtigen uns immer wieder manipulieren wollen. Wir müssen die wesentlichen Instrumente kennen, mit denen dieser Versuch unternommen wird. Das sind heute – von Ausnahmefällen abgesehen – nicht mehr der physische Zwang, das Drohen mit ewiger Verdammnis oder plumpe Propaganda. Es sind subtiler eingesetzte Mittel wie die Medien- und Öffentlichkeitsarbeit, die Werbung, die Gewährung oder der Entzug sozialen Prestiges, die Pseudo-Information oder das Entertainment, komplizierte Regelwerke, »Political Correctness«, der Appell an das individuelle Sicherheitsbedürfnis und an die kollektive Feigheit.

Wenn wir angesichts dieses umfassenden Angriffs der Machtkartelle auf unser Bewusstsein und unsere Entscheidungsfähigkeit unsere innere Freiheit bewahren wollen, müssen wir den »Gegner« und seine Motive genau kennen lernen.

Damit rückt eine grundlegende Notwendigkeit ins Licht: Wir müssen unsere eigene Urteilskraft stärken!

Rund um die Uhr werden wir mit Informationen aller Art überflutet. Solange wir nicht wissen, was davon wirklich wichtig für uns ist, schwächen wir unsere Urteilskraft, anstatt sie zu stärken. Wir müssen uns deshalb unsere eigenen »Suchmaschinen« zulegen, um das Beliebige vom Wesentlichen unterscheiden zu lernen. Wir müssen begreifen, dass Information noch nicht Wissen bedeutet und Wissen noch nicht Urteilskraft. Dieses ist kein Plädoyer gegen Information oder Wissen. Es ist ein Plädoyer dafür, beide gezielt einzusetzen.

Zu diesem gezielten Einsatz von Wissen und Information gehört auch der »Mut zur Lücke«. Es hilft uns wesentlich weiter, wenn wir ab und zu unser Nichtwissen offen legen, statt immer wieder der Halbbildung, jenes Nährbodens der Besserwisserei, überführt zu werden.

Am wichtigsten für die Herausbildung unserer Urteilskraft und damit unseres Selbstbewusstseins aber ist, dass wir die Kraft zum eigenen Nachdenken stärken und uns hierfür auch gebührend Zeit nehmen.

Nur durch Nachdenken gewinnen wir Urteilskraft. Das stattdessen immer häufiger anzutreffende »Nach-Denken« (so wie »Nach-Beten« oder »Nach-Schwätzen«) mag einem auf Partys oder in Talkshows nützlich sein. Zu mehr taugt es nicht. Die erste Regel für die »List der Vernunft« lautet also: Urteilskraft stärken! Damit ist ein erstes Gefecht gegen die Machtkartelle gewonnen. Wir sind nicht mehr so sehr manipulierbar. Wir gewinnen Gegenargumente und eine eigene Position.

2. Fragen wir uns: Wem nützt das alles?

Den nächsten Schritt tun wir dann, wenn wir eine alte Regel anwenden, die wir aus jedem Kriminalroman kennen. Die Römer haben sie »Cui bono?« genannt. Fragen wir uns also, wenn wir mit den Ansprüchen der großen Organisationen konfrontiert werden: »Wem nützt das?«

Wenn wir mit uns selbst ehrlich sind, müssen wir uns eingestehen, dass auch wir häufig »rationale« Motive vorschieben, um ganz eigensüchtigen Antrieben zur Geltung zu verhelfen. Hinterher decken wir das mit einer Fülle von Argumenten zu, »rationalisieren« also, wie das die Sozialpsychologen nennen. Nur selten handeln wir ganz uneigennützig. Und wir ahnen, dass die anderen sich ebenso verhalten.

Bei aller »Rationalität« der Machtkartelle – dort verhält es sich absolut nicht anders!

Sind in der Geschichte nicht ganze Bürokratien nur deshalb eingerichtet worden, um persönlichen Vorlieben des jeweiligen Souveräns Geltung zu verschaffen? Wem dient das Streben nach »Standesehre« eigentlich, außer den Angehörigen des betreffenden Standes? Kann es wirklich eine Justiz geben, die nicht auch die sozialen Präferenzen des Juristenstandes widerspiegeln würde? Und wer mag schon an die vorgebliche

Objektivität so genannter ökonomischer Sachzwänge glauben?

Wir sollten also »Rationalität« hinterfragen. Das ist durchaus wörtlich gemeint. Fragen Sie! Die dämliche Antwort: »So sind nun einmal die Vorschriften!« ist Gott sei Dank immer weniger zu hören. Und wenn Sie es erst einmal bis zu einer Diskussion schaffen, sind Sie einen ganzen Schritt weiter.

Die zweite Regel für die »List der Vernunft« lautet also: Den Eigennutz hinter dem Vorhang der Rationalität aufdecken.

Schaffen wir das, dann ist ein weiteres Gefecht gegen die Machtkartelle gewonnen, denn: Wer menschliche Schwächen offenbaren muss, gibt den Unfehlbarkeitsanspruch auf.

Mit der Frage »Cui bono« können wir Verunsicherung erzeugen. Das ist ungemein wichtig, um zwischen uns und den Machtkartellen zumindest zeitweilig Waffengleichheit herzustellen. Wir sollten deshalb weitere Schritte auf diesem Wege wagen.

3. Erzeugen wir Verunsicherung!

Ein nächster Schritt kann darin bestehen, diejenigen Grundlagen in Frage zu stellen, auf denen das uns bedrängende Machtkartell handelt.

Hierzu eine kleine Geschichte aus eigenem Erleben: Bei einem Gartenfest an einem schönen Sommerabend bin ich auf den Präsidenten einer Kammer gestoßen. Ich habe ihn gefragt, worin eigentlich die Aufgaben dieser Institution im Allgemeinen und die seines Amtes im Besonderen bestünden. Als dann wortreiche, mich aber kaum überzeugende Darlegungen folgten, habe ich ihn ganz naiv gefragt, warum es eine derartige Kammer überhaupt geben müsse.

Diese Frage hatte sich der gute Mann offenbar noch nie gestellt. Erst ergab sich ein hilfloses Stammeln und Stottern, zumal er sich nicht darüber im Klaren war, ob ich ihn etwa an der Nase herumführen wollte (was nicht meine Absicht war). Als Nächstes brach sich ein durchaus verständlicher Verteidigungsinstinkt in Form eines deutlich geröteten Gesichts, einer rau werdenden Stimme und einer leicht aggressiven Wortwahl Bahn. Klugerweise hat uns unser Gastgeber dann rasch getrennt.

Das Instrument der Verunsicherung mit dem Ziel, den anderen an die Bedingtheit seines Tuns zu erinnern, hatte gewirkt.

Die dritte Regel für die »List der Vernunft« lautet also: Verunsicherung erzeugen.

4. Nutzen wir unseren gesunden Menschenverstand!

Mit ein wenig Glück löst Verunsicherung Nachdenklichkeit bei den Vertretern der Machtkartelle aus. Auf jeden Fall aber ist sie ein gutes Ventil für unsere eigene Frustration.

Mit einer anderen Art von Verunsicherung arbeiten die Machtkartelle selbst. Es mag nicht immer beabsichtigt sein, die Wirkung aber ist klar: Sie wollen uns daran hindern, unseren gesunden Menschenverstand zu gebrauchen.

So ist zum Beispiel Dienstkleidung nicht nur dazu bestimmt, den jeweiligen Funktionsträger kenntlich zu machen. Nicht umsonst sprechen wir von der »Uniform«. Das bedeutet ja nichts anderes als »einheitliches Erscheinungsbild«.

Ob Talar, Robe, Uniform, Helm, Mütze, Rangabzeichen – sie sind immer auch Mittel zur Selbstbestätigung. Noch mehr aber sollen sie den Normalmenschen verunsichern.

Die psychologischen Gründe dafür sind tief in uns angelegt. Im Kern tut ein reich geschmückter Indianerhäuptling nichts anderes als ein Verkehrspolizist oder ein Bischof auch: Sie alle wollen schon allein durch ihr Äußeres Respekt einflößen. Natürlich ist diese Absicht leicht zu durchschauen. Immer wieder ist deshalb die Abschaffung aller möglichen »Uniformen« gefordert worden. Warum? Lassen wir den Uniformierten doch ruhig ihren Spaß! Wir sollten uns stattdessen an das erinnern, was im Märchen »Des Kaisers neue Kleider« erzählt wird. Schlüpfen wir ab und an in die Rolle des Kindes aus dem Märchen! Mit gesundem Menschenverstand durchschauen wir mühelos auch das prächtigste Dekor.

Auch in den Dienstgebäuden der Machtkartelle zielt manches zumindest unbewusst auf unsere Verunsicherung ab. Natürlich geht es dort nicht mehr so zu wie bei Franz Kafka. Häufig hat unter dem Motto der »bürgerfreundlichen Administration« die Beamtenburg oder das imposante Kontor sogar einem relativ heiteren Gesamteindruck Platz gemacht. Nicht zuletzt die dort Arbeitenden selber haben darauf gedrängt.

Aber immer noch wimmelt es von Hinweisen, Geboten, Verboten und Aushängen jeder Art. Immer noch wird Otto Normalverbraucher in Warteschlangen gepresst, mit Aufrufnummern hingehalten und zu gut geordneten Schaltern bugsiert.

Wir aber sollten unseren gesunden Menschenverstand nicht an der Garderobe abgeben, nur weil wir ein Dienstgebäude betreten. Wappnen wir uns also mit Langmut und Nachsicht.

Machen wir es vielleicht sogar so wie der brave Soldat Schwejk. Als der »Zivilpolizist« Bretschneider ihn nach langen Mühen endlich wegen staatsfeindlicher Äußerungen belangen und auf die Polizeiwache schleppen kann, ereignet sich folgendes:

»Als Schwejk die Aufschrift erblickte, dass das Spucken auf den Gängen verboten sei, bat er den Polizisten, ihm zu erlau-

ben, in den Spucknapf zu spucken, und strahlend in seiner
Einfalt betrat er die Kanzlei mit den Worten: ›Winsch einen
guten Abend, meine Herren, allen miteinand.‹«

Seit jeher arbeiten die Bürokratie und andere Machtkartelle
mit dem Mittel der Sprache, um uns zu verunsichern und gefü-
gig zu machen. Am besten tun wir es ihnen gleich und wehren
uns listig mit dem Mittel der Sprache.

Dazu ein weiteres Beispiel vom Schwejk. Als der Revisor
Ruller dem Soldaten Schwejk und einem Kameraden an der
Front in bestem Amtsdeutsch eine harte Ermahnung zukommen lässt, antwortet dieser: »Melde gehorsamst, Herr Revisor,
dass wir uns beide Ihre Worte sehr zu Herzen nehmen wern
und dass wir Ihnen vielmals für Ihre Güte danken. Wenn ich in
Zivil wär, möcht ich mir zu sagen erlauben, dass Sie ein golde-
ner Mensch sind ...«

Nun werden wir nicht immer so reagieren können wie ein Ro-
manheld. Aber ganz naiv darum bitten, dass man uns einen un-
verständlichen Text oder eine ebensolche Rede in Normal-
deutsch übersetzt, das klappt meistens. Man wird ja noch fragen dürfen.

Die vierte Regel für die »List der Vernunft« lautet also: Nutzen wir unseren gesunden Menschenverstand!

5. Misstrauen wir allen formalen Autoritäten!

Die ersten vier Regeln haben eines gemeinsam: Sie entspringen
einem verständlichen Misstrauen gegen formale Autoritäten.
Der alte Satz »Wem Gott ein Amt gegeben hat, dem gab er
auch Verstand« war wahrscheinlich schon falsch, als er geprägt
wurde. Natürlich sind die Vertreter der Machtkartelle nicht
ohne Verstand und Vernunft. Beides aber muss sich im jeweili-

gen Handeln ausdrücken, nicht im Pochen auf die Funktion! Profis irren eben auch. Aus diesem Grund sollten wir ihnen nicht auf Anhieb glauben und den notwendigen Vertrauensvorschuss begrenzt halten.

Deshalb sollten wir die Amtsträger hinterfragen, auf der Autorität des Beispiels (im vorbildlichen Handeln) bestehen und uns nicht mit der Autorität des Dienstgrades zufrieden geben. Das hat nichts mit verbissenem Widerstand gegen die Amtsträger und ihre Institutionen zu tun. Den können wir getrost Michael Kohlhaas überlassen, der damals in Berlin gerädert worden ist, und so weit brauchen wir es ja nicht kommen zu lassen. Aber ein wenig »Mut vor Königsthronen« steht uns nicht nur gut an, er wird in der Regel auch belohnt.

Es wird uns übrigens häufig so gehen, dass uns Beamte, Politiker oder Standesvertreter ihr Handeln gut und nachvollziehbar erklären können. Damit aber ist der Sache und unserem Seelenfrieden ja auch gedient.

Die fünfte Regel für die »List der Vernunft« lautet also: Formalen Autoritäten misstrauen.

6. Vertrauen wir bewährten Autoritäten!

Autoritäten widersprechen einander. Das ist eine Erfahrung, die man nicht nur auf Ärzte oder Rechtsanwälte anwenden kann. Bei der Komplexität vieler gesellschaftlicher, wissenschaftlicher und technischer Tatbestände ist das auch nicht weiter erstaunlich. Erstaunlich wäre es nur, wenn eine Autorität sich selbst widerspräche. Doch selbst das passiert zuweilen, wie wir wissen.

Was also tun, wenn wir in einer komplizierten Sachlage entscheiden müssen und weder Zeit noch Gelegenheit zum Hinterfragen bleibt? In diesem Fall sollten wir auf bewährte Autoritäten zurückgreifen. Was in unserer Kindheit für die Eltern galt und was wir seither unserem Hausarzt entgegenbringen, das trifft auch auf komplexere Tatbestände zu.

Vor Jahren passierte das fürchterliche Unglück im Atomreaktor von Tschernobyl. Die Auswirkungen auf uns in Deutschland waren nicht voll berechenbar, da es eine derartige Kernschmelze bislang nicht gegeben hatte. Ein Festtag für »Autoritäten« und »Kapazitäten«, die sich zahlreich zu Wort meldeten – gefragt und ungefragt. Wir wurden mit den unterschiedlichsten und einander völlig widersprechenden Ratschlägen überschüttet.

Was galt nun? Panische Flucht oder Ruhe als erste Bürgerpflicht? Wir lebten damals mit unserer kleinen Tochter in Gütersloh und wussten nicht, wie wir uns verhalten sollten.

Da kam meiner Frau die rettende Idee. Sie meinte: »Wir halten uns an das, was die Landesregierung in Düsseldorf empfiehlt. Johannes Rau ist ein vernünftiger Mensch, und seine Regierung wird schon keinen Unsinn verzapfen.« Instinktiv hatte sie den Kern getroffen. Da gab es Autorität per Vorbild und bewährtem Handeln. Und an die haben wir uns gehalten.

Die sechste Regel für die »List der Vernunft« lautet also: Bewährten Autoritäten vertrauen!

Am besten legen wir uns geistig gleich eine ganze Liste derartiger Autoritäten zurecht. Dann sind wir ein bisschen weniger verloren, wenn es einmal wieder verwirrend wird.

7. Keine Angst vor Dinosauriern!

Machtkartelle sind wie Dinosaurier – imponierend, Furcht einflößend, gut gepanzert und unbeweglich. Wir sind das alles nicht. Vor allem aber sind wir beweglicher. Und hier können wir das nächste Gefecht gewinnen.

Wir sollten das Gefecht in dem beruhigenden Gefühl aufnehmen, dass wir genau wissen, mit welchem Ziel wir es führen. Stellen wir uns nur einmal die Unterhaltung zwischen einem Flugzeugpiloten und dem Leiter eines Einwohnermeldeamts abends in der Kneipe vor. Wenn der Pilot den Beamten danach fragt, warum seine Funktion eigentlich notwendig sei, wird dieser umfangreiche Worte machen und sich – je nach Temperament – hinter den Panzer seiner Institution retten. Umgekehrt, also an den Piloten gestellt, ist die Frage undenkbar.

Tun wir noch einen zusätzlichen Schritt. Wir kennen ihn schon von dem weiten Feld der Steuern und Abgaben. Tanzen wir die Dinosaurier aus! Die Regelungen, mit denen uns die Machtkartelle und insbesondere die staatliche Bürokratie überziehen, können noch so fein gesponnen sein. Nie werden sie das wirkliche Leben einfangen können. Nutzen wir also die Schlupflöcher!

Das ist keine Aufforderung zum Regelverstoß, wohl aber zur schöpferischen Auslegung dieser Regeln. Das Leben ist allemal findiger als diejenigen, die es in das Korsett ihrer »Ordnung« pressen wollen. Ob es um Ladenöffnungszeiten, um geringfügige Arbeitsverhältnisse oder um »Scheinselbstständigkeit« geht – mit Fantasie und Kreativität legen wir uns all diese Regeln schon »richtig« aus.

Die siebte Regel für die »List der Vernunft« lautet also: Keine Angst vor Dinosauriern! Großorganisationen sind schwerfällig. Und genau da können wir sie packen.

8. Nehmen wir möglichst viel von unserem Schicksal in die eigenen Hände!

Heute könnte niemand von uns auf einer einsamen Insel so gut überleben wie einstmals Robinson Crusoe. Selbst unseren Fernseher können wir nicht mehr selber reparieren. Trotzdem lohnt es sich darüber nachzudenken, wo wir zur individuellen und kollektiven Selbsthilfe zurückfinden können. Moderne Gesellschaften leiden an ihrem »Versicherungsdenken«. Das hat zwei Wurzeln: Zum einen sind wir objektiv nicht in der Lage, mit allen Wechselfällen des Lebens alleine fertig zu werden. Also sichern wir uns ab und begeben uns damit in die Hände derjenigen, die diese Sicherung zu übernehmen bereit sind. So entstehen Machtkartelle. Zum anderen passt uns diese Absicherung psychologisch in den Kram. Sie erleichtert es uns, »Schuldige« zu finden, wenn irgendetwas schief läuft. Diejenigen, die unsere Absicherung übernehmen, sind in der Regel anonym. So tun sie sich leichter, den »Schuldigen« zu spielen. Auch deshalb wachsen Machtkartelle, blühen und gedeihen.

In Wirklichkeit könnten wir große Teile unseres Schicksals in die eigenen Hände zurücknehmen – allein, zusammen mit der Familie, mit Freunden oder Nachbarn:

Wir hadern mit der Stadt oder mit der Kirchengemeinde, wenn es an Kindergartenplätzen mangelt. Warum machen wir uns nicht unabhängig, indem wir mit anderen einen eigenen Kindergarten gründen?

Wir schimpfen auf die öffentlichen Verkehrsmittel, mit denen unsere Kinder zur Schule befördert werden. Warum organisieren wir nicht mit Nachbarn unseren eigenen Zubringerdienst?

Wir ärgern uns über eine Unzahl kleinlicher und hemmender Vorschriften, deren Sinn wir häufig überhaupt nicht einsehen.

Warum umgehen wir sie nicht einfach, indem wir die dämlichsten unter ihnen ruhig einmal ignorieren?

Dies sind nur drei Beispiele von vielen denkbaren. Und schon schallt uns die bange Frage entgegen:»Und wenn etwas passiert?« Hier fragt die Vollkaskomentalität.

Es ist wahr, den Teil des Lebens, den wir in die eigenen Hände nehmen, können wir nicht perfekt absichern. Aber wir können ihn gestalten, wie wir es für richtig halten. Ist diese höhere Chance nicht zuweilen auch ein höheres Risiko wert? Wenn wir vermeiden wollen, dass etwas »passiert«, dann geschieht eben auch nichts!

Übrigens wäre es ein schlimmer Irrtum anzunehmen, dass wir sicher sind, nur weil wir uns abgesichert haben. Nicht umsonst hat der Tatbestand der »Höheren Gewalt« Eingang in Gesetzgebung und Rechtsprechung gefunden.

Die achte Regel für die »List der Vernunft« lautet also: Möglichst viel von unserem Schicksal in die eigenen Hände nehmen. Das Wagnis lohnt sich, denn Absicherung bedeutet immer auch Fremdbestimmung.

Nutzen wir also die »List der Vernunft« in unserer Auseinandersetzung mit den Machtkartellen. Wir können nicht so lange warten, bis die gesellschaftlichen Verhältnisse von selbst auf eine bessere Balance zusteuern.

Am wirkungsvollsten setzen wir unsere Vernunft dann ein, wenn wir innerlich und äußerlich so unabhängig wie möglich sind. Innere und äußere Unabhängigkeit aber entstehen dann, wenn wir möglichst wenig von den großen Institutionen erwarten und uns selbst möglichst viel zutrauen.

Wer sagt, dass wir das nicht können?

Hans Herbert von Arnim

Vom schönen Schein der Demokratie

Politik ohne Verantwortung – am Volk vorbei

391 Seiten, ISBN 3-426-27204-0

Alle Macht geht vom Volke aus – theoretisch. Denn in Wahrheit sind Wahlen, Volksbegehren und Volksentscheid stumpfe Waffen im Kampf um die politische Mitsprache. Die politische Klasse hat die Instrumente demokratischer Bürgerbeteiligung durch eine Fülle einschränkender Bestimmungen weitgehend entschärft. Ungestört vom Volk schiebt einer dem anderen die Verantwortung zu: Die Länder sind politisch kastriert, die Bundesregierung ist durch den Bundesrat gelähmt, der lässt gern das Bundesverfassungsgericht entscheiden, und im Zweifel ist sowieso die EU zuständig. Das Ergebnis: Die Politik ist handlungsunfähig, dringende Reformen werden nicht angepackt. In seinem bisher eindringlichsten Buch analysiert Hans Herbert von Arnim nicht nur die unerträglichen Defizite des demokratischen Systems – er zeigt auch, wie sich die vorhandenen Möglichkeiten nutzen lassen, um die Mitsprache der Bürger zu stärken, die Kontrolle der politischen Institutionen zu verbessern und die Handlungsfähigkeit des Systems wiederherzustellen.

»Arnim hat sich die Freiheit genommen, radikal zu denken, zu beschreiben und Alternativen zu entwickeln. Das ist gut so.«
Hessischer Rundfunk

»Ein notwendiges Buch zur rechten Zeit.« *Die Zeit*

Droemer